企业员工安全操作与事故防范丛书

道路运输企业员工安全操作与事故防范

《企业员工安全操作与事故防范丛书》编委会　编

中国劳动社会保障出版社

图书在版编目(CIP)数据

道路运输企业员工安全操作与事故防范/《企业员工安全操作与事故防范丛书》编委会编. —北京：中国劳动社会保障出版社，2014

(企业员工安全操作与事故防范丛书)

ISBN 978-7-5167-1586-4

Ⅰ.①道… Ⅱ.①企… Ⅲ.①公路运输企业-安全管理 Ⅳ.①F540.5

中国版本图书馆 CIP 数据核字(2015)第 006287 号

中国劳动社会保障出版社出版发行

(北京市惠新东街 1 号 邮政编码：100029)

*

三河市华骏印务包装有限公司印刷装订 新华书店经销

787 毫米×1092 毫米 16 开本 16.5 印张 329 千字

2015 年 1 月第 1 版 2015 年 1 月第 1 次印刷

定价：48.00 元

读者服务部电话：(010) 64929211/64921644/84643933

发行部电话：(010) 64961894

出版社网址：http://www.class.com.cn

编委会

主　　编： 张力娜

编写人员： 于　静　马　林　方志强　王　颖　王昕景

王建民　王继兵　刘佩清　刘军喜　刘立兴

刘红旗　石忠明　方金良　杜文利　闫长洪

冯海英　张力娜　张伟东　张利琴　张万福

张　平　陈国恩　吴　诚　吴　淳　耿友兵

赵　卫　金永文　黄增汉　黄莉新　唐　玮

陈　建　杜晓琳　李　涛　吴克军　袁　晖

袁东旭　赵一宙　魏英萍

内容提要

道路运输的优点十分突出，机动灵活、运输方便，不但能够实现“门到门”的直达运输，而且还具有运送速度快、经济效益高等特点。随着经济的发展和汽车社会保有量的不断增长，道路运输的作用越来越大，已经成为国民经济结构中的基础产业。但是，道路运输同时也是危险性最大的运输方式，每年发生的事故最多，伤亡人数也最多。因此，特别需要加强对道路运输的安全管理，降低事故发生率，保证人员和财产安全。

道路运输企业的安全管理是一项综合性管理，也是一项复杂的系统工程。在道路运输过程中，驾驶人员的不安全行为、车辆的不安全状态，都会导致事故的发生。因此，安全教育既要提高从业人员安全意识，也要增强安全生产技术知识，特别是生产作业一线人员，更加需要提高安全意识，增强安全生产技术知识。

本书分为七个部分，即道路运输企业生产特点与事故危险、道路运输企业安全管理与安全要求、道路运输企业员工安全操作要求、道路运输企业安全生产标准化建设、道路运输企业事故隐患排查与治理、道路运输企业常见事故分析与预防措施、道路运输企业事故防范新做法。

本书内容丰富，层次清楚，叙述深入浅出，非常适用于道路运输员工和基层管理人员的学习与培训，也适用于安全生产管理人员的日常教育，可以作为培训教材使用。

前　言

安全生产教育培训是企业安全管理的一项重要工作，其目的是提高企业员工的安全意识，增强员工的安全操作技能，提高企业及班组的安全管理水平，最大限度地减少人身伤害事故。安全生产教育培训真正体现了“以人为本”的安全管理思想，是搞好企业安全管理的有效方法。

2011 年 11 月 16 日，国家安全监管总局在《关于印发安全生产教育培训“十二五”规划的通知》（安监总培训〔2011〕175 号，以下简称《规划》）中指出：各企业要把安全生产教育培训作为推动安全发展的重要基础性工作摆在突出位置，深入学习宣传《规划》，加强对《规划》实施的组织领导和统筹协调，充分调动各有关方面的积极性，形成推动安全生产教育培训工作的整体合力。

随着我国加快转变经济发展方式和产业结构优化升级，一些行业（领域）机械化、自动化水平不断提升，安全生产不断出现新情况、新问题，迫切需要进一步加大安全生产教育培训的力度，不断提高各类人员安全管理水平和实际操作技能。在《规划》中，国家安全监管总局要求各企业要以预防和减少各类伤亡事故和职业危害、坚决遏制重特大事故为目的，以贯彻落实安全生产相关法律法规为主线，以提高从业人员特别是农民工安全意识和自我保护能力为重点，加大力度，采取措施，推动安全生产教育培训取得新的进展和成效。在安全生产教育培训工作中，要坚持先培训后上岗，持证上岗，严格对新上岗人员进行强制性岗前安全培训，未经培训或培训不合格的，一律不得上岗作业。

企业安全生产教育培训工作还需要坚持反复抓的原则，这一原则是由安全知识自身具有的与时俱进性与适用的偶然性决定的。在企业中，员工的生产作业方式在不断发生变化，这就必然要求安全知识随之更新变化。然而，人们在生产作业过程中学到的安全知识较少，随时间的推移已掌握的安全知识也会跟不上发展。如果不进行反复的教育培训，不进行相应的技能训练，就会产生知识与操作上的落后，引发事故的发生。所以，在安全生产教育培训上不能有一劳永逸、一蹴而就的思想，必须坚持反复抓，坚持不懈、持之以恒，通过持续不断的教育培训，不断强化员工的安全知识，提高员工安全操作技能。

《企业员工安全操作与事故防范丛书》涉及煤矿企业、冶金企业、建筑企业、化工企业、机械企业、道路运输企业。这六个行业的特点是就业人数比较多，生产危险性比较大，且人员流动性也比较大，特别需要加强安全生产教育培训。

丛书对企业生产特点、企业安全管理、员工安全操作要求、安全生产标准化（安全质量标准化）、事故隐患排查治理、常见事故分析与预防措施、企业与班组安全管理新做法等内容，进行了比较详细的介绍。

在企业的生产作业过程中，是否发生事故，能否保证安全，很重要的一个因素是人，人是起决定作用的关键因素。企业的各项安全管理规章制度，各种安全操作规程，都需要由人来贯彻执行，企业的安全生产也需要由人来实现。因此，加强人员的安全生产教育培训，实际上就是保障企业的安全。安全生产教育培训做好了，企业的安全就多了一份保障，企业的发展将更加顺利，前景将更加光明灿烂。

《企业员工安全操作与事故防范丛书》编委会

2014 年 10 月

目 录

第一章　道路运输企业生产特点与事故危险

目前，随着我国经济和道路建设的快速发展，道路运输已经成为最主要的运输方式。与铁路运输、水路运输、航空运输、管道运输相比，道路运输是五种运输方式中完成运输量最大、向社会提供就业机会最多、实现营业收入最高的一种运输方式。特别是随着我国高速公路通车里程的不断增加，道路运输的市场占有率得到了进一步的提高。但是毋庸讳言，道路运输同时也是危险性最大的运输方式，每年发生的事故最多，伤亡人数也最多。因此，特别需要加强对道路运输的安全管理，降低事故发生率，保证人员和财产安全。

第一节　道路运输的作用与特点

道路运输的优点是机动灵活、运输方便，不但能够实现“门到门”的直达运输，而且还具有运送速度快、原始投资少、资金周转快、经济效益高等特点。随着经济的发展和汽车社会保有量的不断增长，道路运输的作用越来越大，已经成为国民经济结构中的基础产业。可以这样讲，没有现代化的道路运输，经济活动就要停顿，社会再生产也无法进行。

一、道路运输的特征、作用与特点

1. 道路运输业的发展

随着我国国民经济的发展和人民生活水平的提高，全社会机动车拥有量和机动车驾驶员数量迅速增长，道路交通安全工作始终面临较大压力。据统计，截至2012年年底，全国机动车保有量达到2.4亿辆，其中汽车保有量达到1.2亿辆；机动车驾驶员达到2.6亿人，其中汽车驾驶员2亿人。

国民经济和社会发展长期持续保持平稳较快发展的态势，为道路运输业健康、快速发展提供了良好的外部条件，为发展现代道路运输业奠定了坚实的环境基础。2012年，全国营业性客车完成公路客运量355.7亿人、旅客周转量18 467.55亿人公里，分别比2011年增长8.2%和10.2%。全国营业性货运车辆完成货运量318.85亿吨、货物周转量

59 531.86 亿吨公里，分别比 2011 年增长 13.1%和 15.9%，平均运距 186.72 km，提高 2.5%。

2012 年年底，全国共有道路旅客运输经营业户（不含公交和出租）5.55 万户，道路货物运输经营业户 751.59 万户，拥有载客汽车 86.71 万辆、载货汽车 1 253.19 万辆，道路运输从业人员 2 767.87 万人。

2012 年年底，高速公路通车里程达 96 200 km，运输业发展迅猛，客货运输量增长明显。2012 年，我国高速公路行驶量 3 633.75 亿车公里，同比增长 8.79%；货物周转量 20 275.22 亿吨公里，同比增长 2.39%；旅客周转量 11 916.25 亿人公里，同比增长 7.48%。2012 年，我国高速公路占公路总里程的 2.27%，实现的货物周转量占全国营业性货车货物周转量的 34.06%，同比下降 4.49%。

道路客货运输量的增幅与国民经济发展保持一致，充分发挥了国民经济发展的基础性作用，并为之提供了有力的运输服务保障。

2. 道路运输业的特征

道路运输是人们利用汽车在一定的道路上实现货物或旅客有目的的位移过程。道路运输业就是专门利用汽车从事客货位移的行业，是一个特殊的物质生产部门。

道路运输业独特的特征主要表现为：

（1）在生产力要素构成方面的独特性。作为一般的物质生产部门，不论工业还是农业，在从事劳动生产时，必须具备生产力的三要素，即劳动力、劳动工具和劳动对象。但就道路运输业这个特殊的生产领域来说，道路运输企业只具备劳动力和劳动工具，而不具备劳动对象，当进行运输生产时，只能通过劳动力代价的付出和劳动工具的磨损为劳动对象提供运输服务，而绝对不可以将劳动对象消耗或转化。

（2）在生产和消费过程中表现出独特性。作为一般的物质生产部门，其产品的生产过程与消费过程在时间和空间上是相互分离的。它们生产的产品只有以商品的形式进入流通领域后才能被用户消费掉。而道路运输的生产过程与消费过程是同时发生、同时结束的，表现为运输企业使劳动对象产生位移的生产过程，劳动对象消费运输产品获取使用价值的过程。

（3）在产品形态上具有独特性。作为一般的物质生产部门，其生产活动中劳动对象的形态或属性将被改变，劳动产品以实物形态存在。而运输生产活动不改变运输对象的形态和属性，只改变其空间位置，产品为非实物形态，既不能储存，也不能调拨，产品的消费也在瞬间完成。运输产品以吨、吨公里或人、人公里予以计量。

（4）在产品的“销售”方面表现出独特性。作为一般的物质生产部门，其产品的销售活动发生在产品生产之后。而汽车运输产品的“销售”活动则发生在生产之前，具有“销售”的前置性。运输企业的生产必须先有货源、客源，再组织运输生产，实现其“位移”，先于生产取得营运收入。因此，运输企业的“销售”活动是运输生产的前提条件。

3. 道路运输对经济的促进作用

随着城乡经济的发展和人民生活水平的提高，道路运输作用越来越明显，从宏观经济角度讲，道路运输对经济的促进作用主要体现在以下几个方面：

（1）促进农业的发展。道路运输是我国广大农村地区最基本的运输方式。道路运输的发展为农村地区农副产品的流通、城乡物资交流、商品经济的发展、人员的流动和社会的文明进步创造了物质条件。道路运输是我国广大农村地区社会经济发展最重要的基础条件之一。

（2）促进工业的发展。道路运输是工业企业能源、原材料得以及时输入，销售产品能够及时输出的必要条件。便利的交通为现代企业降低了流通成本，通畅的运输加速了资金周转，为企业创造了利润，高效的物流服务提高了企业的市场竞争能力。我国的乡镇企业已在我国现代化建设中占据重要的地位，其发展更是离不开道路运输。在我国乡镇企业发达的长江三角洲、珠江三角洲地区，各种经济成分的企业竞相沿公路向纵深发展，公路成为企业发展的载体，公路的走向成为企业群体布局的方向，而道路运输则成为确保这些企业生产所需的原材料输入及产成品输出的首选运输方式。

（3）促进第三产业的发展。道路运输特别是以高速公路为代表的快速客货运输，相对缩短了人员交往和商品流通的时空距离，为人与物的流动创造了有利条件，因而促进商业、旅游业等第三产业的发展。道路运输使商品流通在更大的空间进行得以实现，扩大了市场的范围；同时公路会带来沿线地区商业的繁荣，促进各类大小集贸中心的形成。道路运输也为沿线旅游业提供了便利的条件，促进旅游景点向纵深拓展并提高旅游业的综合服务水平。

4. 道路运输的特点

道路运输与铁路运输、水路运输、航空运输、管道运输相比，具有十分明显、突出的特点，这种特点主要体现在这样几个方面：

（1）机动灵活、运输方便。在运输时间上，道路运输可以随时调度、装车和起运，具有较大机动性；在运输空间上，长、短途均可，因此可以深入到广大的城镇和农村、工厂、车站、码头等地；在批量上，既能满足大宗货物的运输，又能满足零散、小批量的运输；在班次安排上，班次多、密度大，既可满足旅客随到随走，又能根据客流变化随时增开加班车和包车。

（2）点多面广、流动分散。与航空运输的点与点之间或铁路运输以线为主的运输形式不同，道路运输是一种地区性的“面”上运输。由于目前公路网密布全国城乡，覆盖区域大，全国所有的县城、98%以上的乡镇和91%以上的行政村通公路，所以道路运输能满足各种需要。

（3）送达迅捷，可实现“门到门”的直达运输。道路运输可以做到取货（接客）上门，送货（送客）到家，是综合运输体系中唯一可以实现“门到门”直达运输的运输方式，可减少中转环节和装卸次数，送达速度快。

（4）可达性与可靠性高，服务能力强。道路运输既可为其他运输方式提供集疏运服务，也可以自成体系，独立地完成运输任务。

（5）原始投资少，资金周转快，回收期短。道路运输准入成本较低，原始投资回收期短，运输资本周转快。

（6）运量小，单位运输成本相对较高。这是道路运输的不足之处，尤其在运量和单位运输成本上都劣于铁路运输。

二、道路交通事故的特点

1. 道路交通事故概念

道路交通事故是指车辆在道路上因过错或意外造成的人身伤亡或财产损失的事件。

随着社会的发展、进步，旅客和货物的运输量增多，特别是随着机动车拥有量的扩大，道路交通事故日益严重，已成为和平时期严重威胁人类生命财产安全的社会问题。根据相关统计，2013 年全国发生道路交通事故 19.83 万起，死亡 5.85 万人，同比分别下降 2.8%和 2.4%。发生一次死亡 3 人以上较大道路交通事故 818 起、死亡 3 194 人，同比分别下降 17.9%和 17.4%；发生一次死亡 10 人以上重大道路交通事故 16 起、死亡 208 人，同比分别下降 36%和 42.2%；未发生一次死亡 30 人以上特别重大道路交通事故。

对道路交通事故的概念应明确以下几点：

（1）车辆是指各种机动车和非机动车，事故当事人中至少有一方使用了车辆，否则不认为是交通事故。

（2）人员是指参与交通的自然人。

（3）特定道路是指事故发生的空间，即指国家道路法规规定的公路、城市道路、街道及公共广场等。在厂矿、农场、企业等内部道路上发生的事件不属于交通事故。

（4）通行过程是指至少有一方车辆在行驶中，车辆停稳后，乘客由车上跳下发生的伤亡事件，则不作为交通事故对待。

（5）违法性质是指当事人的行为违反国家道路交通管理条例的主观过失，至于人力无法抗拒的自然灾害，如地震、台风、洪水等造成的事故，自杀或利用车辆犯罪，精神病患者不能自控发生的事故等，均不属于道路交通事故。

（6）人、车损失指凡是有上述特定条件的事故，又有人员或牲畜伤亡，或车辆、货物损失的后果，否则不能构成道路交通事故。

2. 道路交通事故的分类

按事故后果即事故造成的人身伤亡或财产损失的程度和数额进行分类，道路交通事故分为轻微事故、一般事故、重大事故和特大事故四个等级。

（1）轻微事故。指一次造成轻伤 1～2 人，或者财产损失，机动车事故损失不足 1 000

元，非机动车事故损失不足200元的事故。

（2）一般事故。指一次造成重伤1～2人，或轻伤3人以上，或者财产损失不足3万元的事故。

（3）重大事故。指一次造成死亡1～2人，或者重伤3人以上10人以下，或者财产损失3万元以上6万元以下的事故。

（4）特大事故。指一次造成死亡3人以上，或者重伤11人以上，或者死亡1人同时重伤8人以上，或者死亡2人同时重伤5人以上，或者财产损失6万元以上的事故。

3. 近年道路交通事故简要分析

近些年来，我国在道路交通事故总量大幅下降的前提下，随着机动车保有量、机动车驾驶人数量的大幅增长，万车死亡率、10万人口死亡率等相对指标也大幅下降。

具体分析可知，道路交通事故具有以下一些特点：

（1）从总体分析，道路交通安全形势继续保持稳定趋势。2013年，全国道路交通事故起数和死亡人数，继续保持下降趋势，在机动车增加1 900万辆、驾驶人增加1 790万人、交通流大幅增长、恶劣天气多发频发、交通管理困难加大的不利环境条件下，全力确保了道路交通安全形势持续稳定，主要事故指数均呈下降趋势。

（2）从重、特大事故分析，实现了历史上的“三个首次”。一是实现了重大事故起数首次降至20起以下，创历史最低，为1990年有重、特大事故统计以来历史最少。二是实现了全年未发生重大事故的月份首次达到6个，创历史最多。2013年1月、4月、5月、10月、11月、12月6个月均未发生重大交通事故，其中，第二季度、第四季度分别取得了连续88天和98天未发生重大事故的好成绩，这是1990年以来从未有过的纪录。三是实现了我国实行“黄金周”14年来首次全部节假日均未发生重大事故，创历史“零”纪录。2013年元旦、春节、清明节、五一、端午节、中秋节、国庆节期间，均未发生重、特大事故。

（3）从全天时段分析，在事故高发时段重、特大事故得到明显遏制。随着凌晨2时至5时长途客运车辆停运或接驳运输措施的全面推行，驾驶员夜间疲劳行驶的状况得到有效缓解，夜间至凌晨事故高发时段重、特大事故下降明显。2013年，夜间2时至5时发生重大事故1起，同比下降1起；5时至9时发生重大事故2起，同比下降9起，下降81.8%。

（4）从发生区域分析，西南、华东地区事故所占比重较大。从事故总量看，死亡人数排名前10的省份中华东地区占5个。从重大事故起数看，西南、华东地区分别发生重大道路交通事故6起和5起，占总数的68.8%。其中，安徽、云南均发生了3起重大道路交通事故，四川、湖北各发生了2起重大道路交通事故。

4. 道路交通事故的特点

根据对大量事故案例的分析可知，道路交通事故主要有以下一些特点：

（1）交通事故中80%以上都是人为因素造成的。例如，驾驶员道路行车经验不足或缺乏高速公路行车经验，在高速公路或夜间行车时，驾驶员容易产生麻痹思想，反应迟钝，对于突发的险情判断失误，加之车速很快，不知所措，酿成事故。

（2）交通安全法规意识淡薄，违章驾车。例如，超速、违章超车、超载、逆行、随意停车、不按规定车道行驶、车距过小、驾驶员疲劳开车、酒后驾车等。还有部分驾驶人员不熟悉或不注意安全行车规则、安全交通标志。

（3）恶劣气候影响行车环境。秋冬季节，时常出现雨、雪、雾天气，特别是大雾、大雪天气，道路能见度低，路面摩擦系数、制动距离、抗侧滑力、转向盘控制力较差。因此，每年因恶劣天气发生的交通事故在交通事故中占较大的比例。

（4）车辆技术状况差，检修不及时。交通安全防范除人的意识、管理制度、道路养护、自然条件外，车辆的技术状况是较为重要的方面。有些单位对应该报废的车辆不报废，该送修的不送修，有些驾驶人员出车前不对车辆进行必要的安全技术状况检查，特别是制动、转向信号灯、轮胎，车辆带病出车后，使发生事故的概率增加，从而导致事故的发生。

（5）使用劣质车胎和配件引发的交通事故。由于部分驾驶人员在车辆维修中贪图便宜，或者车辆修理单位追求经济效益，大量使用假冒伪劣产品。这些假冒伪劣产品在车辆行驶中形成事故隐患，遇到适当条件就会爆发出来，导致事故的发生。例如，有的车辆使用劣质轮胎，在高速行驶时，由于轮胎散热不及时，温度达到100度就可能出现爆胎，发生事故。

（6）路面损坏维修及障碍物清理不及时。随着使用时间的增加，有的国道、省道及县级公路，因缺乏维修保养，导致路面老化，坑洼不平，造成车辆行驶困难，易于造成事故。

（7）道路设施被盗、被毁造成事故。有的道路路段维护保养不善，常有设施被盗、被毁现象，使得行车安全系数降低，有些事故就因此发生。

第二节　道路交通事故原因分析与预防

从总体上讲，经济越发展、越活跃，道路运输也就越发展、越活跃，从而引发的各种事故也会不断增长。道路交通事故的发生，一方面是由于道路运输过程处于开放、动态的道路交通环境之中，受人、车、路和气象等不确定因素影响，危险因素较多；另一方面则是道路交通安全整体基础还比较薄弱，诱发安全事故的深层次问题还没有从根本上得到解决，我国仍然处在道路交通事故的多发期和易发期。因此，道路运输还是安全风险高、管理任务重的行业，道路运输企业还需要通过对各类事故的分析，认真吸取事故教训，提高企业领导和员工的安全意识，采取有效的事故预防措施，做好安全管理工作。

一、道路交通事故原因分析

1. 事故的特征

事故是对人们的生存和发展特别不利的事件。任何事物都有其独特的属性，事故也一样，它具有几个重要的特性，即因果性、随机性、潜伏性及可预防性。

（1）事故的因果性。事故的因果性是指事故的发生是相互联系的多种因素共同作用的结果。引起事故的原因是多方面的，在伤亡事故调查分析过程中，应弄清事故发生的因果关系，找出事故发生的原因，这将有助于预防类似的事故重复发生。

（2）事故的随机性。事故的随机性是指事故发生的时间、地点、事故后果的严重程度是偶然的，这就给事故的预防带来一定的困难。但是，这种随机性在一定范围内也遵循统计规律，从事故的统计资料中可以找到事故发生的规律性。因此，伤亡事故统计分析对制定正确的预防措施有重大意义。

（3）事故的潜伏性。从表面上来看，事故是一种突发事件，但是事故发生之前有一段潜伏期。事故发生之前，系统（人、车辆、环境）所处的状态往往是不稳定的，也就是说系统存在着事故隐患，具有危险性。如果这时有引发事故的因素出现，就会导致事故的发生。要认识事故的潜伏性，人们应克服麻痹思想。在生产活动中，某些企业在较长时间内未发生伤亡事故，就会麻痹大意，从而忽视事故的潜伏性，这是造成重大伤亡事故的思想隐患。

（4）事故的可预防性。现代事故预防所遵循的一个原则即事故是可以预防的。也就是说，任何事故，只要采取正确的预防措施，加强源头管理，都是可以防止的。认识到这一特性，对坚定信念，防止各类事故发生有促进作用。

2. 交通事故发生的主要原因

对于交通事故频繁发生的原因，人们有不同的总结与归纳，集中起来主要有以下几个方面：

（1）违章、违规开车。有的驾驶员不遵守交通规则，违章驾驶、违规行车、超速超载、人货混装；有的酒后开车、开英雄车、开赌气车。这些违规、违章开车者，在遇到紧急情况时往往束手无策，手忙脚乱，因采取措施不当而导致交通事故发生。

（2）开车技术生疏。很多年轻驾驶员没有经过正规的驾驶技术培训、考试，而是凭关系“领取”的驾驶证。他们既不懂机动车辆的构造原理，又不懂交通法规，更不懂车辆维修保养和故障排除的技术知识。有的错将油门当制动器，遇到紧急情况需要刹车时，一脚踩到油门上而造成交通事故，发生此类交通事故往往损失惨重。

（3）思想麻痹大意。有些驾驶员缺乏安全意识，开车时思想不集中，注意力分散，存有侥幸心理。如：有的驾驶员边开车边与他人聊天；有的驾驶员开车时东张西望；有的驾驶员在开车时吸烟或吃东西；有的驾驶员甚至用一只手开车，另一只手放在腿上或插在裤袋里；有的驾驶员在冰雪天行车时不采取防滑等。一旦遇到紧急情况，这些驾驶来不及对可能发生的情况进行周密思考和分析，从而因对紧急情况的处理不当造成交通事故。

（4）无证驾驶车辆。有的驾驶员不守法纪，不讲原则，为了顾及人情面子而将机动车辆交给无驾驶证的亲友、同事、领导等驾驶。在紧急状态下，因无证开车者的操作失误而造成交通事故。

（5）疲劳驾驶。有的驾驶员开车跑长途，为了抢时间，争班次、争客源、争货源而不辞辛劳、不分昼夜地开车；有的驾驶员染上了不良习气，白天辛辛苦苦开车，晚上搓麻将、打牌或看电视、上网至深夜，第二天清早起来开车，驾车时疲倦不堪，昏昏欲睡，造成车祸还不知原因何在。

（6）车辆机械故障。有的车辆因出厂时存在质量问题或使用不当而出现机械故障，有的驾驶员发现故障后懒得维修及保养，导致车辆曲轴、连杆、半轴折断或转向盘、制动器失灵，脱胎，飞车等机械故障而造成交通事故。

（7）擅自改装车辆。擅自改装车辆或购买改装车辆营运，由此引发的交通事故屡见不鲜。有的为了多装降耗，嫌车辆载重量少或座位太少，便擅自加高车厢，增加座位；有的擅自更换主机，加大马力，提高时速；有的擅自牵引拖挂车；有的汽车改装厂家擅自将报废或即将报废的车辆改装成“新型车”等。这些擅自改装车辆的行为，也是造成交通事故的主要原因之一。

（8）车辆乱停、乱放。有的车在途中抛锚，驾驶员为了及时维修而就地停车，尤其夜晚也不亮灯标示；有的将车停在坡道上不拉手刹，不塞三角木；有的车抛锚在转弯处也不设标志明示等。这些违章停靠行为，是引发交通事故的重要原因。

二、道路交通事故的预防

1. 安全工作指导的科学性

安全工作指导的科学性，主要是指抓道路交通安全的指导思想与安全行车的自身规律相适应。道路交通事故的发生有其必然的客观规律。一是事故的发生是多种不安全因素从量积累到质转化的结果，一起车祸的发生，不论是违章驾驶，还是机件失灵，也不论路况差，还是受气候的影响，绝不是偶然的原因，都有一个不安全因素从量积累到质的转化过程。例如，雨雪天气路滑酿成车祸，不会是瞬间猝不及防，而是侥幸麻痹或盲目蛮干，不安全因素超过了安全的临界点，事故的发生就成为必然。二是事故的发生是一定客观条件催化的结果。如：雨雪天气、狭窄隘道、带故障行车等客观条件，都对行车不安全因素的增长起到催化作用，达到一定量的积累后，事故就必然发生。三是事故的发生是人的危险行为激化的结果。在平时的交通安全管理中，常常出现一些大家都感到很意外的交通事故，例如，认为驾驶技术较差的人，长时间应出事故而未出事故；认为驾驶技术过硬的人，应该不出事故反而出事故。这些现象之所以使人感到意外，就是在重视其他不安全因素的时候，忽视了人的不安全行为这一关键因素。因此，在加强道路交通安全管理上，必须坚持科学性，用科学的态度，使抓道路交通安全的指导思想与安全行车的自身规律相适应，努力使主观指导与客观实际相一致。

总结目前一些道路运输企业安全管理的实际情况，企业领导在安全工作指导上要注意处理好以下几个方面的关系：一是抓主体与抓客体的关系，在提高人的素质、消除人的不安全行为上下功夫。解决好安全工作指导上的随意性、盲目性、片面性和浮夸性等问题；解决好部门科室事业心差、管理能力弱的问题，解决好管理松散、纪律松懈、制度松弛等问题。二是抓技术与抓纪律的关系，在加强交通安全的关键环节上下功夫。在安全管理工作中，驾驶员队伍素质的高低起着关键作用，要下大力解决好技术差、纪律松的问题。三是抓整顿与抓制度的关系，在谋求交通安全的长效机制上下功夫，解决好抓一抓、放一放、紧一阵、松一阵的问题。

2. 安全管理的可行性

安全管理的可行性，主要是针对人员、车辆的现状，确定合理的目标。确定合理可行的目标，是提高安全质量的重要基础。因此，在确定目标（包括经济效益目标、安全行车目标等）时，一是要有系统性。加强安全管理，防范事故的发生是一项系统工程，一个环节抓不好，就可能发生问题。所以在管理目标上，不能顾此失彼，不能只抓有形的而忽视无形的，不能只重视物而不重视人，只有从管理的各个环节上，确定出系统的目标才能实施有效的控制。二是要有规范性。也就是要有量的标准和达到标准的措施，没有量的标准就不成为目标，没有措施的保证，目标将会落空。在对目标实施量化时，一方面要防止目标过低而缺乏活力，另一方面要防止目标过高而失去动力。三是要有连续性。任何事物都有其产生、发展的过程。安全管理工作也一样，过去的经验不一定适用于现在，现在的成绩也不能代表未来，只有针对不断变化的新情况，确定新目标，制订新措施，保证工作上的连续性，才能实现安全效益。

3. 控制环节的有效性

控制环节的有效性是指要突出针对性，努力解决各控制环节上存在的倾向性问题，从而使安全管理规章制度得到落实，安全管理措施得到贯彻执行。做好安全管理工作，涉及的范围广、环节多，需要我们在各控制环节上，抓住主要矛盾，集中精力研究解决存在的主要问题，以谋求最佳的管理质量。针对企业交通安全管理工作的实际，要紧紧抓住交通安全上存在的一些主要薄弱环节，厘清思路，转变作风，扎扎实实抓好落实。否则，讲加强安全管理工作，讲来讲去只是一句空话；讲驾驶员安全意识薄弱，讲来讲去也难以有效提高。在实际的安全管理工作中，需要建立健全各种形式的责任制，充分运用奖励与惩罚的杠杆调节作用，增强管理人员、驾驶人员、押运人员及其他人员责任感；在交通事故的处理上，要坚持实事求是、按责论处的原则，不能藏短护短、迁就照顾，按照规章制度应该予以严厉处罚的，绝不心慈手软，要坚持“四不放过”的原则，举一反三，认真总结经验教训，从而保证行车安全。

三、道路运输安全管理的保障体系建设

道路运输安全管理是道路运输得以顺利完成的前提条件，要实现道路运输安全管理的既定目标，必须建立完善的道路运输安全管理保障体系。一个完善的安全管理保障体系，对于建立安全生产的长效机制意义重大。建立完善的道路运输安全管理保障体系，必须从影响交通安全的人员、车辆、道路、站场和法律法规五个方面来考虑。

1. 人员是道路运输安全工作的主体

对所有的道路运输参与者，特别是驾驶员，要进行安全意识和交通法规教育；必须定期对驾驶员进行心理、生理检测和技术培训，把那些不适合驾驶机动车者及时清除出驾驶队伍。这些都是预防道路运输事故的措施。一旦出现道路运输事故，为了减少伤亡，还必须采取相应的补救措施，即建立健全事故伤害应急救援体系，以满足应急救援的需要。

2. 车辆是道路运输安全的关键

车辆安全是运输安全的重要环节，对于道路运输企业来讲，要从用车的安全日常保养、车辆的定期检测维护、车辆的按期报废三个方面着手，保障车辆的使用性能，特别是与安全有关的性能，如保持车辆良好的技术状况，完善车辆的安全结构（包括预防事故和减少损失两方面的结构）。通过这些措施，力争把车辆机械事故降到最低限度，提高其行驶的安全性。

3. 道路是道路运输安全行驶的基础

道路是道路运输安全行驶的基础，一旦基础塌陷就会导致交通事故，所以一定要搞好道路这一基础设施的建设。也就是说，要抓好道路的设计、修建、改造、养护等环节，同时还要及时完善交通信号、标志和标线，做好高速公路出入口的控制，以及通信和其他安全设施的建设。

4. 站场是道路运输安全工作的枢纽

人归点、车进站，必然使站场成为驾驶员、站务员和旅客获取安全信息的集中点，是对从业人员进行安全管理的“指挥部”。所以，完善站场的安全设施，加强科技投入，采用先进管理手段，是道路运输安全管理保障体系中不可缺少的环节。

5. 法律法规是搞好道路运输安全管理的手段和依据

鉴于我国当前在道路运输法制建设方面存在的不足，我们要学习、借鉴发达国家的先进经验，不断补充、完善我国的道路运输法律法规。新制定的法规要向国际通用法规靠拢，从而使我国的道路运输法规建设迈上一个新台阶。

只有搞好人员、车辆、道路、站场和法律法规五个方面的安全建设并协调好相互之间的关系，才能使道路运输安全管理工作形成一个完整的保障体系。在这个安全管理保障体系中，还需要与其他有关部门密切配合和协调，实现综合治理，以使道路运输安全管理保障体系的各个环节落实到位。

第二章　道路运输企业安全管理与安全要求

道路交通的主要作用是运输，包括人员与物资的运输，这也是道路运输企业的主要任务。道路运输属于服务性行业，同时也是高风险行业，每年死伤人数惊人，因此安全问题十分突出。道路运输企业要认真执行道路运输法律法规、规范标准，坚持"安全第一，预防为主，综合治理"的方针，建立安全生产管理责任制，采取科学有效的手段，制定切实可行的措施，消除违章驾驶、违章操作、超载运输、车辆失保失修等安全隐患，确保旅客和货物的人身与财产安全，同时保证企业自身的安全运行。

第一节　道路运输企业安全生产管理相关政策法规

企业是安全生产的主体，是安全生产的根本，企业的安全生产状况关系到安全生产大局，国家有关安全生产的法律法规最终要落实到企业。因此，企业要坚持以人为本，牢固树立安全发展的理念，把企业发展建立在安全生产的基础上，从管理、制度、标准和技术等方面，全面加强企业安全管理。

一、《中华人民共和国道路交通安全法》相关要点

2011 年 4 月 22 日，第十一届全国人大常委会第二十次会议通过《全国人民代表大会常务委员会关于修改〈中华人民共和国道路交通安全法〉的决定》并公布（中华人民共和国主席令第四十七号），自 2011 年 5 月 1 日起施行。

《中华人民共和国道路交通安全法》（简称《道路交通安全法》）分为八章一百二十四条，各章内容为：第一章总则，第二章车辆和驾驶人，第三章道路通行条件，第四章道路通行规定，第五章交通事故处理，第六章执法监督，第七章法律责任，第八章附则。制定本法的目的是维护道路交通秩序，预防和减少交通事故，保护人身安全，保护公民、法人和其他组织的财产安全及其他合法权益，提高通行效率。

1. 总则中的有关规定

在第一章总则中，对相关事项作了规定。

第二条　中华人民共和国境内的车辆驾驶人、行人、乘车人以及与道路交通活动有关的单位和个人，都应当遵守本法。

第三条　道路交通安全工作，应当遵循依法管理、方便群众的原则，保障道路交通有序、安全、畅通。

第五条　国务院公安部门负责全国道路交通安全管理工作。县级以上地方各级人民政府公安机关交通管理部门负责本行政区域内的道路交通安全管理工作。

县级以上各级人民政府交通、建设管理部门依据各自职责，负责有关的道路交通工作。

2. 关于车辆和驾驶人的有关规定

在第二章车辆和驾驶人中，对相关事项作了规定。

第八条　国家对机动车实行登记制度。机动车经公安机关交通管理部门登记后，方可上道路行驶。尚未登记的机动车，需要临时上道路行驶的，应当取得临时通行牌证。

第九条　申请机动车登记，应当提交以下证明、凭证：

（1）机动车所有人的身份证明；

（2）机动车来历证明；

（3）机动车整车出厂合格证明或者进口机动车进口凭证；

（4）车辆购置税的完税证明或者免税凭证；

（5）法律、行政法规规定应当在机动车登记时提交的其他证明、凭证。

公安机关交通管理部门应当自受理申请之日起五个工作日内完成机动车登记审查工作，对符合前款规定条件的，应当发放机动车登记证书、号牌和行驶证；对不符合前款规定条件的，应当向申请人说明不予登记的理由。

公安机关交通管理部门以外的任何单位或者个人不得发放机动车号牌或者要求机动车悬挂其他号牌，本法另有规定的除外。

机动车登记证书、号牌、行驶证的式样由国务院公安部门规定并监制。

第十条　准予登记的机动车应当符合机动车国家安全技术标准。申请机动车登记时，应当接受对该机动车的安全技术检验。但是，经国家机动车产品主管部门依据机动车国家安全技术标准认定的企业生产的机动车型，该车型的新车在出厂时经检验符合机动车国家安全技术标准，获得检验合格证的，免予安全技术检验。

第十一条　驾驶机动车上道路行驶，应当悬挂机动车号牌，放置检验合格标志、保险标志，并随车携带机动车行驶证。

机动车号牌应当按照规定悬挂并保持清晰、完整，不得故意遮挡、污损。

任何单位和个人不得收缴、扣留机动车号牌。

第十二条　有下列情形之一的，应当办理相应的登记：

（1）机动车所有权发生转移的；

（2）机动车登记内容变更的；

（3）机动车用作抵押的；

（4）机动车报废的。

第十三条　对登记后上道路行驶的机动车，应当依照法律、行政法规的规定，根据车辆用途、载客载货数量、使用年限等不同情况，定期进行安全技术检验。对提供机动车行驶证和机动车第三者责任强制保险单的，机动车安全技术检验机构应当予以检验，任何单位不得附加其他条件。对符合机动车国家安全技术标准的，公安机关交通管理部门应当发给检验合格标志。

第十四条　国家实行机动车强制报废制度，根据机动车的安全技术状况和不同用途，规定不同的报废标准。

应当报废的机动车必须及时办理注销登记。

达到报废标准的机动车不得上道路行驶。报废的大型客、货车及其他营运车辆应当在公安机关交通管理部门的监督下解体。

第十六条　任何单位或者个人不得有下列行为：

（1）拼装机动车或者擅自改变机动车已登记的结构、构造或者特征；

（2）改变机动车型号、发动机号、车架号或者车辆识别代号；

（3）伪造、变造或者使用伪造、变造的机动车登记证书、号牌、行驶证、检验合格标志、保险标志；

（4）使用其他机动车的登记证书、号牌、行驶证、检验合格标志、保险标志。

第十七条　国家实行机动车第三者责任强制保险制度，设立道路交通事故社会救助基金。具体办法由国务院规定。

第十九条　驾驶机动车，应当依法取得机动车驾驶证。

申请机动车驾驶证，应当符合国务院公安部门规定的驾驶许可条件；经考试合格后，由公安机关交通管理部门发给相应类别的机动车驾驶证。

驾驶人应当按照驾驶证载明的准驾车型驾驶机动车；驾驶机动车时，应当随身携带机动车驾驶证。

公安机关交通管理部门以外的任何单位或者个人，不得收缴、扣留机动车驾驶证。

第二十一条　驾驶人驾驶机动车上道路行驶前，应当对机动车的安全技术性能进行认真检查；不得驾驶安全设施不全或者机件不符合技术标准等具有安全隐患的机动车。

第二十二条　机动车驾驶人应当遵守道路交通安全法律、法规的规定，按照操作规范安全驾驶、文明驾驶。

饮酒、服用国家管制的精神药品或者麻醉药品，或者患有妨碍安全驾驶机动车的疾病，或者过度疲劳影响安全驾驶的，不得驾驶机动车。

任何人不得强迫、指使、纵容驾驶人违反道路交通安全法律、法规和机动车安全驾驶要求驾驶机动车。

第二十三条　公安机关交通管理部门依照法律、行政法规的规定，定期对机动车驾驶证实施审验。

第二十四条　公安机关交通管理部门对机动车驾驶人违反道路交通安全法律、法规的行为，除依法给予行政处罚外，实行累积记分制度。公安机关交通管理部门对累积记分达到规定分值的机动车驾驶人，扣留机动车驾驶证，对其进行道路交通安全法律、法规教育，重新考试；考试合格的，发还其机动车驾驶证。

对遵守道路交通安全法律、法规，在一年内无累积记分的机动车驾驶人，可以延长机动车驾驶证的审验期。具体办法由国务院公安部门规定。

3. 有关道路通行规定

在第四章道路通行规定中，对相关事项作了规定。

第四十二条　机动车上道路行驶，不得超过限速标志标明的最高时速。在没有限速标志的路段，应当保持安全车速。

夜间行驶或者在容易发生危险的路段行驶，以及遇有沙尘、冰雹、雨、雪、雾、结冰等气象条件时，应当降低行驶速度。

第四十三条　同车道行驶的机动车，后车应当与前车保持足以采取紧急制动措施的安全距离。有下列情形之一的，不得超车：

（1）前车正在左转弯、掉头、超车的；

（2）与对面来车有会车可能的；

（3）前车为执行紧急任务的警车、消防车、救护车、工程救险车的；

（4）行经铁路道口、交叉路口、窄桥、弯道、陡坡、隧道、人行横道、市区交通流量大的路段等没有超车条件的。

第四十四条　机动车通过交叉路口，应当按照交通信号灯、交通标志、交通标线或者交通警察的指挥通过；通过没有交通信号灯、交通标志、交通标线或者交通警察指挥的交叉路口时，应当减速慢行，并让行人和优先通行的车辆先行。

第四十五条　机动车遇有前方车辆停车排队等候或者缓慢行驶时，不得借道超车或者占用对面车道，不得穿插等候的车辆。

在车道减少的路段、路口，或者在没有交通信号灯、交通标志、交通标线或者交通警察指挥的交叉路口遇到停车排队等候或者缓慢行驶时，机动车应当依次交替通行。

第四十六条　机动车通过铁路道口时，应当按照交通信号或者管理人员的指挥通行；没有交通信号或者管理人员的，应当减速或者停车，在确认安全后通过。

第四十七条　机动车行经人行横道时，应当减速行驶；遇行人正在通过人行横道，应当停车让行。

机动车行经没有交通信号的道路时，遇行人横过道路，应当避让。

第四十八条　机动车载物应当符合核定的载质量，严禁超载；载物的长、宽、高不得违反装载要求，不得遗洒、飘散载运物。

机动车运载超限的不可解体的物品，影响交通安全的，应当按照公安机关交通管理部门指定的时间、路线、速度行驶，悬挂明显标志。在公路上运载超限的不可解体的物品，应当依照公路法的规定执行。

机动车载运爆炸物品、易燃易爆化学物品以及剧毒、放射性等危险物品，应当经公安机关批准后，按指定的时间、路线、速度行驶，悬挂警示标志并采取必要的安全措施。

第四十九条　机动车载人不得超过核定的人数，客运机动车不得违反规定载货。

第五十条　禁止货运机动车载客。

货运机动车需要附载作业人员的，应当设置保护作业人员的安全措施。

第五十一条　机动车行驶时，驾驶人、乘坐人员应当按规定使用安全带，摩托车驾驶人及乘坐人员应当按规定戴安全头盔。

第五十二条　机动车在道路上发生故障，需要停车排除故障时，驾驶人应当立即开启危险报警闪光灯，将机动车移至不妨碍交通的地方停放；难以移动的，应当持续开启危险报警闪光灯，并在来车方向设置警告标志等措施扩大示警距离，必要时迅速报警。

第五十六条　机动车应当在规定地点停放。禁止在人行道上停放机动车；但是，依照相关规定施划的停车泊位除外。

在道路上临时停车的，不得妨碍其他车辆和行人通行。

4. 有关交通事故处理的规定

在第五章交通事故处理中，对相关事项作了规定。

第七十条　在道路上发生交通事故，车辆驾驶人应当立即停车，保护现场；造成人身伤亡的，车辆驾驶人应当立即抢救受伤人员，并迅速报告执勤的交通警察或者公安机关交通管理部门。因抢救受伤人员变动现场的，应当标明位置。乘车人、过往车辆驾驶人、过往行人应当予以协助。

在道路上发生交通事故，未造成人身伤亡，当事人对事实及成因无争议的，可以即行撤离现场，恢复交通，自行协商处理损害赔偿事宜；不即行撤离现场的，应当迅速报告执勤的交通警察或者公安机关交通管理部门。

在道路上发生交通事故，仅造成轻微财产损失，并且基本事实清楚的，当事人应当先撤离现场再进行协商处理。

第七十一条　车辆发生交通事故后逃逸的，事故现场目击人员和其他知情人员应当向公安机关交通管理部门或者交通警察举报。举报属实的，公安机关交通管理部门应当给予奖励。

第七十四条　对交通事故损害赔偿的争议，当事人可以请求公安机关交通管理部门调解，也可以直接向人民法院提起民事诉讼。

经公安机关交通管理部门调解，当事人未达成协议或者调解书生效后不履行的，当事人可以向人民法院提起民事诉讼。

第七十六条　机动车发生交通事故造成人身伤亡、财产损失的，由保险公司在机动车第三者责任强制保险责任限额范围内予以赔偿；不足的部分，按照下列规定承担赔偿责任：

（1）机动车之间发生交通事故的，由有过错的一方承担赔偿责任；双方都有过错的，按照各自过错的比例分担责任。

（2）机动车与非机动车驾驶人、行人之间发生交通事故，非机动车驾驶人、行人没有过错的，由机动车一方承担赔偿责任；有证据证明非机动车驾驶人、行人有过错的，根据过错程度适当减轻机动车一方的赔偿责任；机动车一方没有过错的，承担不超过百分之十的赔偿责任。

交通事故的损失是由非机动车驾驶人、行人故意碰撞机动车造成的，机动车一方不承担赔偿责任。

第七十七条　车辆在道路以外通行时发生的事故，公安机关交通管理部门接到报案的，参照本法有关规定办理。

二、《中华人民共和国道路交通安全法实施条例》相关要点

2004 年 4 月 30 日，国务院公布《中华人民共和国道路交通安全法实施条例》（国务院令第 405 号），自 2004 年 5 月 1 日起施行。1960 年 2 月 11 日国务院批准、交通部发布的《机动车管理办法》，1988 年 3 月 9 日国务院发布的《中华人民共和国道路交通管理条例》，以及 1991 年 9 月 22 日国务院发布的《中华人民共和国道路交通事故处理办法》（简称《道路交通事故处理办法》）同时废止。

《道路交通安全法实施条例》分为八章一百一十五条，各章内容为：第一章总则，第二章车辆和驾驶人，第三章道路通行条件，第四章道路通行规定，第五章交通事故处理，第六章执法监督，第七章法律责任，第八章附则。中华人民共和国境内的车辆驾驶人及与道路交通活动有关的单位和个人，应当遵守道路交通安全法和本条例。

1. 有关车辆和驾驶人的规定

在第二章车辆和驾驶人中，对相关事项作了规定。

第十六条　机动车应当从注册登记之日起，按照下列期限进行安全技术检验：

（1）营运载客汽车 5 年以内每年检验 1 次；超过 5 年的，每 6 个月检验 1 次。

（2）载货汽车和大型、中型非营运载客汽车 10 年以内每年检验 1 次；超过 10 年的，每 6 个月检验 1 次。

营运机动车在规定检验期限内经安全技术检验合格的，不再重复进行安全技术检验。

第十七条　已注册登记的机动车进行安全技术检验时，机动车行驶证记载的登记内容与该机动车的有关情况不符，或者未按照规定提供机动车第三者责任强制保险凭证的，不予通过检验。

第十九条　符合国务院公安部门规定的驾驶许可条件的人，可以向公安机关交通管理部门申请机动车驾驶证。

第二十条　学习机动车驾驶，应当先学习道路交通安全法律、法规和相关知识，考试合格后，再学习机动车驾驶技能。

第二十二条　机动车驾驶证的有效期为 6 年，本条例另有规定的除外。

第二十三条　公安机关交通管理部门对机动车驾驶人的道路交通安全违法行为除给予行政处罚外，实行道路交通安全违法行为累积记分（以下简称记分）制度，记分周期为 12 个月。对在一个记分周期内记分达到 12 分的，由公安机关交通管理部门扣留其机动车驾驶证，该机动车驾驶人应当按照规定参加道路交通安全法律、法规的学习并接受考试。考试合格的，记分予以清除，发还机动车驾驶证；考试不合格的，继续参加学习和考试。

应当给予记分的道路交通安全违法行为及其分值，由国务院公安部门根据道路交通安全违法行为的危害程度规定。

公安机关交通管理部门应当提供记分查询方式供机动车驾驶人查询。

第二十四条　机动车驾驶人在一个记分周期内记分未达到 12 分，所处罚款已经缴纳的，记分予以清除；记分虽未达到 12 分，但尚有罚款未缴纳的，记分转入下一记分周期。

机动车驾驶人在一个记分周期内记分 2 次以上达到 12 分的，除按照第二十三条的规定扣留机动车驾驶证、参加学习、接受考试外，还应当接受驾驶技能考试。考试合格的，记分予以清除，发还机动车驾驶证；考试不合格的，继续参加学习和考试。

接受驾驶技能考试的，按照本人机动车驾驶证载明的最高准驾车型考试。

第二十五条　机动车驾驶人记分达到 12 分，拒不参加公安机关交通管理部门通知的学习，也不接受考试的，由公安机关交通管理部门公告其机动车驾驶证停止使用。

第二十六条　机动车驾驶人在机动车驾驶证的 6 年有效期内，每个记分周期均未达到 12 分的，换发 10 年有效期的机动车驾驶证；在机动车驾驶证的 10 年有效期内，每个记分周期均未达到 12 分的，换发长期有效的机动车驾驶证。

换发机动车驾驶证时，公安机关交通管理部门应当对机动车驾驶证进行审验。

第二十七条　机动车驾驶证丢失、损毁，机动车驾驶人申请补发的，应当向公安机关交通管理部门提交本人身份证明和申请材料。公安机关交通管理部门经与机动车驾驶证档案核实后，在收到申请之日起 3 日内补发。

第二十八条　机动车驾驶人在机动车驾驶证丢失、损毁、超过有效期或者被依法扣留、暂扣期间以及记分达到 12 分的，不得驾驶机动车。

2. 有关道路通行的规定

在第四章道路通行规定中，对相关事项作了规定。

第四十四条　在道路同方向画有两条以上机动车道的，左侧为快速车道，右侧为慢速车道。在快速车道行驶的机动车应当按照快速车道规定的速度行驶，未达到快速车道规定的行驶速度的，应当在慢速车道行驶。有交通标志标明行驶速度的，按照标明的行驶速度行驶。慢速车道内的机动车超越前车时，可以借用快速车道行驶。

在道路同方向画有两条以上机动车道的，变更车道的机动车不得影响相关车道内行驶的机动车的正常行驶。

第四十五条　机动车在道路上行驶不得超过限速标志、标线标明的速度。在没有限速标志、标线的道路上，机动车不得超过下列最高行驶速度：

（1）没有道路中心线的道路，城市道路为每小时 30 km，公路为每小时 40 km；

（2）同方向只有一条机动车道的道路，城市道路为每小时 50 km，公路为每小时 70 km。

第四十六条　机动车行驶中遇有下列情形之一的，最高行驶速度不得超过每小时 30 km，其中拖拉机、电瓶车、轮式专用机械车不得超过每小时 15 km：

（1）进出非机动车道，通过铁路道口、急弯路、窄路、窄桥时；

（2）掉头、转弯、下陡坡时；

（3）遇雾、雨、雪、沙尘、冰雹，能见度在 50 m 以内时；

（4）在冰雪、泥泞的道路上行驶时；

（5）牵引发生故障的机动车时。

第四十七条　机动车超车时，应当提前开启左转向灯、变换使用远、近光灯或者鸣喇叭。在没有道路中心线或者同方向只有 1 条机动车道的道路上，前车遇后车发出超车信号时，在条件许可的情况下，应当降低速度、靠右让路。后车应当在确认有充足的安全距离后，从前车的左侧超越，在与被超车辆拉开必要的安全距离后，开启右转向灯，驶回原车道。

第四十八条　在没有中心隔离设施或者没有中心线的道路上，机动车遇相对方向来车时应当遵守下列规定：

（1）减速靠右行驶，并与其他车辆、行人保持必要的安全距离。

（2）在有障碍的路段，无障碍的一方先行；但有障碍的一方已驶入障碍路段而无障碍的一方未驶入时，有障碍的一方先行。

（3）在狭窄的坡路，上坡的一方先行；但下坡的一方已行至中途而上坡的一方未上坡时，下坡的一方先行。

（4）在狭窄的山路，不靠山体的一方先行。

（5）夜间会车应当在距相对方向来车 150 m 以外改用近光灯，在窄路、窄桥与非机动车会车时应当使用近光灯。

第四十九条　机动车在有禁止掉头或者禁止左转弯标志、标线的地点以及在铁路道口、人行横道、桥梁、急弯、陡坡、隧道或者容易发生危险的路段，不得掉头。

机动车在没有禁止掉头或者没有禁止左转弯标志、标线的地点可以掉头，但不得妨碍正常行驶的其他车辆和行人的通行。

第五十条　机动车倒车时，应当察明车后情况，确认安全后倒车。不得在铁路道口、交叉路口、单行路、桥梁、急弯、陡坡或者隧道中倒车。

第五十一条　机动车通过有交通信号灯控制的交叉路口，应当按照下列规定通行：

（1）在画有导向车道的路口，按所需行进方向驶入导向车道。

（2）准备进入环形路口的让已在路口内的机动车先行。

（3）向左转弯时，靠路口中心点左侧转弯。转弯时开启转向灯，夜间行驶开启近光灯。

（4）遇放行信号时，依次通过。

（5）遇停止信号时，依次停在停止线以外。没有停止线的，停在路口以外。

（6）向右转弯遇有同车道前车正在等候放行信号时，依次停车等候。

（7）在没有方向指示信号灯的交叉路口，转弯的机动车让直行的车辆、行人先行。相对方向行驶的右转弯机动车让左转弯车辆先行。

第五十二条　机动车通过没有交通信号灯控制也没有交通警察指挥的交叉路口，除应当遵守相关规定外，还应当遵守下列规定：

（1）有交通标志、标线控制的，让优先通行的一方先行；

（2）没有交通标志、标线控制的，在进入路口前停车瞭望，让右方道路的来车先行；

（3）转弯的机动车让直行的车辆先行；

（4）相对方向行驶的右转弯的机动车让左转弯的车辆先行。

第五十三条　机动车遇有前方交叉路口交通阻塞时，应当依次停在路口以外等候，不得进入路口。

机动车在遇有前方机动车停车排队等候或者缓慢行驶时，应当依次排队，不得从前方车辆两侧穿插或者超越行驶，不得在人行横道、网状线区域内停车等候。

机动车在车道减少的路口、路段，遇有前方机动车停车排队等候或者缓慢行驶的，应当每车道一辆依次交替驶入车道减少后的路口、路段。

第五十四条　机动车载物不得超过机动车行驶证上核定的载质量，装载长度、宽度不得超出车厢，并应当遵守下列规定：

（1）重型、中型载货汽车，半挂车载物，高度从地面起不得超过 4 m，载运集装箱的车辆不得超过 4.2 m；

（2）其他载货的机动车载物，高度从地面起不得超过 2.5 m；

（3）摩托车载物，高度从地面起不得超过 1.5 m，长度不得超出车身 0.2 m。两轮摩托车载物宽度左右各不得超出车把 0.15 m；三轮摩托车载物宽度不得超过车身。

载客汽车除车身外部的行李架和内置的行李箱外，不得载货。载客汽车行李架载货，从车顶起高度不得超过 0.5 m，从地面起高度不得超过 4 m。

第五十五条　机动车载人应当遵守下列规定：

（1）公路载客汽车不得超过核定的载客人数，但按照规定免票的儿童除外，在载客人数已满的情况下，按照规定免票的儿童不得超过核定载客人数的10%。

（2）载货汽车车厢不得载客。在城市道路上，货运机动车在留有安全位置的情况下，车厢内可以附载临时作业人员1～5人；载物高度超过车厢栏板时，货物上不得载人。

（3）摩托车后座不得乘坐未满12周岁的未成年人，轻便摩托车不得载人。

第五十六条　机动车牵引挂车应当符合下列规定：

（1）载货汽车、半挂牵引车、拖拉机只允许牵引1辆挂车。挂车的灯光信号、制动、连接、安全防护等装置应当符合国家标准。

（2）小型载客汽车只允许牵引旅居挂车或者总质量700 kg以下的挂车。挂车不得载人。

（3）载货汽车所牵引挂车的载质量不得超过载货汽车本身的载质量。

大型、中型载客汽车，低速载货汽车，三轮汽车以及其他机动车不得牵引挂车。

第五十七条　机动车应当按照下列规定使用转向灯：

（1）向左转弯、向左变更车道、准备超车、驶离停车地点或者掉头时，应当提前开启左转向灯；

（2）向右转弯、向右变更车道、超车完毕驶回原车道、靠路边停车时，应当提前开启右转向灯。

第五十八条　机动车在夜间没有路灯、照明不良或者遇有雾、雨、雪、沙尘、冰雹等低能见度情况下行驶时，应当开启前照灯、示廓灯和后位灯，但同方向行驶的后车与前车近距离行驶时，不得使用远光灯。机动车雾天行驶应当开启雾灯和危险报警闪光灯。

第五十九条　机动车在夜间通过急弯、坡路、拱桥、人行横道或者没有交通信号灯控制的路口时，应当交替使用远近光灯示意。

机动车驶近急弯、坡道顶端等影响安全视距的路段以及超车或者遇有紧急情况时，应当减速慢行，并鸣喇叭示意。

第六十条　机动车在道路上发生故障或者发生交通事故，妨碍交通又难以移动的，应当按照规定开启危险报警闪光灯并在车后50～100 m处设置警告标志，夜间还应当同时开启示廓灯和后位灯。

第六十一条　牵引故障机动车应当遵守下列规定：

（1）被牵引的机动车除驾驶人外不得载人，不得拖带挂车；

（2）被牵引的机动车宽度不得大于牵引机动车的宽度；

（3）使用软连接牵引装置时，牵引车与被牵引车之间的距离应当大于4 m小于10 m。

（4）对制动失效的被牵引车，应当使用硬连接牵引装置牵引；

（5）牵引车和被牵引车均应当开启危险报警闪光灯。

汽车吊车和轮式专用机械车不得牵引车辆。摩托车不得牵引车辆或者被其他车辆牵引。

转向或者照明、信号装置失效的故障机动车，应当使用专用清障车拖曳。

第六十二条　驾驶机动车不得有下列行为：

(1) 在车门、车厢没有关好时行车；

(2) 在机动车驾驶室的前后窗范围内悬挂、放置妨碍驾驶人视线的物品；

(3) 拨打接听手持电话、观看电视等妨碍安全驾驶的行为；

(4) 下陡坡时熄火或者空挡滑行；

(5) 向道路上抛撒物品；

(6) 驾驶摩托车手离车把或者在车把上悬挂物品；

(7) 连续驾驶机动车超过 4 h 未停车休息或者停车休息时间少于 20 min；

(8) 在禁止鸣喇叭的区域或者路段鸣喇叭。

第六十三条　机动车在道路上临时停车，应当遵守下列规定：

(1) 在设有禁停标志、标线的路段，在机动车道与非机动车道、人行道之间设有隔离设施的路段以及人行横道、施工地段，不得停车；

(2) 交叉路口、铁路道口、急弯路、宽度不足 4 m 的窄路、桥梁、陡坡、隧道以及距离上述地点 50 m 以内的路段，不得停车；

(3) 公共汽车站、急救站、加油站、消火栓或者消防队（站）门前以及距离上述地点 30 m 以内的路段，除使用上述设施的以外，不得停车；

(4) 车辆停稳前不得开车门和上下人员，开关车门不得妨碍其他车辆和行人通行；

(5) 路边停车应当紧靠道路右侧，机动车驾驶人不得离车，上下人员或者装卸物品后，立即驶离；

(6) 城市公共汽车不得在站点以外的路段停车上下乘客。

第六十四条　机动车行经漫水路或者漫水桥时，应当停车察明水情，确认安全后，低速通过。

第六十五条　机动车载运超限物品行经铁路道口的，应当按照当地铁路部门指定的铁路道口、时间通过。

机动车行经渡口，应当服从渡口管理人员指挥，按照指定地点依次待渡。机动车上下渡船时，应当低速慢行。

第七十八条　高速公路应当标明车道的行驶速度，最高车速不得超过每小时 120 km，最低车速不得低于每小时 60 km。

在高速公路上行驶的小型载客汽车最高车速不得超过每小时 120 km，其他机动车不得超过每小时 100 km，摩托车不得超过每小时 80 km。

同方向有 2 条车道的，左侧车道的最低车速为每小时 100 km；同方向有 3 条以上车道的，最左侧车道的最低车速为每小时 110 km，中间车道的最低车速为每小时 90 km。道路限速标志标明的车速与上述车道行驶车速的规定不一致的，按照道路限速标志标明的车速行驶。

第七十九条　机动车从匝道驶入高速公路，应当开启左转向灯，在不妨碍已在高速公路内的机动车正常行驶的情况下驶入车道。

机动车驶离高速公路时，应当开启右转向灯，驶入减速车道，降低车速后驶离。

第八十条　机动车在高速公路上行驶，车速超过每小时 100 km 时，应当与同车道前车保持 100 m 以上的距离，车速低于每小时 100 km 时，与同车道前车距离可以适当缩短，但最小距离不得少于 50 m。

第八十一条　机动车在高速公路上行驶，遇有雾、雨、雪、沙尘、冰雹等低能见度气象条件时，应当遵守下列规定：

（1）能见度小于 200 m 时，开启雾灯、近光灯、示廓灯和前后位灯，车速不得超过每小时 60 km，与同车道前车保持 100 m 以上的距离；

（2）能见度小于 100 m 时，开启雾灯、近光灯、示廓灯、前后位灯和危险报警闪光灯，车速不得超过每小时 40 km，与同车道前车保持 50 m 以上的距离；

（3）能见度小于 50 m 时，开启雾灯、近光灯、示廓灯、前后位灯和危险报警闪光灯，车速不得超过每小时 20 km，并从最近的出口尽快驶离高速公路。

遇有前款规定情形时，高速公路管理部门应当通过显示屏等方式发布速度限制、保持车距等提示信息。

第八十二条　机动车在高速公路上行驶，不得有下列行为：

（1）倒车、逆行、穿越中央分隔带掉头或者在车道内停车；

（2）在匝道、加速车道或者减速车道上超车；

（3）骑、轧车行道分界线或者在路肩上行驶；

（4）非紧急情况时在应急车道行驶或者停车；

（5）试车或者学习驾驶机动车。

第八十三条　在高速公路上行驶的载货汽车车厢不得载人。两轮摩托车在高速公路行驶时不得载人。

第八十四条　机动车通过施工作业路段时，应当注意警示标志，减速行驶。

三、《国务院关于加强道路交通安全工作的意见》相关要点

2012 年 7 月 27 日，下发《国务院关于加强道路交通安全工作的意见》（以下简称《意见》）（国发〔2012〕30 号），该《意见》指出：为适应我国道路通车里程、机动车和驾驶人数量、道路交通运量持续大幅度增长的形势，进一步加强道路交通安全工作，保障人民群众生命财产安全，提出以下意见：

1. 总体要求

（1）指导思想。以邓小平理论和“三个代表”重要思想为指导，深入贯彻落实科学发

展观，牢固树立以人为本、安全发展的理念，始终把维护人民群众生命财产安全放在首位，以防事故、保安全、保畅通为核心，以落实企业主体责任为重点，全面加强人、车、路、环境的安全管理和监督执法，推进交通安全社会管理创新，形成政府统一领导、各部门协调联动、全社会共同参与的交通安全管理工作格局，有效防范和坚决遏制重、特大道路交通事故，促进全国安全生产形势持续稳定好转，为经济社会发展、人民平安出行创造良好环境。

（2）基本原则

1）安全第一，协调发展。正确处理安全与速度、质量、效益的关系，坚持把安全放在首位，加强统筹规划，使道路交通安全融入国民经济社会发展大局，与经济社会同步协调发展。

2）预防为主，综合治理。严格驾驶人、车辆、运输企业准入和安全管理，加强道路交通安全设施建设，深化隐患排查治理，着力解决制约和影响道路交通安全的源头性、根本性问题，夯实道路交通安全基础。

3）落实责任，强化考核。全面落实企业主体责任、政府及部门监管责任和属地管理责任，健全目标考核和责任追究制度，加强督导检查和责任倒查，依法严格追究事故责任。

4）科技支撑，法治保障。强化科技装备和信息化技术应用，建立健全法律法规和标准规范，加强执法队伍建设，依法严厉打击各类交通违法违规行为，不断提高道路交通科学管理与执法服务水平。

2. 强化道路运输企业安全管理

（1）规范道路运输企业生产经营行为。严格道路运输市场准入管理，对新设立运输企业，要严把安全管理制度和安全生产条件审核关。强化道路运输企业安全主体责任，鼓励客运企业实行规模化、公司化经营，积极培育集约化、网络化经营的货运龙头企业。严禁客运车辆、危险品运输车辆挂靠经营。推进道路运输企业诚信体系建设，将诚信考核结果与客运线路招投标、运力投放及保险费率、银行信贷等挂钩，不断完善企业安全管理的激励约束机制。鼓励运输企业采用交通安全统筹等形式，加强行业互助，提高企业抗风险能力。

（2）加强企业安全生产标准化建设。道路运输企业要建立健全安全生产管理机构，加强安全班组建设，严格执行安全生产制度、规范和技术标准，强化对车辆和驾驶人的安全管理，持续加大道路交通安全投入，提足、用好安全生产费用。建立专业运输企业交通安全质量管理体系，健全客运、危险品运输企业安全评估制度，对安全管理混乱、存在重大安全隐患的企业，依法责令停业整顿，对整改不达标的按规定取消其相应资质。

（3）严格长途客运和旅游客运安全管理。严格客运班线审批和监管，加强班线途经道路的安全适应性评估，合理确定营运线路、车型和时段，严格控制 1 000 km 以上的跨省长途客运班线和夜间运行时间，对现有的长途客运班线进行清理整顿，整改不合格的坚决停止运营。创造条件积极推行长途客运车辆凌晨2时至5时停止运行或实行接驳运输。客运车辆夜间行驶速度不得超过日间限速的80%，并严禁夜间通行达不到安全通行条件的三级以下山区公路。夜间遇暴雨、浓雾等影响安全视距的恶劣天气时，可以采取临时管理措施，暂停客运车辆运行。加强旅游包车安全管理，根据运行里程严格按规定配备包车驾驶人，逐步推行包车业务网上申请和办理制度，严禁发放空白旅游包车牌证。运输企业要积极创造条件，严格落实长途客运驾驶人停车换人、落地休息制度，确保客运驾驶人24 h累计驾驶时间原则上不超过8 h，日间连续驾驶不超过4 h，夜间连续驾驶不超过2 h，每次停车休息时间不少于20 min。有关部门要加强监督检查，对违反规定超时、超速驾驶的驾驶人及相关企业依法严格处罚。

（4）加强运输车辆动态监管。抓紧制定道路运输车辆动态监督管理办法，规范卫星定位装置安装、使用行为。旅游包车、三类以上班线客车、危险品运输车和校车应严格按规定安装使用具有行驶记录功能的卫星定位装置，卧铺客车应同时安装车载视频装置，鼓励农村客运车辆安装使用卫星定位装置。重型载货汽车和半挂牵引车应在出厂前安装卫星定位装置，并接入道路货运车辆公共监管与服务平台。运输企业要落实安全监控主体责任，切实加强对所属车辆和驾驶人的动态监管，确保车载卫星定位装置工作正常、监控有效。对不按规定使用或故意损坏卫星定位装置的，要追究相关责任人和企业负责人的责任。

3. 严格驾驶人培训考试和管理

（1）加强和改进驾驶人培训考试工作。进一步完善机动车驾驶人培训大纲和考试标准，严格考试程序，推广应用科技评判和监控手段，强化驾驶人安全、法制、文明意识和实际道路驾驶技能考试。客、货车辆驾驶人培训考试要增加复杂路况、恶劣天气、突发情况应对处置技能的内容，大中型客、货车辆驾驶人增加夜间驾驶考试。将大客车驾驶人培养纳入国家职业教育体系，努力解决高素质客运驾驶人短缺问题。实行交通事故驾驶人培训质量、考试发证责任倒查制度。

（2）严格驾驶人培训机构监管。加强驾驶人培训市场调控，提高驾驶人培训机构准入门槛，按照培训能力核定其招生数量，严格教练员资格管理。加强驾驶人培训质量监督，全面推广应用计算机计时培训管理系统，督促落实培训教学大纲和学时。定期向社会公开驾驶人培训机构的培训质量、考试合格率以及毕业学员的交通违法率和肇事率等，并作为其资质审核的重要参考。

（3）加强客货运驾驶人安全管理。严把客货运驾驶人从业资格准入关，加强从业条件审核与培训考试。建立客货运驾驶人从业信息、交通违法信息、交通事故信息的共享机制，加快推进信息查询平台建设，设立驾驶人“黑名单”信息库。加强对长期在本地经营的异地客货运车辆和驾驶人安全管理。督促运输企业加强驾驶人聘用管理，对发生道路交通事故致人死亡且负同等以上责任的，交通违法记满12分的，以及有酒后驾驶、超员20%以上、超速50%（高速公路超速20%）以上，或者12个月内有3次以上超速违法记录的客运驾驶人，要严格依法处罚并通报企业解除聘用。

4. 加强车辆安全监管

（1）提高机动车安全性能。制定完善相关政策，推动机动车生产企业兼并重组，调整产品结构，鼓励发展安全、节能、环保的汽车产品，积极推进机动车标准化、轻量化，加快传统汽车升级换代。大力推广厢式货车取代栏板式货车，尽快淘汰高安全风险车型。抓紧清理、修订并逐步提高机动车安全技术标准，督促生产企业改进车辆安全技术，增设客运车辆限速和货运车辆限载等安全装置。进一步提高大中型客车和公共汽车的车身结构强度、座椅安装强度、内部装饰材料阻燃性能等，增强车辆行驶稳定性和抗侧倾能力。客运车辆座椅要尽快全部配置安全带。

（2）加强机动车安全管理。落实和完善机动车生产企业及产品公告管理、强制性产品认证、注册登记、使用维修和报废等管理制度。积极推动机动车生产企业诚信体系建设，加强机动车产品准入、生产一致性监管，对不符合机动车国家安全技术标准或者与公告产品不一致的车辆，不予办理注册登记，生产企业要依法依规履行更换、退货义务。严禁无资质企业生产、销售电动汽车。落实和健全缺陷汽车产品召回制度，加大对大中型客、货汽车缺陷产品召回力度。严格报废汽车回收企业资格认定和监督管理，依法严厉打击制造和销售拼装车行为，严禁拼装车和报废汽车上路行驶。加强机动车安全技术检验和营运车辆综合性能检测，严格检验检测机构的资格管理和计量认证管理。对道路交通事故中涉及车辆非法生产、改装、拼装及机动车产品严重质量安全问题的，要严查责任，依法从重处理。

5. 提高道路安全保障水平

（1）完善道路交通安全设施标准和制度。加快修订完善公路安全设施设计、施工、安全性评价等技术规范和行业标准，科学设置安全防护设施。鼓励地方在国家和行业标准的基础上，进一步提高本地区公路安全设施建设标准。严格落实交通安全设施与道路建设主体工程同时设计、同时施工、同时投入使用的“三同时”制度，新建、改建、扩建道路工程在竣（交）工验收时要吸收公安、安全监管等部门人员参加，严格安全评价，交通安全设施验收不合格的不得通车运行。对因交通安全设施缺失导致重大事故的，要限期进行整改，整改到位前暂停该区域新建道路项目的审批。

（2）加强道路交通安全设施建设。地方各级人民政府要结合实际科学规划，有计划、分步骤地逐年增加和改善道路交通安全设施。在保证国省干线公路网等项目建设资金的基础上，加大车辆购置税等资金对公路安保工程的投入力度，进一步加强国省干线公路安全防护设施建设，特别是临水临崖、连续下坡、急弯陡坡等事故易发路段要严格按标准安装隔离栅、防护栏、防撞墙等安全设施，设置标志标线。加强公路与铁路、河道、码头连接交叉路段特别是公铁立交、跨航道桥梁的安全保护。收费公路经营企业要加强公路养护管理，对安全设施缺失、损毁的，要及时予以完善和修复，确保公路及其附属设施始终处于良好的技术状况。要积极推进公路灾害性天气预报和预警系统建设，提高对暴雨、浓雾、团雾、冰雪等恶劣天气的防范应对能力。

（3）深入开展隐患排查治理。地方各级人民政府要建立、完善道路交通安全隐患排查治理制度，落实治理措施和治理资金，根据隐患严重程度，实施省、市、县三级人民政府挂牌督办整改，对隐患整改不落实的，要追究有关负责人的责任。有关部门要强化交通事故统计分析，排查确定事故多发点段和存在安全隐患路段，全面梳理桥涵隧道、客货运场站等风险点，设立管理台账，明确治理责任单位和时限，强化对整治情况的全过程监督。切实加强公路两侧农作物秸秆禁烧监管，严防焚烧烟雾影响交通安全。

国务院《关于加强道路交通安全工作的意见》，还对加大农村道路交通安全管理力度、强化道路交通安全执法、深入开展道路交通安全宣传教育、严格道路交通事故责任追究、强化道路交通安全组织保障等事项提出了指导意见。

第二节　道路运输企业旅客与货物运输相关规定

在许多企业中，存在着安全生产与经济效益的矛盾，特别是遇到一些具体事项，安全生产与经济效益之间的关系就变得格外突出。对于道路运输企业来讲同样如此。社会的发展、企业的发展，都离不开经济效益，但经济效益必须建立在安全生产的基础上，离开安全生产，一旦发生交通事故，造成人员和财产损失，也就没有了经济效益。要实现安全生产，就要遵守国家相关法律法规、有关规章制度的要求，在安全与经济效益之间，安全永远是最重要的。

一、《中华人民共和国道路运输条例》相关要点

2004 年 4 月 30 日，国务院公布《中华人民共和国道路运输条例》（简称《道路运输条例》）（国务院令第 406 号），自 2004 年 7 月 1 日起施行。根据 2012 年 11 月 9 日国务院令第 628 号《国务院关于修改和废止部分行政法规的决定》修正。

《道路运输条例》分为七章八十三条，各章内容为：第一章总则，第二章道路运输经营，第三章道路运输相关业务，第四章国际道路运输，第五章执法监督，第六章法律责任，第七章附则。制定本条例的目的是维护道路运输市场秩序，保障道路运输安全，保护道路运输有关各方当事人的合法权益，促进道路运输业的健康发展。

1. 总则中的有关规定

在第一章总则中，对相关事项作了规定。

第二条　从事道路运输经营以及道路运输相关业务的，应当遵守本条例。

前款所称道路运输经营包括道路旅客运输经营（以下简称客运经营）和道路货物运输

经营（以下简称货运经营）；道路运输相关业务包括站（场）经营、机动车维修经营、机动车驾驶员培训。

第三条　从事道路运输经营以及道路运输相关业务，应当依法经营，诚实信用，公平竞争。

第四条　道路运输管理，应当公平、公正、公开和便民。

第五条　国家鼓励发展乡村道路运输，并采取必要的措施提高乡镇和行政村的通班车率，满足广大农民的生活和生产需要。

第六条　国家鼓励道路运输企业实行规模化、集约化经营。任何单位和个人不得封锁或者垄断道路运输市场。

第七条　国务院交通主管部门主管全国道路运输管理工作。

县级以上地方人民政府交通主管部门负责组织领导本行政区域的道路运输管理工作。

县级以上道路运输管理机构负责具体实施道路运输管理工作。

2. 有关道路运输经营的规定

在第二章道路运输经营中，对相关事项作了规定。

第八条　申请从事客运经营的，应当具备下列条件：

（1）有与其经营业务相适应并经检测合格的车辆；

（2）有符合本条例第九条规定条件的驾驶人员；

（3）有健全的安全生产管理制度。

申请从事班线客运经营的，还应当有明确的线路和站点方案。

第九条　从事客运经营的驾驶人员，应当符合下列条件：

（1）取得相应的机动车驾驶证；

（2）年龄不超过 60 周岁；

（3）3 年内无重大以上交通责任事故记录；

（4）经设区的市级道路运输管理机构对有关客运法律法规、机动车维修和旅客急救基本知识考试合格。

第十条　申请从事客运经营的，应当按照下列规定提出申请并提交符合相关规定条件的相关材料：

（1）从事县级行政区域内客运经营的，向县级道路运输管理机构提出申请；

（2）从事省、自治区、直辖市行政区域内跨 2 个县级以上行政区域客运经营的，向其共同的上一级道路运输管理机构提出申请；

（3）从事跨省、自治区、直辖市行政区域客运经营的，向所在地的省、自治区、直辖市道路运输管理机构提出申请。

对从事跨省、自治区、直辖市行政区域客运经营的申请，有关省、自治区、直辖市道路运输管理机构依照本条第二款规定颁发道路运输经营许可证前，应当与运输线路目的地的省、自治区、直辖市道路运输管理机构协商；协商不成的，应当报国务院交通主管部门决定。

客运经营者应当持道路运输经营许可证依法向工商行政管理机关办理有关登记手续。

第十一条　取得道路运输经营许可证的客运经营者，需要增加客运班线的，应当依照本条例相关规定办理有关手续。

第十六条　客运经营者应当为旅客提供良好的乘车环境，保持车辆清洁、卫生，并采取必要的措施防止在运输过程中发生侵害旅客人身、财产安全的违法行为。

第十七条　旅客应当持有效客票乘车，遵守乘车秩序，讲究文明卫生，不得携带国家规定的危险物品及其他禁止携带的物品乘车。

第十八条　班线客运经营者取得道路运输经营许可证后，应当向公众连续提供运输服务，不得擅自暂停、终止或者转让班线运输。

第十九条　从事包车客运的，应当按照约定的起始地、目的地和线路运输。

从事旅游客运的，应当在旅游区域按照旅游线路运输。

第二十条　客运经营者不得强迫旅客乘车，不得甩客、敲诈旅客；不得擅自更换运输车辆。

第二十二条　申请从事货运经营的，应当具备下列条件：

（1）有与其经营业务相适应并经检测合格的车辆；

（2）有符合本条例第二十三条规定条件的驾驶人员；

（3）有健全的安全生产管理制度。

第二十三条　从事货运经营的驾驶人员，应当符合下列条件：

（1）取得相应的机动车驾驶证；

（2）年龄不超过 60 周岁；

（3）经设区的市级道路运输管理机构对有关货运法律法规、机动车维修和货物装载保管基本知识考试合格。

第二十四条　申请从事危险货物运输经营的，还应当具备下列条件：

（1）有 5 辆以上经检测合格的危险货物运输专用车辆、设备；

（2）有经所在地设区的市级人民政府交通主管部门考试合格，取得上岗资格证的驾驶人员、装卸管理人员、押运人员；

（3）危险货物运输专用车辆配有必要的通信工具；

（4）有健全的安全生产管理制度。

第二十五条　申请从事货运经营的，应当按照下列规定提出申请并分别提交符合本条例相关规定条件的相关材料：

（1）从事危险货物运输经营以外的货运经营的，向县级道路运输管理机构提出申请；

（2）从事危险货物运输经营的，向设区的市级道路运输管理机构提出申请。

依照前款规定收到申请的道路运输管理机构，应当自受理申请之日起 20 日内审查完毕，作出许可或者不予许可的决定。予以许可的，向申请人颁发道路运输经营许可证，并向申请人投入运输的车辆配发车辆营运证；不予许可的，应当书面通知申请人并说明理由。

货运经营者应当持道路运输经营许可证依法向工商行政管理机关办理有关登记手续。

第二十六条　货运经营者不得运输法律、行政法规禁止运输的货物。

法律、行政法规规定必须办理有关手续后方可运输的货物，货运经营者应当查验有关手续。

第二十七条　国家鼓励货运经营者实行封闭式运输，保证环境卫生和货物运输安全。

货运经营者应当采取必要措施，防止货物脱落、扬撒等。

运输危险货物应当采取必要措施，防止危险货物燃烧、爆炸、辐射、泄漏等。

第二十八条　运输危险货物应当配备必要的押运人员，保证危险货物处于押运人员的监管之下，并悬挂明显的危险货物运输标志。

托运危险货物的，应当向货运经营者说明危险货物的品名、性质、应急处置方法等情况，并严格按照国家有关规定包装，设置明显标志。

第二十九条　客运经营者、货运经营者应当加强对从业人员的安全教育、职业道德教育，确保道路运输安全。

道路运输从业人员应当遵守道路运输操作规程，不得违章作业。驾驶人员连续驾驶时间不得超过 4 h。

第三十条　生产（改装）客运车辆、货运车辆的企业应当按照国家规定标定车辆的核定人数或者载重量，严禁多标或者少标车辆的核定人数或者载重量。

客运经营者、货运经营者应当使用符合国家规定标准的车辆从事道路运输经营。

第三十一条　客运经营者、货运经营者应当加强对车辆的维护和检测，确保车辆符合国家规定的技术标准；不得使用报废的、擅自改装的和其他不符合国家规定的车辆从事道路运输经营。

第三十二条　客运经营者、货运经营者应当制定有关交通事故、自然灾害以及其他突发事件的道路运输应急预案。应急预案应当包括报告程序、应急指挥、应急车辆和设备的储备以及处置措施等内容。

第三十三条　发生交通事故、自然灾害以及其他突发事件，客运经营者和货运经营者应当服从县级以上人民政府或者有关部门的统一调度、指挥。

第三十四条　道路运输车辆应当随车携带车辆营运证，不得转让、出租。

第三十五条　道路运输车辆运输旅客的，不得超过核定的人数，不得违反规定载货；运输货物的，不得运输旅客，运输的货物应当符合核定的载重量，严禁超载；载物的长、宽、高不得违反装载要求。

违反前款规定的，由公安机关交通管理部门依照《中华人民共和国道路交通安全法》

的有关规定进行处罚。

第三十六条　客运经营者、危险货物运输经营者应当分别为旅客或者危险货物投保承运人责任险。

3. 有关道路运输相关业务的规定

在第三章道路运输相关业务中，对相关事项作了规定。

第三十七条　申请从事道路运输站（场）经营的，应当具备下列条件：

（1）有经验收合格的运输站（场）；

（2）有相应的专业人员和管理人员；

（3）有相应的设备、设施；

（4）有健全的业务操作规程和安全管理制度。

第四十条　申请从事道路运输站（场）经营、机动车维修经营和机动车驾驶员培训业务的，应当向所在地县级道路运输管理机构提出申请，并分别附送符合本条例第三十七条、第三十八条、第三十九条规定条件的相关材料。县级道路运输管理机构应当自受理申请之日起 15 日内审查完毕，作出许可或者不予许可的决定，并书面通知申请人。

道路运输站（场）经营者、机动车维修经营者和机动车驾驶员培训机构，应当持许可证明依法向工商行政管理机关办理有关登记手续。

第四十一条　道路运输站（场）经营者应当对出站的车辆进行安全检查，禁止无证经营的车辆进站从事经营活动，防止超载车辆或者未经安全检查的车辆出站。

道路运输站（场）经营者应当公平对待使用站（场）的客运经营者和货运经营者，无正当理由不得拒绝道路运输车辆进站从事经营活动。

道路运输站（场）经营者应当向旅客和货主提供安全、便捷、优质的服务；保持站（场）卫生、清洁；不得随意改变站（场）用途和服务功能。

第四十二条　道路旅客运输站（场）经营者应当为客运经营者合理安排班次，公布其运输线路、起止经停站点、运输班次、始发时间、票价，调度车辆进站、发车，疏导旅客，维持上下车秩序。

道路旅客运输站（场）经营者应当设置旅客购票、候车、行李寄存和托运等服务设施，按照车辆核定载客限额售票，并采取措施防止携带危险品的人员进站乘车。

第四十三条　道路货物运输站（场）经营者应当按照国务院交通主管部门规定的业务操作规程装卸、储存、保管货物。

4. 有关法律责任的规定

在第六章法律责任中，对相关事项作了规定。

第六十四条　违反本条例的规定，未取得道路运输经营许可，擅自从事道路运输经营的，由县级以上道路运输管理机构责令停止经营；有违法所得的，没收违法所得，处违法所得 2 倍以上 10 倍以下的罚款；没有违法所得或者违法所得不足 2 万元的，处 3 万元以上

10 万元以下的罚款；构成犯罪的，依法追究刑事责任。

第六十五条　不符合本条例规定条件的人员驾驶道路运输经营车辆的，由县级以上道路运输管理机构责令改正，处 200 元以上 2 000 元以下的罚款；构成犯罪的，依法追究刑事责任。

第六十六条　违反本条例的规定，未经许可擅自从事道路运输站（场）经营、机动车维修经营、机动车驾驶员培训的，由县级以上道路运输管理机构责令停止经营；构成犯罪的，依法追究刑事责任。

第六十七条　违反本条例的规定，客运经营者、货运经营者、道路运输相关业务经营者非法转让、出租道路运输许可证件的，由县级以上道路运输管理机构责令停止违法行为，收缴有关证件，处 2 000 元以上 1 万元以下的罚款；有违法所得的，没收违法所得。

第六十八条　违反本条例的规定，客运经营者、危险货物运输经营者未按规定投保承运人责任险的，由县级以上道路运输管理机构责令限期投保；拒不投保的，由原许可机关吊销道路运输经营许可证。

第六十九条　违反本条例的规定，客运经营者、货运经营者不按照规定携带车辆营运证的，由县级以上道路运输管理机构责令改正，处警告或者 20 元以上 200 元以下的罚款。

第七十条　违反本条例的规定，客运经营者、货运经营者有下列情形之一的，由县级以上道路运输管理机构责令改正，处 1 000 元以上 3 000 元以下的罚款；情节严重的，由原许可机关吊销道路运输经营许可证：

（1）不按批准的客运站点停靠或者不按规定的线路、公布的班次行驶的；

（2）强行招揽旅客、货物的；

（3）在旅客运输途中擅自变更运输车辆或者将旅客移交他人运输的；

（4）未报告原许可机关，擅自终止客运经营的；

（5）没有采取必要措施防止货物脱落、扬撒等的。

第七十一条　违反本条例的规定，客运经营者、货运经营者不按规定维护和检测运输车辆的，由县级以上道路运输管理机构责令改正，处 1 000 元以上 5 000 元以下的罚款。

违反本条例的规定，客运经营者、货运经营者擅自改装已取得车辆营运证的车辆的，由县级以上道路运输管理机构责令改正，处 5 000 元以上 2 万元以下的罚款。

第七十二条　违反本条例的规定，道路运输站（场）经营者允许无证经营的车辆进站从事经营活动以及超载车辆、未经安全检查的车辆出站或者无正当理由拒绝道路运输车辆进站从事经营活动的，由县级以上道路运输管理机构责令改正，处 1 万元以上 3 万元以下的罚款。

违反本条例的规定，道路运输站（场）经营者擅自改变道路运输站（场）的用途和服务功能，或者不公布运输线路、起止经停站点、运输班次、始发时间、票价的，由县级以上道路运输管理机构责令改正；拒不改正的，处 3 000 元的罚款；有违法所得的，没收违法所得。

二、《道路货物运输及站场管理规定》相关要点

2005年6月16日，交通部发布《道路货物运输及站场管理规定》，自2005年8月1日起施行。2012年3月14日，交通运输部公布《关于修改〈道路货物运输及站场管理规定〉的决定》（交通运输部令2012年第1号），自公布之日起施行。交通部1993年5月19日发布的《道路货物运输业户开业技术经济条件（试行）》（交运发〔1993〕531号）、1996年12月2日发布的《道路零担货物运输管理办法》（交公路发〔1996〕1039号）、1997年5月22日发布的《道路货物运单使用和管理办法》（交通部令1997年第4号）、2001年4月5日发布的《道路货物运输企业经营资质管理规定（试行）》（交公路发〔2001〕154号）同时废止。

《道路货物运输及站场管理规定》分为八章七十九条，各章内容为：第一章总则，第二章经营许可，第三章货运车辆管理，第四章货运经营管理，第五章货运站经营管理，第六章监督检查，第七章法律责任，第八章附则。制定本规定的目的是根据《中华人民共和国道路运输条例》及有关法律、行政法规的规定，规范道路货物运输和道路货物运输站（场）经营活动，维护道路货物运输市场秩序，保障道路货物运输安全，保护道路货物运输和道路货物运输站（场）有关各方当事人的合法权益。

1. 总则中的有关规定

在第一章总则中，对相关事项作了规定。

第二条　从事道路货物运输经营和道路货物运输站（场）经营的，应当遵守本规定。

本规定所称道路货物运输经营，是指为社会提供公共服务、具有商业性质的道路货物运输活动。道路货物运输包括道路普通货运、道路货物专用运输、道路大型物件运输和道路危险货物运输。

本规定所称道路货物专用运输，是指使用集装箱、冷藏保鲜设备、罐式容器等专用车辆进行的货物运输。

本规定所称道路货物运输站（场）（以下简称“货运站”），是指以场地设施为依托，为社会提供有偿服务的具有仓储、保管、配载、信息服务、装卸、理货等功能的综合货运站（场）、零担货运站、集装箱中转站、物流中心等经营场所。

第三条　道路货物运输和货运站经营者应当依法经营，诚实信用，公平竞争。道路货物运输管理应当公平、公正、公开和便民。

第四条　鼓励道路货物运输实行集约化、网络化经营。鼓励采用集装箱、封闭厢式车和多轴重型车运输。

第五条　交通运输部主管全国道路货物运输和货运站管理工作。

县级以上地方人民政府交通运输主管部门负责组织领导本行政区域的道路货物运输和

货运站管理工作。

县级以上道路运输管理机构具体实施本行政区域的道路货物运输和货运站管理工作。

2. 经营许可的有关规定

在第二章经营许可中，对相关事项作了规定。

第六条　申请从事道路货物运输经营的，应当具备下列条件：

（1）有与其经营业务相适应并经检测合格的运输车辆：

1）车辆技术要求

①车辆技术性能应当符合国家标准《营运车辆综合性能要求和检验方法》（GB 18565）的要求；

②车辆外廓尺寸、轴荷和载质量应当符合国家标准《道路车辆外廓尺寸、轴荷及质量限值》（GB 1589）的要求。

2）车辆其他要求

①从事大型物件运输经营的，应当具有与所运输大型物件相适应的超重型车组；

②从事冷藏保鲜、罐式容器等专用运输的，应当具有与运输货物相适应的专用容器、设备、设施，并固定在专用车辆上；

③从事集装箱运输的，车辆还应当有固定集装箱的转锁装置。

（2）有符合规定条件的驾驶人员

1）取得与驾驶车辆相应的机动车驾驶证；

2）年龄不超过 60 周岁；

3）经设区的市级道路运输管理机构对有关道路货物运输法规、机动车维修和货物及装载保管基本知识考试合格，并取得从业资格证。

（3）有健全的安全生产管理制度，包括安全生产责任制度、安全生产业务操作规程、安全生产监督检查制度、驾驶员和车辆安全生产管理制度等。

第七条　申请从事货运站经营的，应当具备下列条件：

（1）有与其经营规模相适应的货运站房、生产调度办公室、信息管理中心、仓库、仓储库棚、场地和道路等设施，并经有关部门组织的工程竣工验收合格；

（2）有与其经营规模相适应的安全、消防、装卸、通信、计量等设备；

（3）有与其经营规模、经营类别相适应的管理人员和专业技术人员；

（4）有健全的业务操作规程和安全生产管理制度。

第八条　申请从事道路货物运输经营的，应当向县级道路运输管理机构提出申请，并提供以下材料：

（1）道路货物运输经营申请表（见附件 1[①]）；

---

① 省略，后同。

（2）负责人身份证明，经办人的身份证明和委托书；

（3）机动车辆行驶证、车辆检测合格证明复印件；拟投入运输车辆的承诺书，承诺书应当包括车辆数量、类型、技术性能、投入时间等内容；

（4）聘用或者拟聘用驾驶员的机动车驾驶证、从业资格证及其复印件；

（5）安全生产管理制度文本；

（6）法律、法规规定的其他材料。

第九条　申请从事货运站经营的，应当向县级道路运输管理机构提出申请，并提供以下材料：

（1）道路货物运输站（场）经营申请表（见附件 2）。

（2）负责人身份证明，经办人的身份证明和委托书。

（3）经营道路货运站的土地、房屋的合法证明。

（4）货运站竣工验收证明。

（5）与业务相适应的专业人员和管理人员的身份证明、专业证书。

（6）业务操作规程和安全生产管理制度文本。

第十条　道路运输管理机构应当按照《中华人民共和国道路运输条例》《交通行政许可实施程序规定》和本规定规范的程序实施道路货物运输经营和货运站经营的行政许可。

第十一条　道路运输管理机构对道路货运经营申请予以受理的，应当自受理之日起 20 日内作出许可或者不予许可的决定；道路运输管理机构对货运站经营申请予以受理的，应当自受理之日起 15 日内作出许可或者不予许可的决定。

第十二条　道路运输管理机构对符合法定条件的道路货物运输经营申请作出准予行政许可决定的，应当出具道路货物运输经营行政许可决定书（见附件 3），明确许可事项。在 10 日内向被许可人颁发道路运输经营许可证，在道路运输经营许可证上注明经营范围。

道路运输管理机构对符合法定条件的货运站经营申请作出准予行政许可决定的，应当出具道路货物运输站（场）经营行政许可决定书（见附件 4），明确许可事项。在 10 日内向被许可人颁发道路运输经营许可证，在道路运输经营许可证上注明经营范围。

对道路货物运输和货运站经营不予许可的，应当向申请人出具不予交通行政许可决定书。

第十三条　被许可人应当按照承诺书的要求投入运输车辆。购置车辆或者已有车辆经道路运输管理机构核实并符合条件的，道路运输管理机构向投入运输的车辆配发道路运输证。

第十四条　道路货物运输经营者和货运站经营者应当持道路运输经营许可证依法向工商行政管理机关办理有关登记手续。

第十五条　道路货物运输经营者设立子公司的，应当向设立地的道路运输管理机构申请经营许可；设立分公司的，应当向设立地的道路运输管理机构报备。

第十六条　从事货运代理（代办）等货运相关服务的经营者，应当依法到工商行政管理机关办理有关登记手续，并持有关登记证件到设立地的道路运输管理机构备案。

第十七条　道路货物运输和货运站经营者需要终止经营的，应当在终止经营之日 30 日前告知原许可的道路运输管理机构，并办理有关注销手续。

第十八条　道路货物运输经营者变更许可事项、扩大经营范围的，按本章有关许可规定办理。

道路货物运输和货运站经营者变更名称、地址等，应当向作出原许可决定的道路运输管理机构备案。

3. 有关货运车辆管理的规定

在第三章货运车辆管理中，对相关事项作了规定。

第十九条　道路货物运输经营者应当建立车辆技术管理制度，按照国家规定的技术规范对货运车辆进行定期维护，确保货运车辆技术状况良好。

货运车辆的维护作业项目和程序应当按照国家标准《汽车维护、检测、诊断技术规范》（GB 18344）等有关技术标准的规定执行。

严禁任何单位和个人为道路货物运输经营者指定车辆维护企业；车辆二级维护执行情况不得作为路检路查项目。

第二十条　道路货物运输经营者应当定期进行货运车辆检测，车辆检测结合车辆定期审验的频率一并进行。

道路货物运输经营者在规定时间内，到符合国家相关标准的机动车综合性能检测机构进行检测。机动车综合性能检测机构按照国家标准《营运车辆综合性能要求和检验方法》（GB 18565）和《道路车辆外廓尺寸、轴荷及质量限值》（GB 1589）的规定进行检测，出具全国统一式样的检测报告。并依据检测结果，对照行业标准《营运车辆技术等级划分和评定要求》（JT/T198）评定车辆技术等级。货运车辆技术等级分为一级、二级和三级。

车籍所在地县级以上道路运输管理机构应当将车辆技术等级在道路运输证上标明。

第二十一条　县级以上道路运输管理机构应当定期对货运车辆进行审验，每年审验一次。

审验内容包括车辆技术档案、车辆结构及尺寸变动情况和违章记录等。

审验符合要求的，道路运输管理机构在道路运输证审验记录中注明；不符合要求的，应当责令限期改正或者办理变更手续。

第二十二条　机动车综合性能检测机构应当使用符合标准的设施、设备，严格按照国家有关营运车辆技术检测标准对货运车辆进行检测，对出具的车辆检测报告负责，并对已检测车辆建立检测档案。

第二十三条　禁止使用报废的、擅自改装的、拼装的、检测不合格的和其他不符合国家规定的车辆从事道路货物运输经营。

第二十四条　道路货物运输经营者和县级以上道路运输管理机构应当分别建立货运车辆技术档案和管理档案，并妥善保管。对相关内容的记载应当及时、完整和准确，不得随意更改。

道路货物运输经营者车辆技术档案主要内容为：车辆基本情况、主要部件更换情况、修理和二级维护记录（含出厂合格证）、技术等级评定记录、车辆变更记录、行驶里程记录、交通事故记录等。

道路运输管理机构管理档案主要内容为：车辆基本情况、二级维护和检测情况、技术等级记录、车辆变更记录、交通事故记录等。

道路货物运输车辆办理过户变更手续时，道路货物运输经营者应当将货运车辆技术档案完整移交。县级以上道路运输管理机构对经营者车辆技术档案建立情况实施监督管理。

第二十五条　道路货物运输经营者对达到国家规定的报废标准或者经检测不符合国家强制性标准要求的货运车辆，应当及时交回道路运输证，不得继续从事道路货物运输经营。

4. 有关货运经营管理的规定

在第四章货运经营管理中，对相关事项作了规定。

第二十六条　道路货物运输经营者应当按照道路运输经营许可证核定的经营范围从事货物运输经营，不得转让、出租道路运输经营许可证件。

第二十七条　道路货物运输经营者应当对从业人员进行经常性的安全、职业道德教育和业务知识、操作规程培训。

第二十八条　道路货物运输经营者应当按照国家有关规定在其重型货运车辆、牵引车上安装、使用行驶记录仪，并采取有效措施，防止驾驶人员连续驾驶时间超过 4 h。

第二十九条　道路货物运输经营者应当要求其聘用的车辆驾驶员随车携带道路运输证。道路运输证不得转让、出租、涂改、伪造。

第三十条　道路货物运输经营者应当聘用持有从业资格证的驾驶人员。

第三十一条　营运驾驶员应当驾驶与其从业资格类别相符的车辆。驾驶营运车辆时，应当随身携带从业资格证。

第三十二条　运输的货物应当符合货运车辆核定的载质量，载物的长、宽、高不得违反装载要求。禁止货运车辆违反国家有关规定超限、超载运输。

禁止使用货运车辆运输旅客。

第三十三条　道路货物运输经营者运输大型物件，应当制定道路运输组织方案。涉及超限运输的应当按照交通部颁布的《超限运输车辆行驶公路管理规定》办理相应的审批手续。

第三十四条　从事大型物件运输的车辆，应当按照规定装置统一的标志和悬挂标志旗；夜间行驶和停车休息时应当设置标志灯。

第三十五条　道路货物运输经营者不得运输法律、行政法规禁止运输的货物。

道路货物运输经营者在受理法律、行政法规规定限运、凭证运输的货物时，应当查验并确认有关手续齐全有效后方可运输。

货物托运人应当按照有关法律、行政法规的规定办理限运、凭证运输手续。

第三十六条　道路货物运输经营者不得采取不正当手段招揽货物、垄断货源。不得阻碍其他货运经营者开展正常的运输经营活动。

道路货物运输经营者应当采取有效措施，防止货物变质、腐烂、短少或者损失。

第三十七条　道路货物运输经营者和货物托运人应当按照《合同法》的要求，订立道路货物运输合同。

道路货物运输可以采用交通部颁布的《汽车货物运输规则》所推荐的道路货物运单签订运输合同。

第三十八条　国家鼓励实行封闭式运输。道路货物运输经营者应当采取有效的措施，防止货物脱落、扬撒等情况发生。

第三十九条　道路货物运输经营者应当制定有关交通事故、自然灾害、公共卫生以及其他突发公共事件的道路运输应急预案。应急预案应当包括报告程序、应急指挥、应急车辆和设备的储备以及处置措施等内容。

第四十条　发生交通事故、自然灾害、公共卫生以及其他突发公共事件，道路货物运输经营者应当服从县级以上人民政府或者有关部门的统一调度、指挥。

第四十一条　道路货物运输经营者应当严格遵守国家有关价格法律、法规和规章的规定，不得恶意压价竞争。

5. 有关货运站经营管理的规定

在第五章货运站经营管理中，对相关事项作了规定。

第四十二条　货运站经营者应当按照经营许可证核定的许可事项经营，不得随意改变货运站用途和服务功能。

第四十三条　货运站经营者应当依法加强安全管理，完善安全生产条件，健全和落实安全生产责任制。

货运站经营者应当对出站车辆进行安全检查，防止超载车辆或者未经安全检查的车辆出站，保证安全生产。

第四十四条　货运站经营者应当按照货物的性质、保管要求进行分类存放，危险货物应当单独存放，保证货物完好无损。

第四十五条　货物运输包装应当按照国家规定的货物运输包装标准作业，包装物和包装技术、质量要符合运输要求。

第四十六条　货运站经营者应当按照规定的业务操作规程进行货物的搬运装卸。搬运装卸作业应当轻装、轻卸，堆放整齐，防止混杂、撒漏、破损，严禁有毒、易污染物品与食品混装。

第四十七条　货运站经营者应当严格执行价格规定，在经营场所公布收费项目和收费标准。严禁乱收费。

第四十八条　进入货运站经营的经营业户及车辆，经营手续必须齐全。货运站经营者应当公平对待使用货运站的道路货物运输经营者，禁止无证经营的车辆进站从事经营活动，无正当理由不得拒绝道路货物运输经营者进站从事经营活动。

第四十九条　货运站经营者不得垄断货源、抢装货物、扣押货物。

第五十条　货运站要保持清洁卫生，各项服务标志醒目。

第五十一条　货运站经营者经营配载服务应当坚持自愿原则，提供的货源信息和运力信息应当真实、准确。

第五十二条　货运站经营者不得超限、超载配货，不得为无道路运输经营许可证或证照不全者提供服务；不得违反国家有关规定，为运输车辆装卸国家禁运、限运的物品。

第五十三条　货运站经营者应当制定有关突发公共事件的应急预案。应急预案应当包括报告程序、应急指挥、应急车辆和设备的储备以及处置措施等内容。

第五十四条　货运站经营者应当建立和完善各类台账和档案，并按要求报送有关信息。

6. 有关法律责任的规定

在第七章法律责任中，对相关事项作了规定。

第六十三条　违反本规定，有下列行为之一的，由县级以上道路运输管理机构责令停止经营；有违法所得的，没收违法所得，处违法所得 2 倍以上 10 倍以下的罚款；没有违法所得或者违法所得不足 2 万元的，处 3 万元以上 10 万元以下的罚款；构成犯罪的，依法追究刑事责任：

（1）未取得道路货物运输经营许可，擅自从事道路货物运输经营的；

（2）使用失效、伪造、变造、被注销等无效的道路运输经营许可证件从事道路货物运输经营的；

（3）超越许可的事项，从事道路货物运输经营的。

第六十四条　违反本规定，道路货物运输和货运站经营者非法转让、出租道路运输经营许可证件的，由县级以上道路运输管理机构责令停止违法行为，收缴有关证件，处 2 000 元以上 1 万元以下的罚款；有违法所得的，没收违法所得。

第六十五条　违反本规定，取得道路货物运输经营许可的道路货物运输经营者使用无道路运输证的车辆参加货物运输的，由县级以上道路运输管理机构责令改正，处 3 000 元以上 1 万元以下的罚款。

违反本规定，道路货物运输经营者不按照规定携带道路运输证的，由县级以上道路运输管理机构责令改正，处警告或者 20 元以上 200 元以下的罚款。

第六十六条　违反本规定，道路货物运输经营者、货运站经营者已不具备开业要求的有关安全条件、存在重大运输安全隐患的，由县级以上道路运输管理机构限期责令改正；

在规定时间内不能按要求改正且情节严重的，由原许可机关吊销道路运输经营许可证或者吊销其相应的经营范围。

第六十七条　违反本规定，道路货物运输经营者有下列情形之一的，由县级以上道路运输管理机构责令改正，处1 000元以上3 000元以下的罚款；情节严重的，由原许可机关吊销道路运输经营许可证或者吊销其相应的经营范围：

（1）强行招揽货物的；

（2）没有采取必要措施防止货物脱落、扬撒的。

第六十八条　违反本规定，道路货物运输经营者不按规定维护和检测运输车辆的，由县级以上道路运输管理机构责令改正，处1 000元以上5 000元以下的罚款。

第六十九条　违反本规定，道路货物运输经营者使用擅自改装或者擅自改装已取得道路运输证的车辆的，由县级以上道路运输管理机构责令改正，处5 000元以上2万元以下的罚款。

第七十条　违反本规定，有下列行为之一的，由县级以上道路运输管理机构责令停止经营；有违法所得的，没收违法所得，处违法所得2倍以上10倍以下的罚款；没有违法所得或者违法所得不足1万元的，处2万元以上5万元以下的罚款；构成犯罪的，依法追究刑事责任：

（1）未取得货运站经营许可，擅自从事货运站经营的；

（2）使用失效、伪造、变造、被注销等无效的道路运输经营许可证件从事货运站经营的；

（3）超越许可的事项，从事货运站经营的。

第七十二条　违反本规定，货运站经营者对超限、超载车辆配载，放行出站的，由县级以上道路运输管理机构责令改正，处1万元以上3万元以下的罚款。

第七十三条　违反本规定，货运站经营者擅自改变道路运输站（场）的用途和服务功能，由县级以上道路运输管理机构责令改正；拒不改正的，处3 000元的罚款；有违法所得的，没收违法所得。

第七十四条　违反本规定，有下列行为之一的，由县级以上道路运输管理机构责令限期整改，整改不合格的，予以通报：

（1）没有建立货运车辆技术档案的；

（2）没有按照国家有关规定在货运车辆上安装行驶记录仪的；

（3）大型物件运输车辆不按规定悬挂、标明运输标志的；

（4）发生公共突发性事件，不接受当地政府统一调度安排的；

（5）因配载造成超限、超载的；

（6）运输没有限运证明物资的；

（7）未查验禁运、限运物资证明，配载禁运、限运物资的。

三、《道路危险货物运输管理规定》相关要点

2013 年 1 月 23 日，交通运输部公布《道路危险货物运输管理规定》（交通运输部令 2013 年第 2 号），自 2013 年 7 月 1 日起施行。原交通部 2005 年发布的《道路危险货物运输管理规定》（交通部令 2005 年第 9 号）及交通运输部 2010 年发布的《关于修改〈道路危险货物运输管理规定〉的决定》（交通运输部令 2010 年第 5 号）同时废止。

《道路危险货物运输管理规定》分为七章七十一条，各章内容为：第一章总则，第二章道路危险货物运输许可，第三章专用车辆、设备管理，第四章道路危险货物运输，第五章监督检查，第六章法律责任，第七章附则。制定本规定的目的，是根据《中华人民共和国道路运输条例》和《危险化学品安全管理条例》等有关法律、行政法规，规范道路危险货物运输市场秩序，保障人民生命财产安全，保护环境，维护道路危险货物运输各方当事人的合法权益。

1. 总则中的有关规定

在第一章总则中，对相关事项作了规定。

第二条　从事道路危险货物运输活动，应当遵守本规定。军事危险货物运输除外。

法律、行政法规对民用爆炸物品、烟花爆竹、放射性物品等特定种类危险货物的道路运输另有规定的，从其规定。

第三条　本规定所称危险货物，是指具有爆炸、易燃、毒害、感染、腐蚀等危险特性，在生产、经营、运输、储存、使用和处置中，容易造成人身伤亡、财产损毁或者环境污染而需要特别防护的物质和物品。危险货物以列入国家标准《危险货物品名表》（GB 12268）为准，未列入《危险货物品名表》的，以有关法律、行政法规的规定或者国务院有关部门公布的结果为准。

本规定所称道路危险货物运输，是指使用载货汽车通过道路运输危险货物的作业全过程。

本规定所称道路危险货物运输车辆，是指满足特定技术条件和要求，从事道路危险货物运输的载货汽车（以下简称专用车辆）。

第四条　危险货物的分类、分项、品名和品名编号应当按照国家标准《危险货物分类和品名编号》（GB 6944）、《危险货物品名表》（GB 12268）执行。危险货物的危险程度依据国家标准《危险货物运输包装通用技术条件》（GB 12463），分为Ⅰ、Ⅱ、Ⅲ等级。

第五条　从事道路危险货物运输应当保障安全，依法运输，诚实信用。

第六条　国家鼓励技术力量雄厚、设备和运输条件好的大型专业危险化学品生产企业从事道路危险货物运输，鼓励道路危险货物运输企业实行集约化、专业化经营，鼓励使用厢式、罐式和集装箱等专用车辆运输危险货物。

第七条　交通运输部主管全国道路危险货物运输管理工作。

县级以上地方人民政府交通运输主管部门负责组织领导本行政区域的道路危险货物运输管理工作。

县级以上道路运输管理机构负责具体实施道路危险货物运输管理工作。

2. 有关道路危险货物运输许可的规定

在第二章道路危险货物运输许可中，对相关事项作了规定。

第八条 申请从事道路危险货物运输经营，应当具备下列条件：

（1）有符合下列要求的专用车辆及设备：

1）自有专用车辆（挂车除外）5 辆以上；运输剧毒化学品、爆炸品的，自有专用车辆（挂车除外）10 辆以上。

2）专用车辆技术性能符合国家标准《营运车辆综合性能要求和检验方法》（GB 18565）的要求；技术等级达到行业标准《营运车辆技术等级划分和评定要求》（JT/T198）规定的一级技术等级。

3）专用车辆外廓尺寸、轴荷和质量符合国家标准《道路车辆外廓尺寸、轴荷和质量限值》（GB 1589）的要求。

4）专用车辆燃料消耗量符合行业标准《营运货车燃料消耗量限值及测量方法》（JT719）的要求。

5）配备有效的通信工具。

6）专用车辆应当安装具有行驶记录功能的卫星定位装置。

7）运输剧毒化学品、爆炸品、易制爆危险化学品的，应当配备罐式、厢式专用车辆或者压力容器等专用容器。

8）罐式专用车辆的罐体应当经质量检验部门检验合格，且罐体载货后总质量与专用车辆核定载质量相匹配。运输爆炸品、强腐蚀性危险货物的罐式专用车辆的罐体容积不得超过 20 m^3，运输剧毒化学品的罐式专用车辆的罐体容积不得超过 10 m^3，但符合国家有关标准的罐式集装箱除外。

9）运输剧毒化学品、爆炸品、强腐蚀性危险货物的非罐式专用车辆，核定载质量不得超过 10 t，但符合国家有关标准的集装箱运输专用车辆除外。

10）配备与运输的危险货物性质相适应的安全防护、环境保护和消防设施设备。

（2）有符合下列要求的停车场地：

1）自有或者租借期限为 3 年以上，且与经营范围、规模相适应的停车场地，停车场地应当位于企业注册地市级行政区域内。

2）运输剧毒化学品、爆炸品专用车辆以及罐式专用车辆，数量为 20 辆（含）以下的，停车场地面积不低于车辆正投影面积的 1.5 倍，数量为 20 辆以上的，超过部分，每辆车的停车场地面积不低于车辆正投影面积；运输其他危险货物的，专用车辆数量为 10 辆（含）以下的，停车场地面积不低于车辆正投影面积的 1.5 倍；数量为 10 辆以上的，超过部分，每辆车的停车场地面积不低于车辆正投影面积。

3）停车场地应当封闭并设立明显标志，不得妨碍居民生活和威胁公共安全。

（3）有符合下列要求的从业人员和安全管理人员：

1）专用车辆的驾驶人员取得相应机动车驾驶证，年龄不超过60周岁。

2）从事道路危险货物运输的驾驶人员、装卸管理人员、押运人员应当经所在地设区的市级人民政府交通运输主管部门考试合格，并取得相应的从业资格证；从事剧毒化学品、爆炸品道路运输的驾驶人员、装卸管理人员、押运人员，应当经考试合格，取得注明为“剧毒化学品运输”或者“爆炸品运输”类别的从业资格证。

3）企业应当配备专职安全管理人员。

（4）有健全的安全生产管理制度：

1）企业主要负责人、安全管理部门负责人、专职安全管理人员安全生产责任制度。

2）从业人员安全生产责任制度。

3）安全生产监督检查制度。

4）安全生产教育培训制度。

5）从业人员、专用车辆、设备及停车场地安全管理制度。

6）应急救援预案制度。

7）安全生产作业规程。

8）安全生产考核与奖惩制度。

9）安全事故报告、统计与处理制度。

第九条　符合下列条件的企事业单位，可以使用自备专用车辆从事为本单位服务的非经营性道路危险货物运输：

（1）属于下列企事业单位之一：

1）省级以上安全生产监督管理部门批准设立的生产、使用、储存危险化学品的企业。

2）有特殊需求的科研、军工等企事业单位。

（2）具备第八条规定的条件，但自有专用车辆（挂车除外）的数量可以少于5辆。

第十条　申请从事道路危险货物运输经营的企业，应当向所在地设区的市级道路运输管理机构提出申请，并提交以下材料：

（1）道路危险货物运输经营申请表包括申请人基本信息、申请运输的危险货物范围（类别、项别或品名，如果为剧毒化学品应当标注“剧毒”）等内容。

（2）拟担任企业法定代表人的投资人或者负责人的身份证明及其复印件，经办人身份证明及其复印件和书面委托书。

（3）企业章程文本。

（4）证明专用车辆、设备情况的材料，包括：

1）未购置专用车辆、设备的，应当提交拟投入专用车辆、设备承诺书。承诺书内容应当包括车辆数量、类型、技术等级、总质量、核定载质量、车轴数以及车辆外廓尺寸；通信工具和卫星定位装置配备情况；罐式专用车辆的罐体容积；罐式专用车辆罐体载货后的总质量与车辆核定载质量相匹配情况；运输剧毒化学品、爆炸品、易制爆危险化学品的专用车辆核定载质量等有关情况。承诺期限不得超过1年。

2）已购置专用车辆、设备的，应当提供车辆行驶证、车辆技术等级证明或者车辆综合性能检测技术合格证明；通信工具和卫星定位装置配备；罐式专用车辆的罐体检测合格证或者检测报告及复印件等有关材料。

（5）拟聘用专职安全管理人员、驾驶人员、装卸管理人员、押运人员的，应当提交拟聘用承诺书，承诺期限不得超过1年；已聘用的应当提交从业资格证及其复印件以及驾驶证及其复印件。

（6）停车场地的土地使用证、租借合同、场地平面图等材料。

（7）相关安全防护、环境保护、消防设施设备的配备情况清单。

（8）有关安全生产管理制度文本。

第十一条　申请从事非经营性道路危险货物运输的单位，向所在地设区的市级道路运输管理机构提出申请时，除提交相关规定的材料外，还应当提交以下材料：

（1）道路危险货物运输申请表，包括申请人基本信息、申请运输的物品范围（类别、项别或品名，如果为剧毒化学品应当标注"剧毒"）等内容。

（2）下列形式之一的单位基本情况证明：

1）省级以上安全生产监督管理部门颁发的危险化学品生产、使用等证明。

2）能证明科研、军工等企事业单位性质或者业务范围的有关材料。

（3）特殊运输需求的说明材料。

（4）经办人的身份证明及其复印件，以及书面委托书。

第十二条　设区的市级道路运输管理机构应当按照《中华人民共和国道路运输条例》和《交通行政许可实施程序规定》，以及本规定所明确的程序和时限实施道路危险货物运输行政许可，并进行实地核查。

决定准予许可的，应当向被许可人出具《道路危险货物运输行政许可决定书》，注明许可事项，具体内容应当包括运输危险货物的范围（类别、项别或品名，如果为剧毒化学品应当标注"剧毒"），专用车辆数量、要求以及运输性质，并在10日内向道路危险货物运输经营申请人发放《道路运输经营许可证》，向非经营性道路危险货物运输申请人发放《道路危险货物运输许可证》。

市级道路运输管理机构应当将准予许可的企业或单位的许可事项等，及时以书面形式告知县级道路运输管理机构。

决定不予许可的，应当向申请人出具不予交通行政许可决定书。

第十三条　被许可人已获得其他道路运输经营许可的，设区的市级道路运输管理机构应当为其换发《道路运输经营许可证》，并在经营范围中加注新许可的事项。如果原《道路运输经营许可证》是由省级道路运输管理机构发放的，由原许可机关按照上述要求予以换发。

第十四条 被许可人应当按照承诺期限落实拟投入的专用车辆、设备。

原许可机关应当对被许可人落实的专用车辆、设备予以核实，对符合许可条件的专用车辆配发道路运输证，并在道路运输证经营范围栏内注明允许运输的危险货物类别、项别或者品名，如果为剧毒化学品应标注“剧毒”；对从事非经营性道路危险货物运输的车辆，还应当加盖“非经营性危险货物运输专用章”。

被许可人未在承诺期限内落实专用车辆、设备的，原许可机关应当撤销许可决定，并收回已核发的许可证明文件。

第十五条 被许可人应当按照承诺期限落实拟聘用的专职安全管理人员、驾驶人员、装卸管理人员和押运人员。

被许可人未在承诺期限内按照承诺聘用专职安全管理人员、驾驶人员、装卸管理人员和押运人员的，原许可机关应当撤销许可决定，并收回已核发的许可证明文件。

第十六条 道路运输管理机构不得许可一次性、临时性的道路危险货物运输。

第十七条 被许可人应当持《道路运输经营许可证》或者《道路危险货物运输许可证》依法向工商行政管理机关办理登记手续。

第十八条 中外合资、中外合作、外商独资形式投资道路危险货物运输的，应当同时遵守《外商投资道路运输业管理规定》。

第十九条 道路危险货物运输企业设立子公司从事道路危险货物运输的，应当向子公司注册地设区的市级道路运输管理机构申请运输许可。设立分公司的，应当向分公司注册地设区的市级道路运输管理机构备案。

第二十条 道路危险货物运输企业或者单位需要变更许可事项的，应当向原许可机关提出申请，按照本章有关许可的规定办理。

道路危险货物运输企业或者单位变更法定代表人、名称、地址等工商登记事项的，应当在30日内向原许可机关备案。

第二十一条 道路危险货物运输企业或者单位终止危险货物运输业务的，应当在终止之日的30日前告知原许可机关，并在停业后10日内将《道路运输经营许可证》或者《道路危险货物运输许可证》以及《道路运输证》交回原许可机关。

3. 有关专用车辆、设备管理的规定

在第三章专用车辆、设备管理中，对相关事项作了规定。

第二十二条 道路危险货物运输企业或者单位应当按照《道路货物运输及站场管理规定》中有关车辆管理的规定，维护、检测、使用和管理专用车辆，确保专用车辆技术状况良好。

第二十三条　设区的市级道路运输管理机构应当定期对专用车辆进行审验，每年审验一次。审验按照《道路货物运输及站场管理规定》进行，并增加以下审验项目：

（1）专用车辆投保危险货物承运人责任险情况。

（2）必需的应急处理器材、安全防护设施设备和专用车辆标志的配备情况；

（3）具有行驶记录功能的卫星定位装置的配备情况。

第二十四条　禁止使用报废的、擅自改装的、检测不合格的、车辆技术等级达不到一级的和其他不符合国家规定的车辆从事道路危险货物运输。

除铰接列车、具有特殊装置的大型物件运输专用车辆外，严禁使用货车列车从事危险货物运输；倾卸式车辆只能运输散装硫黄、萘饼、粗蒽、煤焦沥青等危险货物。

禁止使用移动罐体（罐式集装箱除外）从事危险货物运输。

第二十五条　运输剧毒化学品、爆炸品专用车辆及罐式专用车辆（含罐式挂车）应当到具备道路危险货物运输车辆维修资质的企业进行维修。

牵引车以及其他专用车辆由企业自行消除危险货物的危害后，可到具备一般车辆维修资质的企业进行维修。

第二十六条　用于装卸危险货物的机械及工具的技术状况应当符合行业标准《汽车运输危险货物规则》（JT617）规定的技术要求。

第二十七条　罐式专用车辆的常压罐体应当符合国家标准《道路运输液体危险货物罐式车辆第 1 部分：金属常压罐体技术要求》（GB 18564.1）、《道路运输液体危险货物罐式车辆第 2 部分：非金属常压罐体技术要求》（GB 18564.2）等有关技术要求。

使用压力容器运输危险货物的，应当符合国家特种设备安全监督管理部门制订并公布的《移动式压力容器安全技术监察规程》（TSG R0005）等有关技术要求。

压力容器和罐式专用车辆应当在质量检验部门出具的压力容器或者罐体检验合格的有效期内承运危险货物。

第二十八条　道路危险货物运输企业或者单位对重复使用的危险货物包装物、容器，在重复使用前应当进行检查；发现存在安全隐患的，应当维修或者更换。

道路危险货物运输企业或者单位应当对检查情况作出记录，记录的保存期限不得少于 2 年。

第二十九条　道路危险货物运输企业或者单位应当到具有污染物处理能力的机构对常压罐体进行清洗（置换）作业，将废气、污水等污染物集中收集，消除污染，不得随意排放，污染环境。

4. 有关道路危险货物运输的规定

在第四章道路危险货物运输中，对相关事项作了规定。

第三十条　道路危险货物运输企业或者单位应当严格按照道路运输管理机构决定的许可事项从事道路危险货物运输活动，不得转让、出租道路危险货物运输许可证件。

严禁非经营性道路危险货物运输单位从事道路危险货物运输经营活动。

第三十一条　危险货物托运人应当委托具有道路危险货物运输资质的企业承运。

危险货物托运人应当对托运的危险货物种类、数量和承运人等相关信息予以记录，记录的保存期限不得少于1年。

第三十二条　危险货物托运人应当严格按照国家有关规定妥善包装并在外包装设置标志，并向承运人说明危险货物的品名、数量、危害、应急措施等情况。需要添加抑制剂或者稳定剂的，托运人应当按照规定添加，并告知承运人相关注意事项。

危险货物托运人托运危险化学品的，还应当提交与托运的危险化学品完全一致的安全技术说明书和安全标签。

第三十三条　不得使用罐式专用车辆或者运输有毒、感染性、腐蚀性危险货物的专用车辆运输普通货物。

其他专用车辆可以从事食品、生活用品、药品、医疗器具以外的普通货物运输，但应当由运输企业对专用车辆进行消除危害处理，确保不对普通货物造成污染、损害。

不得将危险货物与普通货物混装运输。

第三十四条　专用车辆应当按照国家标准《道路运输危险货物车辆标志》（GB 13392）的要求悬挂标志。

第三十五条　运输剧毒化学品、爆炸品的企业或者单位，应当配备专用停车区域，并设立明显的警示标牌。

第三十六条　专用车辆应当配备符合有关国家标准以及与所载运的危险货物相适应的应急处理器材和安全防护设备。

第三十七条　道路危险货物运输企业或者单位不得运输法律、行政法规禁止运输的货物。

法律、行政法规规定的限运、凭证运输货物，道路危险货物运输企业或者单位应当按照有关规定办理相关运输手续。

法律、行政法规规定托运人必须办理有关手续后方可运输的危险货物，道路危险货物运输企业应当查验有关手续齐全有效后方可承运。

第三十八条　道路危险货物运输企业或者单位应当采取必要措施，防止危险货物脱落、扬散、丢失以及燃烧、爆炸、泄漏等。

第三十九条　驾驶人员应当随车携带道路运输证。驾驶人员或者押运人员应当按照《汽车运输危险货物规则》（JT617）的要求，随车携带道路运输危险货物安全卡。

第四十条　在道路危险货物运输过程中，除驾驶人员外，还应当在专用车辆上配备押运人员，确保危险货物处于押运人员监管之下。

第四十一条　道路危险货物运输途中，驾驶人员不得随意停车。

因住宿或者发生影响正常运输的情况需要较长时间停车的，驾驶人员、押运人员应当设置警戒带，并采取相应的安全防范措施。

运输剧毒化学品或者易制爆危险化学品需要较长时间停车的，驾驶人员或者押运人员应当向当地公安机关报告。

第四十二条 危险货物的装卸作业应当遵守安全作业标准、规程和制度，并在装卸管理人员的现场指挥或者监控下进行。

危险货物运输托运人和承运人应当按照合同约定指派装卸管理人员；若合同未予约定，则由负责装卸作业的一方指派装卸管理人员。

第四十三条 驾驶人员、装卸管理人员和押运人员上岗时应当随身携带从业资格证。

第四十四条 严禁专用车辆违反国家有关规定超载、超限运输。

道路危险货物运输企业或者单位使用罐式专用车辆运输货物时，罐体载货后的总质量应当和专用车辆核定载质量相匹配；使用牵引车运输货物时，挂车载货后的总质量应当与牵引车的准牵引总质量相匹配。

第四十五条 道路危险货物运输企业或者单位应当要求驾驶人员和押运人员在运输危险货物时，严格遵守有关部门关于危险货物运输线路、时间、速度方面的有关规定，并遵守有关部门关于剧毒、爆炸危险品道路运输车辆在重大节假日通行高速公路的相关规定。

第四十六条 道路危险货物运输企业或者单位应当通过卫星定位监控平台或者监控终端及时纠正和处理超速行驶、疲劳驾驶、不按规定线路行驶等违法违规驾驶行为。监控数据应当至少保存 3 个月，违法驾驶信息及处理情况应当至少保存 3 年。

第四十七条 道路危险货物运输从业人员必须熟悉有关安全生产的法规、技术标准和安全生产规章制度、安全操作规程，了解所装运危险货物的性质、危害特性、包装物或者容器的使用要求和发生意外事故时的处置措施，并严格执行《汽车运输危险货物规则》(JT617)、《汽车运输、装卸危险货物作业规程》(JT618) 等标准，不得违章作业。

第四十八条 道路危险货物运输企业或者单位应当通过岗前培训、例会、定期学习等方式，对从业人员进行经常性安全生产、职业道德、业务知识和操作规程的教育培训。

第四十九条 道路危险货物运输企业或者单位应当加强安全生产管理，制定突发事件应急预案，配备应急救援人员和必要的应急救援器材、设备，并定期组织应急救援演练，严格落实各项安全制度。

第五十条 道路危险货物运输企业或者单位应当委托具备资质条件的机构，对本企业或单位的安全管理情况每 3 年至少进行一次安全评估，出具安全评估报告。

第五十一条 在危险货物运输过程中发生燃烧、爆炸、污染、中毒或者被盗、丢失、流散、泄漏等事故，驾驶人员、押运人员应当立即根据应急预案和道路运输危险货物安全卡的要求采取应急处置措施，并向事故发生地公安部门、交通运输主管部门和本运输企业或者单位报告。运输企业或者单位接到事故报告后，应当按照本单位危险货物应急预案组织救援，并向事故发生地安全生产监督管理部门和环境保护、卫生主管部门报告。

道路危险货物运输管理机构应当公布事故报告电话。

第五十二条　在危险货物装卸过程中，应当根据危险货物的性质，轻装轻卸，堆码整齐，防止混杂、撒漏、破损，不得与普通货物混合堆放。

第五十三条　道路危险货物运输企业或者单位应当为其承运的危险货物投保承运人责任险。

第五十四条　道路危险货物运输企业异地经营（运输线路起讫点均不在企业注册地市域内）累计 3 个月以上的，应当向经营地设区的市级道路运输管理机构备案并接受其监管。

5. 有关法律责任的规定

在第六章法律责任中，对相关事项作了规定。

第五十九条　违反本规定，有下列情形之一的，由县级以上道路运输管理机构责令停止运输经营，有违法所得的，没收违法所得，处违法所得 2 倍以上 10 倍以下的罚款；没有违法所得或者违法所得不足 2 万元的，处 3 万元以上 10 万元以下的罚款；构成犯罪的，依法追究刑事责任：

（1）未取得道路危险货物运输许可，擅自从事道路危险货物运输的；

（2）使用失效、伪造、变造、被注销等无效道路危险货物运输许可证件从事道路危险货物运输的；

（3）超越许可事项，从事道路危险货物运输的；

（4）非经营性道路危险货物运输单位从事道路危险货物运输经营的。

第六十条　违反本规定，道路危险货物运输企业或者单位非法转让、出租道路危险货物运输许可证件的，由县级以上道路运输管理机构责令停止违法行为，收缴有关证件，处 2 000 元以上 1 万元以下的罚款；有违法所得的，没收违法所得。

第六十一条　违反本规定，道路危险货物运输企业或者单位有下列行为之一，由县级以上道路运输管理机构责令限期投保；拒不投保的，由原许可机关吊销道路运输经营许可证或者道路危险货物运输许可证，或者吊销相应的经营范围：

（1）未投保危险货物承运人责任险的；

（2）投保的危险货物承运人责任险已过期，未继续投保的。

第六十二条　违反本规定，道路危险货物运输企业或者单位未按规定维护或者检测专用车辆的，由县级以上道路运输管理机构责令改正，并处 1 000 元以上 5 000 元以下的罚款。

第六十三条　违反本规定，道路危险货物运输企业或者单位不按照规定随车携带道路运输证的，由县级以上道路运输管理机构责令改正，处警告或者 20 元以上 200 元以下的罚款。

第六十四条　违反本规定，道路危险货物运输企业或者单位以及托运人有下列情形之一的，由县级以上道路运输管理机构责令改正，并处 5 万元以上 10 万元以下的罚款，拒不改正的，责令停产停业整顿；构成犯罪的，依法追究刑事责任：

（1）驾驶人员、装卸管理人员、押运人员未取得从业资格上岗作业的；

（2）托运人不向承运人说明所托运的危险化学品的种类、数量、危险特性以及发生危险情况的应急处置措施，或者未按照国家有关规定对所托运的危险化学品妥善包装并在外包装上设置相应标志的；

（3）未根据危险化学品的危险特性采取相应的安全防护措施，或者未配备必要的防护用品和应急救援器材的；

（4）运输危险化学品需要添加抑制剂或者稳定剂，托运人未添加或者未将有关情况告知承运人的。

第六十五条　违反本规定，道路危险货物运输企业或者单位未配备专职安全管理人员的，由县级以上道路运输管理机构责令改正，可以处 1 万元以下的罚款；拒不改正的，对危险化学品运输企业或单位处 1 万元以上 5 万元以下的罚款，对运输危险化学品以外其他危险货物的企业或单位处 1 万元以上 2 万元以下的罚款。

第六十六条　违反本规定，道路危险化学品运输托运人有下列行为之一的，由县级以上道路运输管理机构责令改正，处 10 万元以上 20 万元以下的罚款，有违法所得的，没收违法所得；拒不改正的，责令停产停业整顿；构成犯罪的，依法追究刑事责任：

（1）委托未依法取得危险货物道路运输许可的企业承运危险化学品的；

（2）在托运的普通货物中夹带危险化学品，或者将危险化学品谎报或者匿报为普通货物托运的。

第六十七条　违反本规定，道路危险货物运输企业擅自改装已取得道路运输证的专用车辆及罐式专用车辆罐体的，由县级以上道路运输管理机构责令改正，并处 5 000 元以上 2 万元以下的罚款。

四、《危险化学品安全管理条例》相关要点

2011 年 3 月 2 日，国务院公布修订后的《危险化学品安全管理条例》（国务院令第 591 号），自 2011 年 12 月 1 日起施行。根据 2013 年 12 月 7 日公布的《国务院关于修改部分行政法规的决定》（国务院令第 645 号），对本条例部分内容进行了修正，自 2013 年 12 月 7 日起施行。

《危险化学品安全管理条例》分为八章一百零二条，各章内容为：第一章总则，第二章生产、存储安全，第三章使用安全，第四章经营安全，第五章运输安全，第六章危险化学品登记与事故应急救援，第七章法律责任，第八章附则。制定本条例的目的是加强危险化学品的安全管理，预防和减少危险化学品事故，保障人民群众生命财产安全，保护环境。

1. 总则中的有关规定

在第一章总则中，对相关事项作了规定。

第二条　危险化学品生产、储存、使用、经营和运输的安全管理，适用本条例。

第三条　本条例所称危险化学品，是指具有毒害、腐蚀、爆炸、燃烧、助燃等性质，对人体、设施、环境具有危害的剧毒化学品和其他化学品。

第四条　危险化学品安全管理，应当坚持安全第一、预防为主、综合治理的方针，强化和落实企业的主体责任。

生产、储存、使用、经营、运输危险化学品的单位（以下统称危险化学品单位）的主要负责人对本单位的危险化学品安全管理工作全面负责。

危险化学品单位应当具备法律、行政法规规定和国家标准、行业标准要求的安全条件，建立、健全安全管理规章制度和岗位安全责任制度，对从业人员进行安全教育、法制教育和岗位技术培训。从业人员应当接受教育和培训，考核合格后上岗作业；对有资格要求的岗位，应当配备依法取得相应资格的人员。

第六条　对危险化学品的生产、储存、使用、经营、运输实施安全监督管理的有关部门（以下统称负有危险化学品安全监督管理职责的部门），依照下列规定履行职责：

交通运输主管部门负责危险化学品道路运输、水路运输的许可以及运输工具的安全管理，对危险化学品水路运输安全实施监督，负责危险化学品道路运输企业、水路运输企业驾驶人员、船员、装卸管理人员、押运人员、申报人员、集装箱装箱现场检查员的资格认定。

第七条　负有危险化学品安全监督管理职责的部门依法进行监督检查，可以采取下列措施：

（1）进入危险化学品作业场所实施现场检查，向有关单位和人员了解情况，查阅、复制有关文件、资料；

（2）发现危险化学品事故隐患，责令立即消除或者限期消除；

（3）对不符合法律、行政法规、规章规定或者国家标准、行业标准要求的设施、设备、装置、器材、运输工具，责令立即停止使用；

（4）经本部门主要负责人批准，查封违法生产、储存、使用、经营危险化学品的场所，扣押违法生产、储存、使用、经营、运输的危险化学品以及用于违法生产、使用、运输危险化学品的原材料、设备、运输工具；

（5）发现影响危险化学品安全的违法行为，当场予以纠正或者责令限期改正。

负有危险化学品安全监督管理职责的部门依法进行监督检查，监督检查人员不得少于2人，并应当出示执法证件；有关单位和个人对依法进行的监督检查应当予以配合，不得拒绝、阻碍。

第九条　任何单位和个人对违反本条例规定的行为，有权向负有危险化学品安全监督管理职责的部门举报。负有危险化学品安全监督管理职责的部门接到举报，应当及时依法处理；对不属于本部门职责的，应当及时移送有关部门处理。

2. 运输安全的有关规定

在第五章运输安全中，对相关事项作了规定。

第四十三条　从事危险化学品道路运输、水路运输的，应当分别依照有关道路运输、水路运输的法律、行政法规的规定，取得危险货物道路运输许可、危险货物水路运输许可，并向工商行政管理部门办理登记手续。

危险化学品道路运输企业、水路运输企业应当配备专职安全管理人员。

第四十四条　危险化学品道路运输企业、水路运输企业的驾驶人员、船员、装卸管理人员、押运人员、申报人员、集装箱装箱现场检查员应当经交通运输主管部门考核合格，取得从业资格。具体办法由国务院交通运输主管部门制定。

危险化学品的装卸作业应当遵守安全作业标准、规程和制度，并在装卸管理人员的现场指挥或者监控下进行。水路运输危险化学品的集装箱装箱作业应当在集装箱装箱现场检查员的指挥或者监控下进行，并符合积载、隔离的规范和要求；装箱作业完毕后，集装箱装箱现场检查员应当签署装箱证明书。

第四十五条　运输危险化学品，应当根据危险化学品的危险特性采取相应的安全防护措施，并配备必要的防护用品和应急救援器材。

用于运输危险化学品的槽罐以及其他容器应当封口严密，能够防止危险化学品在运输过程中因温度、湿度或者压力的变化发生渗漏、洒漏；槽罐以及其他容器的溢流和泄压装置应当设置准确、起闭灵活。

运输危险化学品的驾驶人员、船员、装卸管理人员、押运人员、申报人员、集装箱装箱现场检查员，应当了解所运输的危险化学品的危险特性及其包装物、容器的使用要求和出现危险情况时的应急处置方法。

第四十六条　通过道路运输危险化学品的，托运人应当委托依法取得危险货物道路运输许可的企业承运。

第四十七条　通过道路运输危险化学品的，应当按照运输车辆的核定载质量装载危险化学品，不得超载。

危险化学品运输车辆应当符合国家标准要求的安全技术条件，并按照国家有关规定定期进行安全技术检验。

危险化学品运输车辆应当悬挂或者喷涂符合国家标准要求的警示标志。

第四十八条　通过道路运输危险化学品的，应当配备押运人员，并保证所运输的危险化学品处于押运人员的监控之下。

运输危险化学品途中因住宿或者发生影响正常运输的情况，需要较长时间停车的，驾驶人员、押运人员应当采取相应的安全防范措施；运输剧毒化学品或者易制爆危险化学品的，还应当向当地公安机关报告。

第四十九条　未经公安机关批准，运输危险化学品的车辆不得进入危险化学品运输车辆限制通行的区域。危险化学品运输车辆限制通行的区域由县级人民政府公安机关划定，并设置明显的标志。

第五十一条　剧毒化学品、易制爆危险化学品在道路运输途中丢失、被盗、被抢或者出现流散、泄漏等情况的，驾驶人员、押运人员应当立即采取相应的警示措施和安全措施，并向当地公安机关报告。公安机关接到报告后，应当根据实际情况立即向安全生产监督管理部门、环境保护主管部门、卫生主管部门通报。有关部门应当采取必要的应急处置措施。

第六十三条　托运危险化学品的，托运人应当向承运人说明所托运的危险化学品的种类、数量、危险特性以及发生危险情况的应急处置措施，并按照国家有关规定对所托运的危险化学品妥善包装，在外包装上设置相应的标志。

运输危险化学品需要添加抑制剂或者稳定剂的，托运人应当添加，并将有关情况告知承运人。

第六十四条　托运人不得在托运的普通货物中夹带危险化学品，不得将危险化学品匿报或者谎报为普通货物托运。

3. 有关法律责任的规定

在第七章　法律责任中，对相关事项作了规定。

第八十五条　未依法取得危险货物道路运输许可、危险货物水路运输许可，从事危险化学品道路运输、水路运输的，分别依照有关道路运输、水路运输的法律、行政法规的规定处罚。

第八十六条　有下列情形之一的，由交通运输主管部门责令改正，处 5 万元以上 10 万元以下的罚款；拒不改正的，责令停产停业整顿；构成犯罪的，依法追究刑事责任：

（1）危险化学品道路运输企业、水路运输企业的驾驶人员、船员、装卸管理人员、押运人员、申报人员、集装箱装箱现场检查员未取得从业资格上岗作业的；

（2）运输危险化学品，未根据危险化学品的危险特性采取相应的安全防护措施，或者未配备必要的防护用品和应急救援器材的；

……

（6）托运人不向承运人说明所托运的危险化学品的种类、数量、危险特性以及发生危险情况的应急处置措施，或者未按照国家有关规定对所托运的危险化学品妥善包装并在外包装上设置相应标志的；

（7）运输危险化学品需要添加抑制剂或者稳定剂，托运人未添加或者未将有关情况告知承运人的。

第八十九条　有下列情形之一的，由公安机关责令改正，处 1 万元以上 5 万元以下的罚款；构成违反治安管理行为的，依法给予治安管理处罚：

（1）危险化学品运输车辆未悬挂或者喷涂警示标志，或者悬挂或者喷涂的警示标志不符合国家标准要求的；

（2）通过道路运输危险化学品，不配备押运人员的；

（3）运输剧毒化学品或者易制爆危险化学品途中需要较长时间停车，驾驶人员、押运人员不向当地公安机关报告的；

（4）剧毒化学品、易制爆危险化学品在道路运输途中丢失、被盗、被抢或者发生流散、泄露等情况，驾驶人员、押运人员不采取必要的警示措施和安全措施，或者不向当地公安机关报告的。

第九十条　对发生交通事故负有全部责任或者主要责任的危险化学品道路运输企业，由公安机关责令消除安全隐患，未消除安全隐患的危险化学品运输车辆，禁止上道路行驶。

第九十一条　有下列情形之一的，由交通运输主管部门责令改正，可以处1万元以下的罚款；拒不改正的，处1万元以上5万元以下的罚款：

（1）危险化学品道路运输企业、水路运输企业未配备专职安全管理人员的；

（2）用于危险化学品运输作业的内河码头、泊位的管理单位未制定码头、泊位危险化学品事故应急救援预案，或者未为码头、泊位配备充足、有效的应急救援器材和设备的。

第三章　道路运输企业员工安全操作要求

近年来，随着汽车社会保有量的不断增长，汽车越来越多，道路交通事故也越来越多，道路交通事故已经逐渐成为一种社会公害。在我国，自 1998 年以来，每年死于交通事故的人数都在几万人，每年因交通事故造成的直接经济损失不低于 20 亿元。严酷的现实要求道路运输企业必须强化道路交通安全工作，减少事故的发生。在预防事故方面，需要加强对企业员工（特别是驾驶员）的安全管理，增强安全守法意识，提高操作技能，规范道路交通行为，从而保证安全。

第一节　道路运输企业员工安全管理相关规定

在道路交通中，人与车是道路交通活动的主体，由于机动车驾驶人员是影响交通安全的主要因素，国家对机动车驾驶人员资格实行行政许可制度，只有经过培训，通过考核符合驾驶机动车条件并领取驾驶证的人员，才能驾驶与其驾驶证记载类型相一致的车辆。为了加强对驾驶员安全管理的有效性，规定对违法的机动车驾驶员，除依法给予处罚外，实行累积计分制度，对累积达到规定分值的驾驶员，扣留机动车驾驶证，进行交通安全教育，重新考试。这些规定都是为了保证道路交通的安全。

一、《道路运输从业人员管理规定》相关要点

2006 年 11 月 23 日，交通部公布《道路运输从业人员管理规定》（交通部令 2006 年第 9 号），自 2007 年 3 月 1 日起施行。2001 年 9 月 6 日公布的《营业性道路运输驾驶员职业培训管理规定》（交通部 2001 年第 7 号令）同时废止。

《道路运输从业人员管理规定》分为六章五十三条，各章内容为：第一章总则，第二章从业资格管理，第三章从业资格证件管理，第四章从业行为规定，第五章法律责任，第六章附则。制定本规定的目的是根据《中华人民共和国道路运输条例》《危险化学品安全管理条例》及有关法律、行政法规，加强道路运输从业人员管理，提高道路运输从业人员综合素质。

1. 总则中的有关规定

在第一章总则中，对相关事项作了规定。

第二条　本规定所称道路运输从业人员是指经营性道路客货运输驾驶员、道路危险货物运输从业人员、机动车维修技术人员、机动车驾驶培训教练员、道路运输经理人和其他道路运输从业人员。

经营性道路客货运输驾驶员包括经营性道路旅客运输驾驶员和经营性道路货物运输驾驶员。

道路危险货物运输从业人员包括道路危险货物运输驾驶员、装卸管理人员和押运人员。

道路运输经理人包括道路客货运输企业、道路客货运输站（场）、机动车驾驶员培训机构、机动车维修企业的管理人员。

其他道路运输从业人员是指除上述人员以外的道路运输从业人员，包括道路客运乘务员、机动车驾驶员培训机构教学负责人及结业考核人员、机动车维修企业价格结算员及业务接待员。

第三条　道路运输从业人员应当依法经营，诚实信用，规范操作，文明从业。

第四条　道路运输从业人员管理工作应当公平、公正、公开和便民。

第五条　交通部负责全国道路运输从业人员管理工作。

县级以上地方人民政府交通主管部门负责组织领导本行政区域内的道路运输从业人员管理工作，并具体负责本行政区域内道路危险货物运输从业人员的管理工作。

县级以上道路运输管理机构具体负责本行政区域内经营性道路客货运输驾驶员、机动车维修技术人员、机动车驾驶培训教练员、道路运输经理人和其他道路运输从业人员的管理工作。

2. 有关从业资格管理的规定

在第二章从业资格管理中，对相关事项作了规定。

第六条　国家对道路运输从业人员实行从业资格考试制度。

从业资格是对道路运输从业人员所从事的特定岗位职业素质的基本评价。

经营性道路客货运输驾驶员和道路危险货物运输从业人员必须取得相应从业资格，方可从事相应的道路运输活动。

第七条　道路运输从业人员从业资格考试应当按照交通部编制的考试大纲、考试题库、考核标准、考试工作规范和程序组织实施。

第八条　经营性道路客货运输驾驶员从业资格考试由设区的市级道路运输管理机构组织实施，每月组织一次考试。

道路危险货物运输从业人员从业资格考试由设区的市级人民政府交通主管部门组织实施，每季度组织一次考试。

第九条　经营性道路旅客运输驾驶员应当符合下列条件：

（1）取得相应的机动车驾驶证 1 年以上；

（2）年龄不超过 60 周岁；

（3）3 年内无重大以上交通责任事故；

（4）掌握相关道路旅客运输法规、机动车维修和旅客急救基本知识；

（5）经考试合格，取得相应的从业资格证件。

第十条　经营性道路货物运输驾驶员应当符合下列条件：

（1）取得相应的机动车驾驶证；

（2）年龄不超过 60 周岁；

（3）掌握相关道路货物运输法规、机动车维修和货物装载保管基本知识；

（4）经考试合格，取得相应的从业资格证件。

第十一条　道路危险货物运输驾驶员应当符合下列条件：

（1）取得相应的机动车驾驶证。

（2）年龄不超过 60 周岁；

（3）3 年内无重大以上交通责任事故；

（4）取得经营性道路旅客运输或者货物运输驾驶员从业资格 2 年以上；

（5）接受相关法规、安全知识、专业技术、职业卫生防护和应急救援知识的培训，了解危险货物性质、危害特征、包装容器的使用特性和发生意外时的应急措施；

（6）经考试合格，取得相应的从业资格证件。

第十五条　申请参加经营性道路客货运输驾驶员从业资格考试的人员，应当向其户籍地或者暂住地设区的市级道路运输管理机构提出申请，填写经营性道路客货运输驾驶员从业资格考试申请表（式样见附件 1），并提供下列材料：

（1）身份证明及复印件；

（2）机动车驾驶证及复印件；

（3）申请参加道路旅客运输驾驶员从业资格考试的，还应当提供道路交通安全主管部门出具的 3 年内无重大以上交通责任事故记录证明。

第十六条　申请参加道路危险货物运输驾驶员从业资格考试的，应当向其户籍地或者暂住地设区的市级交通主管部门提出申请，填写道路危险货物运输从业人员从业资格考试申请表（式样见附件 2），并提供下列材料：

（1）身份证明及复印件；

（2）机动车驾驶证及复印件；

（3）道路旅客运输驾驶员从业资格证件或者道路货物运输驾驶员从业资格证件及复印件；

（4）相关培训证明及复印件；

（5）道路交通安全主管部门出具的 3 年内无重大以上交通责任事故记录证明。

第二十条　交通主管部门和道路运输管理机构对符合申请条件的申请人应当安排考试。

第二十一条　交通主管部门和道路运输管理机构应当在考试结束 10 日内公布考试成绩。对考试合格人员，应当自公布考试成绩之日起 10 日内颁发相应的道路运输从业人员从业资格证件。

第二十二条　道路运输从业人员从业资格考试成绩有效期为 1 年，考试成绩逾期作废。

第二十三条　申请人在从业资格考试中有舞弊行为的，取消当次考试资格，考试成绩无效。

第二十四条　交通主管部门或者道路运输管理机构应当建立道路运输从业人员从业资格管理档案。

道路运输从业人员从业资格管理档案包括：从业资格考试申请材料，从业资格考试及从业资格证件记录，从业资格证件换发、补发、变更记录，违章、事故及诚信考核、继续教育记录等。

第二十五条　交通主管部门和道路运输管理机构应当向社会提供道路运输从业人员相关从业信息的查询服务。

3. 有关从业资格证件管理的规定

在第三章从业资格证件管理中，对相关事项作了规定。

第二十六条　经营性道路客货运输驾驶员、道路危险货物运输从业人员、机动车维修技术人员、道路运输经理人和其他道路运输从业人员经考试合格后，取得中华人民共和国道路运输从业人员从业资格证（式样见附件 5）。

《中华人民共和国道路运输从业人员从业资格证》和《中华人民共和国机动车驾驶培训教练员证》统称道路运输从业人员从业资格证件。

第二十七条　道路运输从业人员从业资格证件全国通用。

第二十八条　已获得从业资格证件的人员需要增加相应从业资格类别的，应当向原发证机关提出申请，并按照规定参加相应培训和考试。

第二十九条　道路运输从业人员从业资格证件由交通部统一印制并编号。具体工作委托交通专业人员资格评价中心负责。

第三十一条　道路运输从业人员从业资格证件有效期为 6 年。道路运输从业人员应当在从业资格证件有效期届满 30 日前到原发证机关办理换证手续。

道路运输从业人员从业资格证件遗失、毁损的，应当到原发证机关办理证件补发手续。

道路运输从业人员服务单位变更的，应当到交通主管部门或者道路运输管理机构办理从业资格证件变更手续。

道路运输从业人员从业资格档案应当由原发证机关在变更手续办结后 30 日内移交户籍迁入地或者现居住地的交通主管部门或者道路运输管理机构。

第三十二条　道路运输从业人员办理换证、补证和变更手续，应当填写《道路运输从业人员从业资格证件换发、补发、变更登记表》(式样见附件 6)。

第三十三条　交通主管部门和道路运输管理机构应当对符合要求的从业资格证件换发、补发、变更申请予以办理。

申请人违反相关从业资格管理规定且尚未接受处罚的，受理机关应当在其接受处罚后换发、补发、变更相应的从业资格证件。

第三十四条　经营性道路客货运输驾驶员、道路危险货物运输从业人员在发证机关所在地以外从业，且从业时间超过 3 个月的，应当到服务地管理部门备案。

第三十五条　道路运输从业人员有下列情形之一的，由发证机关注销其从业资格证件：

(1) 持证人死亡的；

(2) 持证人申请注销的；

(3) 经营性道路客货运输驾驶员、道路危险货物运输从业人员、机动车驾驶培训教练员年龄超过 60 周岁的；

(4) 经营性道路客货运输驾驶员、道路危险货物运输驾驶员、机动车维修质量检验人员、机动车驾驶培训教练员的机动车驾驶证被注销或者被吊销的；

(5) 超过从业资格证件有效期 180 日未申请换证的。

凡被注销的从业资格证件，应当由发证机关予以收回，公告作废并登记归档；无法收回的，从业资格证件自行作废。

第三十六条　交通主管部门和道路运输管理机构应当将道路运输从业人员的违章行为记录在《中华人民共和国道路运输从业人员从业资格证》的违章记录栏内，并通报发证机关。发证机关应当将该记录作为道路运输从业人员诚信考核和计分考核的依据，并存入管理档案。机动车驾驶培训教练员违章记录直接记入教练员档案，并作为诚信考核的重要内容。

第三十七条　道路运输从业人员诚信考核和计分考核周期为 12 个月，从初次领取从业资格证件之日起计算。诚信考核等级分为优良、合格、基本合格和不合格，分别用 AAA 级、AA 级、A 级和 B 级表示。在考核周期内，累计计分超过规定的，诚信考核等级为 B 级。

省级交通主管部门和道路运输管理机构应当将道路运输从业人员每年的诚信考核和计分考核结果向社会公布，供公众查阅。

4. 有关从业行为的规定

在第四章从业行为规定中，对相关事项作了规定。

第三十八条　经营性道路客货运输驾驶员以及道路危险货物运输从业人员应当在从业资格证件许可的范围内从事道路运输活动。道路危险货物运输驾驶员除可以驾驶道路危险货物运输车辆外，还可以驾驶原从业资格证件许可的道路旅客运输车辆或者道路货物运输车辆。

第三十九条 道路运输从业人员在从事道路运输活动时，应当携带相应的从业资格证件，并应当遵守国家相关法规和道路运输安全操作规程，不得违法经营、违章作业。

第四十条 道路运输从业人员应当按照规定参加国家相关法规、职业道德及业务知识培训。

第四十一条 经营性道路客货运输驾驶员和道路危险货物运输驾驶员不得超限、超载运输，连续驾驶时间不得超过 4 h。

第四十二条 经营性道路旅客运输驾驶员和道路危险货物运输驾驶员应当按照规定填写行车日志。行车日志式样由省级道路运输管理机构统一制定。

第四十三条 经营性道路旅客运输驾驶员应当采取必要措施保证旅客的人身和财产安全，发生紧急情况时，应当积极进行救护。

经营性道路货物运输驾驶员应当采取必要措施防止货物脱落、扬撒等。

严禁驾驶道路货物运输车辆从事经营性道路旅客运输活动。

第四十四条 道路危险货物运输驾驶员应当按照道路交通安全主管部门指定的行车时间和路线运输危险货物。

道路危险货物运输装卸管理人员应当按照安全作业规程对道路危险货物装卸作业进行现场监督，确保装卸安全。

道路危险货物运输押运人员应当对道路危险货物运输进行全程监管。

道路危险货物运输从业人员应当严格按照《汽车运输危险货物规则》（JT617）《汽车运输、装卸危险货物作业规程》（JT618）操作，不得违章作业。

第四十五条 在道路危险货物运输过程中发生燃烧、爆炸、污染、中毒或者被盗、丢失、流散、泄漏等事故，道路危险货物运输驾驶员、押运人员应当立即向当地公安部门和所在运输企业或者单位报告，说明事故情况、危险货物品名和特性，并采取一切可能的警示措施和应急措施，积极配合有关部门进行处置。

5. 有关法律责任的规定

在第五章 法律责任中，对相关事项作了规定。

第四十八条 违反本规定，有下列行为之一的人员，由县级以上道路运输管理机构责令改正，处 200 元以上 2 000 元以下的罚款；构成犯罪的，依法追究刑事责任：

（1）未取得相应从业资格证件，驾驶道路客货运输车辆的；

（2）使用失效、伪造、变造的从业资格证件，驾驶道路客货运输车辆的；

（3）超越从业资格证件核定范围，驾驶道路客货运输车辆的。

第四十九条 违反本规定，有下列行为之一的人员，由设区的市级人民政府交通主管部门处 2 万元以上 10 万元以下的罚款；构成犯罪的，依法追究刑事责任：

（1）未取得相应从业资格证件，从事道路危险货物运输活动的；

（2）使用失效、伪造、变造的从业资格证件，从事道路危险货物运输活动的；

（3）超越从业资格证件核定范围，从事道路危险货物运输活动的。

第五十条　道路运输从业人员有下列不具备安全条件情形之一的，由发证机关吊销其从业资格证件：

（1）经营性道路客货运输驾驶员、道路危险货物运输从业人员、机动车驾驶培训教练员身体健康状况不符合有关机动车驾驶和相关从业要求且没有主动申请注销从业资格的；

（2）经营性道路客货运输驾驶员、道路危险货物运输驾驶员、机动车驾驶培训教练员发生重大以上交通事故，且负主要责任的；

（3）发现重大事故隐患，不立即采取消除措施，继续作业的。

被吊销的从业资格证件应当由发证机关公告作废并登记归档。

二、《机动车驾驶证申领和使用规定》相关要点

2012 年 9 月 12 日，公安部发布修订后的《机动车驾驶证申领和使用规定》（公安部令第 123 号），自 2013 年 1 月 1 日起施行。2006 年 12 月 20 日发布的《机动车驾驶证申领和使用规定》和 2009 年 12 月 7 日发布的《公安部关于修改〈机动车驾驶证申领和使用规定〉的决定》同时废止。本规定生效后，公安部以前制定的规定与本规定不一致的，以本规定为准。

《机动车驾驶证申领和使用规定》分为七章八十九条，各章内容为：第一章总则，第二章驾驶证申请，第三章机动车驾驶人考试，第四章发证、换证、补证，第五章机动车驾驶人管理，第六章法律责任，第七章附则。

1. 总则的有关规定

在第一章总则中，对相关事项作了规定。

第二条　本规定由公安机关交通管理部门负责实施。

第三条　车辆管理所办理机动车驾驶证业务，应当遵循严格、公开、公正、便民的原则。

第四条　申请办理机动车驾驶证业务的人，应当如实向车辆管理所提交规定的材料，如实申告规定的事项，并对其申请材料实质内容的真实性负责。

第五条　公安机关交通管理部门应当建立对车辆管理所办理机动车驾驶证业务的监督制度，加强对驾驶人考试、驾驶证核发和使用的监督管理。

2. 驾驶证申请的有关规定

在第二章驾驶证申请中，对相关事项作了规定。

第七条　驾驶机动车，应当依法取得机动车驾驶证。

第八条　机动车驾驶人准予驾驶的车型顺序依次分为：大型客车、牵引车、城市公交车、中型客车、大型货车、小型汽车、小型自动挡汽车、低速载货汽车、三轮汽车、残疾人专用小型自动挡载客汽车、普通三轮摩托车、普通二轮摩托车、轻便摩托车、轮式自行

机械车、无轨电车和有轨电车。

第九条 机动车驾驶证记载和签注以下内容：

（1）机动车驾驶人信息：姓名、性别、出生日期、国籍、住址、身份证明号码（机动车驾驶证号码）、照片；

（2）车辆管理所签注内容：初次领证日期、准驾车型代号、有效期限、核发机关印章、档案编号。

第十条 机动车驾驶证有效期分为六年、十年和长期。

第十一条 申请机动车驾驶证的人，应当符合下列规定：

（1）年龄条件：

1）申请小型汽车、小型自动挡汽车、残疾人专用小型自动挡载客汽车、轻便摩托车准驾车型的，在18周岁以上、70周岁以下；

2）申请低速载货汽车、三轮汽车、普通三轮摩托车、普通二轮摩托车或者轮式自行机械车准驾车型的，在18周岁以上，60周岁以下；

3）申请城市公交车、大型货车、无轨电车或者有轨电车准驾车型的，在20周岁以上，50周岁以下；

4）申请中型客车准驾车型的，在21周岁以上，50周岁以下；

5）申请牵引车准驾车型的，在24周岁以上，50周岁以下；

6）申请大型客车准驾车型的，在26周岁以上，50周岁以下。

（2）身体条件：

1）身高：申请大型客车、牵引车、城市公交车、大型货车、无轨电车准驾车型的，身高为155 cm以上。申请中型客车准驾车型的，身高为150 cm以上。

2）视力：申请大型客车、牵引车、城市公交车、中型客车、大型货车、无轨电车或者有轨电车准驾车型的，两眼裸视力或者矫正视力达到对数视力表5.0以上。申请其他准驾车型的，两眼裸视力或者矫正视力达到对数视力表4.9以上。

3）辨色力：无红绿色盲。

4）听力：两耳分别距音叉50 cm能辨别声源方向。有听力障碍但佩戴助听设备能够达到以上条件的，可以申请小型汽车、小型自动挡汽车准驾车型的机动车驾驶证。

5）上肢：双手拇指健全，每只手其他手指必须有三指健全，肢体和手指运动功能正常。但手指末节残缺或者右手拇指缺失的，可以申请小型汽车、小型自动挡汽车、低速载货汽车、三轮汽车准驾车型的机动车驾驶证。

6）下肢：双下肢健全且运动功能正常，不等长度不得大于5 cm。但左下肢缺失或者丧失运动功能的，可以申请小型自动挡汽车准驾车型的机动车驾驶证。右下肢、双下肢缺失或者丧失运动功能但能够自主坐立的，可以申请残疾人专用小型自动挡载客汽车准驾车型的机动车驾驶证。

7）躯干、颈部：无运动功能障碍。

第十二条　有下列情形之一的，不得申请机动车驾驶证：

（1）有器质性心脏病、癫痫病、美尼尔氏症、眩晕症、癔病、震颤麻痹、精神病、痴呆以及影响肢体活动的神经系统疾病等妨碍安全驾驶的疾病的；

（2）三年内有吸食、注射毒品行为，或者解除强制隔离戒毒措施未满3年，或者长期服用依赖性精神药品成瘾尚未戒除的；

（3）造成交通事故后逃逸，构成犯罪的；

（4）饮酒后或者醉酒驾驶机动车，发生重大交通事故构成犯罪的；

（5）醉酒驾驶机动车，或者饮酒后驾驶营运机动车，依法被吊销机动车驾驶证未满5年的；

（6）醉酒驾驶营运机动车，依法被吊销机动车驾驶证未满10年的；

（7）因其他情形依法被吊销机动车驾驶证未满2年的；

（8）驾驶许可依法被撤销未满3年的；

（9）法律、行政法规规定的其他情形。

未取得机动车驾驶证驾驶机动车，有第一款第五项至第七项行为之一的，在规定期限内不得申请机动车驾驶证。

第十三条　初次申领机动车驾驶证的，可以申请准驾车型为城市公交车、大型货车、小型汽车、小型自动挡汽车、低速载货汽车、三轮汽车、残疾人专用小型自动挡载客汽车、普通三轮摩托车、普通二轮摩托车、轻便摩托车、轮式自行机械车、无轨电车、有轨电车的机动车驾驶证。

在暂住地初次申领机动车驾驶证的，可以申请准驾车型为小型汽车、小型自动挡汽车、低速载货汽车、三轮汽车、残疾人专用小型自动挡载客汽车、普通三轮摩托车、普通二轮摩托车、轻便摩托车的机动车驾驶证。

第十四条　已持有机动车驾驶证，申请增加准驾车型的，应当在本记分周期和申请前一个记分周期内没有记满12分记录。申请增加中型客车、牵引车、大型客车准驾车型的，还应当符合下列规定：

（1）申请增加中型客车准驾车型的，已取得驾驶城市公交车、大型货车、小型汽车、小型自动挡汽车、低速载货汽车或者三轮汽车准驾车型资格三年以上，并在申请前连续三个记分周期内没有记满12分记录；

（2）申请增加牵引车准驾车型的，已取得驾驶中型客车或者大型货车准驾车型资格三年以上，或者取得驾驶大型客车准驾车型资格一年以上，并在申请前连续三个记分周期内没有记满12分记录；

（3）申请增加大型客车准驾车型的，已取得驾驶中型客车或者大型货车准驾车型资格五年以上，或者取得驾驶牵引车准驾车型资格二年以上，并在申请前连续五个记分周期内没有记满 12 分记录。

在暂住地可以申请增加的准驾车型为小型汽车、小型自动挡汽车、低速载货汽车、三轮汽车、普通三轮摩托车、普通二轮摩托车、轻便摩托车。

第十五条　有下列情形之一的，不得申请大型客车、牵引车、中型客车、大型货车准驾车型：

(1) 发生交通事故造成人员死亡，承担同等以上责任的；

(2) 醉酒后驾驶机动车的；

(3) 被吊销或者撤销机动车驾驶证未满十年的。

3. 有关机动车驾驶人考试的规定

在第三章机动车驾驶人考试中，对相关事项作了规定。

第二十二条　机动车驾驶人考试内容分为道路交通安全法律、法规和相关知识考试科目（以下简称“科目一”）、场地驾驶技能考试科目（以下简称“科目二”）、道路驾驶技能和安全文明驾驶常识考试科目（以下简称“科目三”）。

第二十三条　考试内容和合格标准全国统一，根据不同准驾车型规定相应的考试项目。

第二十四条　科目一考试内容包括：道路通行、交通信号、交通安全违法行为和交通事故处理、机动车驾驶证申领和使用、机动车登记等规定以及其他道路交通安全法律、法规和规章。

第三十一条　车辆管理所对符合机动车驾驶证申请条件的，应当受理，并按照预约日期安排考试。考试顺序按照科目一、科目二、科目三依次进行，前一科目考试合格后，方准参加后一科目的考试。科目三道路驾驶技能考试合格后，方准参加安全文明驾驶常识考试。

4. 有关发证、换证、补证的规定

在第四章发证、换证、补证中，对相关事项作了规定。

第四十六条　申请人考试合格后，应当接受不少于半小时的交通安全文明驾驶常识和交通事故案例警示教育，并参加领证宣誓仪式。

车辆管理所应当在申请人参加领证宣誓仪式的当日核发机动车驾驶证。属于申请增加准驾车型的，应当收回原机动车驾驶证。属于复员、转业、退伍的，应当收回军队、武装警察部队机动车驾驶证。

第四十七条　机动车驾驶人在机动车驾驶证的 6 年有效期内，每个记分周期均未记满 12 分的，换发 10 年有效期的机动车驾驶证；在机动车驾驶证的 10 年有效期内，每个记分周期均未记满 12 分的，换发长期有效的机动车驾驶证。

第四十八条　机动车驾驶人应当于机动车驾驶证有效期满前九十日内，向机动车驾驶证核发地车辆管理所申请换证。申请时应当填写申请表，并提交以下证明、凭证：

(1) 机动车驾驶人的身份证明；

（2）机动车驾驶证；

（3）县级或者部队团级以上医疗机构出具的有关身体条件的证明。属于申请残疾人专用小型自动挡载客汽车的，应当提交经省级卫生主管部门指定的专门医疗机构出具的有关身体条件的证明。

第四十九条　机动车驾驶人户籍迁出原车辆管理所管辖区的，应当向迁入地车辆管理所申请换证。机动车驾驶人在核发地车辆管理所管辖区以外居住的，可以向居住地车辆管理所申请换证。申请时应当填写申请表，并提交第四十八条规定的证明、凭证。

第五十条　年龄在60周岁以上的，不得驾驶大型客车、牵引车、城市公交车、中型客车、大型货车、无轨电车和有轨电车；持有大型客车、牵引车、城市公交车、中型客车、大型货车驾驶证的，应当到机动车驾驶证核发地车辆管理所换领准驾车型为小型汽车或者小型自动挡汽车的机动车驾驶证。

年龄在70周岁以上的，不得驾驶低速载货汽车、三轮汽车、普通三轮摩托车、普通二轮摩托车和轮式自行机械车；持有普通三轮摩托车、普通二轮摩托车驾驶证的，应当到机动车驾驶证核发地车辆管理所换领准驾车型为轻便摩托车的机动车驾驶证。

第五十一条　具有下列情形之一的，机动车驾驶人应当在三十日内到机动车驾驶证核发地车辆管理所申请换证：

（1）在车辆管理所管辖区域内，机动车驾驶证记载的机动车驾驶人信息发生变化的；

（2）机动车驾驶证损毁无法辨认的。

申请时应当填写申请表，并提交机动车驾驶人的身份证明和机动车驾驶证。

第五十二条　机动车驾驶人身体条件发生变化，不符合所持机动车驾驶证准驾车型的条件，但符合准予驾驶的其他准驾车型条件的，应当在三十日内到机动车驾驶证核发地车辆管理所申请降低准驾车型。申请时应当填写申请表，并提交机动车驾驶人的身份证明、机动车驾驶证、县级或者部队团级以上医疗机构出具的有关身体条件的证明。

机动车驾驶人身体条件不适合驾驶机动车的，不得驾驶机动车。

5. 有关机动车驾驶人管理的规定

在第五章机动车驾驶人管理中，对相关事项作了规定。

第五十五条　道路交通安全违法行为累积记分周期（即记分周期）为12个月，满分为12分，从机动车驾驶证初次领取之日起计算。

依据道路交通安全违法行为的严重程度，一次记分的分值为：12分、6分、3分、2分、1分五种（见附件2）。

第五十六条　对机动车驾驶人的道路交通安全违法行为，处罚与记分同时执行。

机动车驾驶人一次有两个以上违法行为记分的，应当分别计算，累加分值。

第五十七条　机动车驾驶人对道路交通安全违法行为处罚不服，申请行政复议或者提起行政诉讼后，经依法裁决变更或者撤销原处罚决定的，相应记分分值予以变更或者撤销。

第五十八条　机动车驾驶人在一个记分周期内累积记分达到12分的，公安机关交通管理部门应当扣留其机动车驾驶证。

机动车驾驶人应当在十五日内到机动车驾驶证核发地或者违法行为地公安机关交通管理部门参加为期七日的道路交通安全法律、法规和相关知识学习。机动车驾驶人参加学习后，车辆管理所应当在二十日内对其进行道路交通安全法律、法规和相关知识考试。考试合格的，记分予以清除，发还机动车驾驶证；考试不合格的，继续参加学习和考试。拒不参加学习，也不接受考试的，由公安机关交通管理部门公告其机动车驾驶证停止使用。

机动车驾驶人在一个记分周期内有两次以上达到12分或者累积记分达到24分以上的，车辆管理所还应当在道路交通安全法律、法规和相关知识考试合格后十日内对其进行道路驾驶技能考试。接受道路驾驶技能考试的，按照本人机动车驾驶证载明的最高准驾车型考试。

第五十九条　机动车驾驶人在一个记分周期内记分未达到12分，所处罚款已经缴纳的，记分予以清除；记分虽未达到12分，但尚有罚款未缴纳的，记分转入下一记分周期。

第六十条　机动车驾驶人应当按照法律、行政法规的规定，定期到公安机关交通管理部门接受审验。

第六十一条　机动车驾驶证审验内容包括：

（1）道路交通安全违法行为、交通事故处理情况；

（2）身体条件情况；

（3）道路交通安全违法行为记分及记满12分后参加学习和考试情况。

持有大型客车、牵引车、城市公交车、中型客车、大型货车驾驶证一个记分周期内有记分的，以及持有其他准驾车型驾驶证发生交通事故造成人员死亡承担同等以上责任未被吊销机动车驾驶证的驾驶人，审验时应当参加不少于三小时的道路交通安全法律法规、交通安全文明驾驶、应急处置等知识学习，并接受交通事故案例警示教育。

对交通违法行为或者交通事故未处理完毕的、身体条件不符合驾驶许可条件的、未按照规定参加学习、教育和考试的，不予通过审验。

第六十二条　年龄在60周岁以上的机动车驾驶人，应当每年进行一次身体检查，在记分周期结束后三十日内，提交县级或者部队团级以上医疗机构出具的有关身体条件的证明。

第六十七条　机动车驾驶人具有下列情形之一的，车辆管理所应当注销其机动车驾驶证：

（1）死亡的；

（2）提出注销申请的；

（3）丧失民事行为能力，监护人提出注销申请的；

（4）身体条件不适合驾驶机动车的；

（5）有器质性心脏病、癫痫病、美尼尔氏症、眩晕症、癔病、震颤麻痹、精神病、痴呆以及影响肢体活动的神经系统疾病等妨碍安全驾驶疾病的；

（6）被查获有吸食、注射毒品后驾驶机动车行为，正在执行社区戒毒、强制隔离戒毒、社区康复措施，或者长期服用依赖性精神药品成瘾尚未戒除的；

（7）超过机动车驾驶证有效期一年以上未换证的；

（8）年龄在 60 周岁以上，在一个记分周期结束后一年内未提交身体条件证明的，或者持有残疾人专用小型自动挡载客汽车准驾车型，在三个记分周期结束后一年内未提交身体条件证明的；

（9）年龄在 60 周岁以上，所持机动车驾驶证只具有无轨电车或者有轨电车准驾车型，或者年龄在 70 周岁以上，所持机动车驾驶证只具有低速载货汽车、三轮汽车、轮式自行机械车准驾车型的；

（10）机动车驾驶证依法被吊销或者驾驶许可依法被撤销的。

有本款第四项至第十项情形之一，未收回机动车驾驶证的，应当公告机动车驾驶证作废。

有本款第七项、第八项情形之一被注销机动车驾驶证未超过 2 年的，机动车驾驶人参加道路交通安全法律、法规和相关知识考试合格后，可以恢复驾驶资格。

第六十八条　持有大型客车、牵引车、城市公交车、中型客车、大型货车驾驶证的驾驶人有下列情形之一的，车辆管理所应当注销其最高准驾车型驾驶资格，并通知机动车驾驶人在三十日内办理降级换证业务：

（1）发生交通事故造成人员死亡，承担同等以上责任，未构成犯罪的；

（2）在一个记分周期内有记满 12 分记录的；

（3）连续三个记分周期不参加审验的。

机动车驾驶人在规定时间内未办理降级换证业务的，车辆管理所应当公告注销的准驾车型驾驶资格作废。

第七十条　机动车驾驶人联系电话、联系地址等信息发生变化，以及持有大型客车、牵引车、城市公交车、中型客车、大型货车驾驶证的驾驶人从业单位等信息发生变化的，应当在信息变更后三十日内，向驾驶证核发地车辆管理所备案。

第七十一条　道路运输企业应当定期将聘用的机动车驾驶人向所在地公安机关交通管理部门备案，督促及时处理道路交通安全违法行为、交通事故和参加机动车驾驶证审验。

公安机关交通管理部门应当每月向辖区内交通运输主管部门、运输企业通报机动车驾驶人的道路交通违法行为、记分和交通事故等情况。

6. 有关法律责任的规定

在第六章法律责任中，对相关事项作了规定。

第八十条　机动车驾驶人有下列行为之一的，由公安机关交通管理部门处 200 元以上 500 元以下罚款：

（1）机动车驾驶证被依法扣押、扣留或者暂扣期间，采用隐瞒、欺骗手段补领机动车驾驶证的；

（2）机动车驾驶人身体条件发生变化不适合驾驶机动车，仍驾驶机动车的；

（3）逾期不参加审验仍驾驶机动车的。

有本款第一项、第二项规定情形之一的，由公安机关交通管理部门收回机动车驾驶证。

第八十一条　伪造、变造或者使用伪造、变造的机动车驾驶证的，由公安机关交通管理部门予以收缴，依法拘留，并处2 000元以上5 000元以下罚款；构成犯罪的，依法追究刑事责任。

第二节　营运车辆驾驶员安全操作规程与安全要求

营运汽车驾驶员是指通过相关部门培训、考核、审核合格取得相应机动车驾驶证和从业资格证，利用驾驶营运车辆从事道路货物运输或道路旅客运输而获取利益或报酬的机动车驾驶员称为营运驾驶员。根据营运性质的不同，营运汽车驾驶员分为道路货运驾驶员和道路旅客运输驾驶员。营运汽车驾驶员在驾驶汽车过程中，要严格遵守安全操作规程，安全操作规程是经过长期的工作实践而总结出的科学操作程序，只要严格按照安全操作规程工作，就不会发生安全事故或者减少事故。规程来源于血的事故和案例，只有自己熟练掌握技术技能，严格执行操作规程，才能真正由被动安全转为主动安全。

一、营运驾驶员相关安全要求

1. 营运驾驶员十大安全禁令

（1）禁止在酒后驾驶车辆，更不能醉酒驾驶；

（2）禁止在驾驶机动车时接打手机、吃东西、看电视等；

（3）禁止驾驶机动车不系安全带上路行驶；

（4）禁止超速、超载；

（5）禁止在车门、车厢没有关好时行车；

（6）禁止超越正在左转弯、掉头、超车的前车；

（7）禁止开车并线时突然猛转，应该提前打开示意灯；

（8）禁止在机动车驾驶室的前后窗范围内悬挂、放置妨碍驾驶人视线的物品；

（9）禁止下陡坡时熄火或者空挡滑行；

（10）禁止疲劳驾驶，连续驾驶机动车2 h须停车休息至少15 min。

2. 营运驾驶员安全驾驶基本要求

营运驾驶员要遵守道路交通安全法律、法规，按照操作规范安全驾驶、文明驾驶，并做到：

（1）出车前，对机动车的安全技术性能进行例行检查；

（2）不得驾驶安全设施不全或者机件不符合技术标准的机动车；

（3）驾驶车辆时，必须携带驾驶证、行驶证和保险证；

（4）执行公务车辆不得转交他人驾驶；

（5）不准驾驶未审验或审验不合格的车辆；

（6）严禁饮酒后驾驶车辆；

（7）严禁驾驶不符合装载规定的车辆、禁止超高、超宽；

（8）在患有妨碍安全行车的疾病时或服用镇静药物后不准驾驶车辆；

（9）严禁疲劳驾驶机动车辆；

（10）车门、车厢没有关好时，不准行车；

（11）驾驶车辆时不准赤脚、穿拖鞋、穿高跟鞋，戴耳机或耳塞，不得向车外抛物；

（12）不准在驾驶车辆时吸烟、饮食、闲谈或有其他妨碍安全行车的行为；

（13）在行车中，驾驶员和前排乘坐人员须系好安全带；

（14）未经领导同意，不准私自带学习、实习驾驶员跟车学习、实习；

（15）车辆必须按国家有关规定办理车辆保险；

（16）起步前要注意观察车辆四周和车下面有无障碍物，车门是否关闭，仪表是否正常，后方有无来车；

（17）高速公路上行车，必须遵守高速公路行车相关规定；

（18）下坡严禁脱挡滑行，下长坡要防止制动鼓过热（气制动车辆制动气压不得低于 5 kgf/cm^2）；使用真空制动的车辆严禁熄火或脱挡滑行；

（19）转弯做到“四件事”，即减速、鸣号、靠右行、随时准备停车；

（20）会车、让车做到“礼让三先”，即先让、先慢、先停；不得强行超车；

（21）行车中做到礼貌行车，“宁停勿绕”“宁停三分不抢一秒”，危险路段不得冒险通过；

（22）通过铁路、交叉路口要做到“一慢、二看、三通过”，不得冒险强行；

（23）停车要选择道路宽阔，视线良好路段靠右停放，坡道停车垫好三角木，山区停车要注意防止意外事件发生；

（24）车辆途中发生故障时，要尽快将车辆移至安全、不妨碍交通的地段，并在车后设置警告标志或开危险信号灯，夜间还须开示宽灯、尾灯或设置明显标志；

（25）车辆维护修理要做到正确报修，随车进保，竣工验收，签字接车。

3. 机动车驾驶员道路交通安全违法行为

按照《机动车驾驶证申领和使用规定》第五十五条的规定：道路交通安全违法行为累积记分周期（即记分周期）为 12 个月，满分为 12 分，从机动车驾驶证初次领取之日起计算。依据道路交通安全违法行为的严重程度，一次记分的分值为：12 分、6 分、3 分、2 分、1 分五种。

（1）机动车驾驶员有下列违法行为之一，一次记 12 分：

1）驾驶与准驾车型不符的机动车的；

2）饮酒后驾驶机动车的；

3）驾驶营运客车（不包括公共汽车）、校车载人超过核定人数 20%以上的；

4）造成交通事故后逃逸，尚不构成犯罪的；

5）上道路行驶的机动车未悬挂机动车号牌的，或者故意遮挡、污损、不按规定安装机动车号牌的；

6）使用伪造、变造的机动车号牌、行驶证、驾驶证、校车标牌或者使用其他机动车号牌、行驶证的；

7）驾驶机动车在高速公路上倒车、逆行、穿越中央分隔带掉头的；

8）驾驶营运客车在高速公路车道内停车的；

9）驾驶中型以上载客载货汽车、校车、危险物品运输车辆在高速公路、城市快速路上行驶超过规定时速 20%以上或者在高速公路、城市快速路以外的道路上行驶超过规定时速 50%以上，以及驾驶其他机动车行驶超过规定时速 50%以上的；

10）连续驾驶中型以上载客汽车、危险物品运输车辆超过 4 h 未停车休息或者停车休息时间少于 20 min 的；

11）未取得校车驾驶资格驾驶校车的。

（2）机动车驾驶人有下列违法行为之一，一次记 6 分：

1）机动车驾驶证被暂扣期间驾驶机动车的；

2）驾驶机动车违反道路交通信号灯通行的；

3）驾驶营运客车（不包括公共汽车）、校车载人超过核定人数未达 20%的，或者驾驶其他载客汽车载人超过核定人数 20%以上的；

4）驾驶中型以上载客载货汽车、校车、危险物品运输车辆在高速公路、城市快速路上行驶超过规定时速未达 20%的；

5）驾驶中型以上载客载货汽车、校车、危险物品运输车辆在高速公路、城市快速路以外的道路上行驶或者驾驶其他机动车行驶超过规定时速 20%以上未达到 50%的；

6）驾驶货车载物超过核定载质量 30%以上或者违反规定载客的；

7）驾驶营运客车以外的机动车在高速公路车道内停车的；

8）驾驶机动车在高速公路或者城市快速路上违法占用应急车道行驶的；

9）低能见度气象条件下，驾驶机动车在高速公路上不按规定行驶的；

10）驾驶机动车运载超限的不可解体的物品，未按指定的时间、路线、速度行驶或者未悬挂明显标志的；

11）驾驶机动车载运爆炸物品、易燃易爆化学物品及剧毒、放射性等危险物品，未按指定的时间、路线、速度行驶或者未悬挂警示标志并采取必要的安全措施的；

12）以隐瞒、欺骗手段补领机动车驾驶证的；

13）连续驾驶中型以上载客汽车、危险物品运输车辆以外的机动车超过 4 h 未停车休息或者停车休息时间少于 20 min 的；

14）驾驶机动车不按照规定避让校车的。

（3）机动车驾驶人有下列违法行为之一，一次记 3 分：

1）驾驶营运客车（不包括公共汽车）、校车以外的载客汽车载人超过核定人数未达 20%的；

2）驾驶中型以上载客载货汽车、危险物品运输车辆在高速公路、城市快速路以外的道路上行驶或者驾驶其他机动车行驶超过规定时速未达 20%的；

3）驾驶货车载物超过核定载质量未达 30%的；

4）驾驶机动车在高速公路上行驶低于规定最低时速的；

5）驾驶禁止驶入高速公路的机动车驶入高速公路的；

6）驾驶机动车在高速公路或者城市快速路上不按规定车道行驶的；

7）驾驶机动车行经人行横道，不按规定减速、停车、避让行人的；

8）驾驶机动车违反禁令标志、禁止标线指示的；

9）驾驶机动车不按规定超车、让行的，或者逆向行驶的；

10）驾驶机动车违反规定牵引挂车的；

11）在道路上车辆发生故障、事故停车后，不按规定使用灯光和设置警告标志的；

12）上道路行驶的机动车未按规定定期进行安全技术检验的。

（4）机动车驾驶人有下列违法行为之一，一次记 2 分：

1）驾驶机动车行经交叉路口不按规定行车或者停车的；

2）驾驶机动车有拨打、接听手持电话等妨碍安全驾驶的行为的；

3）驾驶二轮摩托车，不戴安全头盔的；

4）驾驶机动车在高速公路或者城市快速路上行驶时，驾驶人未按规定系安全带的；

5）驾驶机动车遇前方机动车停车排队或者缓慢行驶时，借道超车或者占用对面车道、穿插等候车辆的；

6）不按照规定为校车配备安全设备，或者不按照规定对校车进行安全维护的；

7）驾驶校车运载学生，不按照规定放置校车标牌、开启校车标志灯，或者不按照经审核确定的线路行驶的；

8）校车上下学生，不按照规定在校车停靠站点停靠的；

9）校车未运载学生上道路行驶，使用校车标牌、校车标志灯和停车指示标志的；

10）驾驶校车上道路行驶前，未对校车车况是否符合安全技术要求进行检查，或者驾驶存在安全隐患的校车上道路行驶的；

11）在校车载有学生时给车辆加油，或者在校车发动机引擎熄灭前离开驾驶座位的。

（5）机动车驾驶员有下列违法行为之一，一次记1分：

1）驾驶机动车不按规定使用灯光的；

2）驾驶机动车不按规定会车的；

3）驾驶机动车载货长度、宽度、高度超过规定的；

4）上道路行驶的机动车未放置检验合格标志、保险标志，未随车携带行驶证、机动车驾驶证的。

二、营运驾驶员安全操作规程与安全要求

1. 驾驶员安全操作职责

（1）认真学习并自觉遵守国家道路交通安全法律、法规的规定及本企业的各项安全规章制度，按照操作规范安全驾驶，文明驾驶，依法经营。

（2）严格执行“安全第一、预防为主”的方针，树立强烈的安全行车意识和驾驶员责任感，积极参加安全技术培训和各项安全活动，不断提高安全、业务和机械知识，养成良好的驾驶作风和守法习惯。

（3）认真钻研业务，精心保管和爱护车辆，熟悉车辆的安全技术性能，掌握车辆的常规维护、修理技能，确保车辆的转向、制动、灯光等综合安全技术状况良好和各项安全设施齐备有效。

（4）严格执行出车前、行驶中、收车后的“三检”制度和例保制度，自觉配合车站安全门检工作，不得驾驶安全设施不全或者机件不符合技术标准等具有安全隐患的车辆，确保行车安全。

（5）饮酒、服用国家管制的精神药品或者麻醉药品，或者患有妨碍安全驾驶车辆的疾病，或者过度疲劳影响安全驾驶的，不得驾驶车辆。

（6）按驾驶证、从业资格证载明的准驾车型驾驶车辆，出车携带好各种证件，认真执行运行作业计划，按调度规定线路、时间正点运行，严格遵守运输纪律，服从交警、运管和车站管理，安全、优质、低耗地完成运输任务。

（7）行车前检查行包、货物是否装捆牢固，载客量、载质量及货物长、宽、高是否符合规定；注意装载物品安全，严禁超载及客货混装，严禁旅客携带危险品上车。

（8）车辆在任何情况下起步必须先关好车门，站内起步须服从站务人员指挥，无站点起步前须仔细观察车辆周围情况，确认安全后方可起步，车未停稳严禁上下客。

（9）以人为本，旅客至上，文明服务，热情待客，遇有危急病人和伤员，应救死扶伤，全力相助。为保护企业和旅客、货主的合法权益，在确保安全的前提下，敢于同违法犯罪行为作斗争，见义勇为，弘扬正气。

(10) 发生较大交通事故时，必须保护好现场，积极抢救伤者和财产，按规定放置警告标志，并迅速向当地交警部门、车属单位（车主）报告，主动配合有关部门做好事故的调查和处理。

2. 车辆日常维护操作要求

日常维护是日常性作业，由驾驶员操作执行，其中心内容是清洁、补给和安全检视。车辆日常维护分出车前、行车中、收车后三个阶段操作，并特别注意轮胎的使用。

(1) 出车前，对汽车各部润滑油（脂）、燃料、冷却液、制动液及液压油等各种工作介质和轮胎气压等进行检查补给，保证行车前车辆油液充足、清洁和性能良好，保证轮胎气压符合要求，对车辆制动、转向、传动、悬架、灯光信号等部位和装置以及发动机运转状态进行检查、校紧，确保连接装置牢固可靠。

(2) 行车中，在中途休息时，重点检查轮胎气压、表面磨损和车辆花纹间有无镶嵌物并剔除；天气炎热时应检查车轮轮毂温度，若温度过高，应将车停在阴凉通风处自然降温；察看仪表灯光工作是否正常；带挂车的要检查挂车连接装置；检查货物的捆扎牢固情况。

(3) 行车后，对车辆进行清洁，保持车容和发动机外表整洁；对车辆进行检查，记录车辆行驶的情况。如有故障，应详细记录车辆故障状况，为车辆维修提供资料。

(4) 轮胎使用必须保证无任何可能导致对人或路面造成损害的缺陷。严禁使用不相匹配的轮胎。严禁使用轮胎气压不足、轮胎出现破裂或局部破裂而引起的结块与撕裂或凸出、轮胎的帘布层或帘布线的任何部分裸裂、轮胎的帘布层中有开裂或有大于 25 mm 或大于轮胎剖面宽度 10%的开口及轮胎胎面花纹深度低于 1 mm 等情形。

3. 车辆行驶时的安全操作

(1) 车辆在道路同方向行驶时的操作。在道路同方向划有 2 条以上机动车道的，左侧为快速车道，右侧为慢车道。在快速车道的车辆应当按照快速车道的速度行驶，未达到快速车道规定行驶速度的，应当在慢速车道行驶。有交通标志标明行驶速度的，按照标明的行驶速度行驶。慢速车道内的车辆超过前车时，可以借用快速车道行驶。在道路同方向划有 2 条以上机动车道的，变更车道的车辆不得影响相关车道内正常行驶的车辆。

(2) 车辆在道路上行驶速度的操作。车辆在道路上行驶不得超过限速标志、标线标明的速度。在没有限速标志、标线的道路上，车辆不得超过下列最高行驶速度：

1）没有道路中心线的道路、城市道路每小时 30 km，公路为每小时 40 km；

2）同方向只有 1 条机动车道的道路，城市道路为每小时 50 km，公路为每小时 70 km。

(3) 车辆行驶速度不得超过每小时 30 km 的操作。车辆行驶中遇有下列情形之一的，最高行驶速度不得超过每小时 30 km：

1）进出非机动车道，通过铁路道口、急弯路、窄路、窄桥时；

2）掉头、转弯、下坡时；

3）遇雾、雨、雪、沙尘、冰雹、能见度在 50 m 以内时；

4）牵引发生故障的机动车时。

（4）车辆超车时的操作。同车道行驶的车辆，应当与前车保持足以采取紧急制动措施的安全距离。有下列情况之一的，不得超车：

1）前车正在左转弯、掉头、超车的；

2）与对面来车有会车可能的；

3）前车为执行紧急任务的警车、消防车、救护车、工程抢险车的；

4）行经铁路道口、交叉路口、窄桥、弯桥、弯道、陡坡、隧道、人行横道、交通流量大的路段等没有超车条件的。

车辆超车时，应当提前开启左转向灯、变换使用远、近灯或者鸣喇叭。在没有道路中心线或者同方向只有1条机动车道的道路上，前车遇后车发出超车信号时，在条件许可的情况下，应降低速度、靠右让路。后车应当在确认有充足的安全距离后，从前车的左侧超越，在与被超车辆拉开必要的安全距离后，开启右转向灯，驶回原车道。

（5）车辆遇相对方向来车时的操作。在没有中心隔离设施或者没有中心线的道路上，车辆遇相对方向来车时应当遵守下列规定：

1）减速靠右行驶，并与其他车辆、行人保持必要的安全距离；

2）在有障碍的路段，无障碍的一方先行；但有障碍的一方已驶入障碍路段而无障碍的一方未驶入时，有障碍的一方先行；

3）在狭窄的坡路，上坡的一方先行；但下坡的一方已行至中途而上坡的一方未上坡时，下坡的一方先行；

4）在狭窄的山路，不靠山体的一方先行；

5）夜间会车应当在距相对方向来车150 m以外改用近光灯，在窄路、窄桥与非机动车会车应使用近光灯。

（6）车辆掉头、左转弯时的操作。车辆掉头、左转弯时，应当按照下列规定操作：

1）车辆在有禁止掉头或者禁止左转弯标志、标线的地点以及在铁路道口、人行横道、桥梁急转弯、陡坡、隧道或者容易发生危险的路段，不得掉头。

2）车辆在没有禁止掉头或者没有禁止左转弯标志、标线的地方可以掉头，但不得妨碍正常行驶的其他车辆和行人的通行。

（7）车辆倒车时的操作。车辆倒车时，应当察明车后情况，确认安全后倒车。不得在铁路道口、交叉路口、单行路、桥梁、急弯、陡坡或者隧道中倒车。

（8）车辆通过有交通信号灯控制的交叉路口时的操作。车辆通过有交通信号灯控制的交叉路口，应当按照下列规定行驶：

1）在划有导向车道的路口，按所需行进方向驶入导向车道；

2）准备进入环形路口的让已在路口内的机动车先行；

3）向左转弯时靠路口中心点左侧转弯，转弯时开启转向灯，夜间行驶开启近光灯；

4）遇放行信号时，依次通过；

5）遇停止信号时，依次停在停止线以外。没有停止线的，停在路口以外；

6）向右转弯遇有同车道前正在等候放行信号时，依次停车等候；

7）在没有方向指示信号灯的交叉路口，转弯的机动车让直行的车辆、行人先行。相对方向行驶的右转弯机动车让左边转弯车辆先行。

（9）车辆通过没有交通信号灯控制的交叉路口时的操作。车辆通过没有交通信号灯控制也没有交通警察指挥的交叉路口，除应当遵守相关规定外，还应当遵守下列规定：

1）有交通标志、标线控制的，让优先通行的一方先行；

2）没有交通标志、标线控制的，在进入路口前停车瞭望，让右方道路的来车先行；

3）转弯的机动车让直行的车辆先行；

4）相对方向行驶的右转弯的机动车让左转弯的车辆先行。

（10）车辆遇有前方交通堵塞时的操作：

1）车辆遇有前方交叉路口交通堵塞时，应当依次停在路口以外等候，不得进入路口。

2）车辆在遇有前方机动车停车排队等候或者缓慢行驶时，应当依次排队，不得从前方车辆两侧穿插或者超越行驶，不得在人行横道、网状线区域内停车等候。

3）车辆在车道减少的路口、路段，遇有前方机动车停车排队等候或者缓慢行驶，应当每车道一辆依次交替驶入车道减少后的路口、路段。

4. 车辆装载及牵引时的操作

（1）车辆载物的规定。车辆载物不得超过行驶核定的载质量，装载长度、宽度不得超出车厢，并应当遵守下列规定：

1）重型、中型载货汽车，半挂车载物，高度以从地面起不得超过 4 m，载运集装箱的车辆不得超过 4.2 m；

2）其他载货的机动车载物，高度从地面起不得超过 2.5 m；

3）载客汽车除车身外部的行李架和内置的行李箱外，不得载货。载客汽车行李架载货，从车顶起高度不得超过 0.5 m，从地面起高度不得超过 4 m。

（2）车辆载人的规定。车辆载人应当遵守下列规定：

1）公路载客汽车不得超过核定的载客人数，但按照规定免票的儿童除外。在载客人数已满的情况下，按照规定免票的儿童不得超过核定载客人数的 10%；

2）载货汽车车厢内不得载客。在城市道路上，货运机动车在留有安全位置的情况下，车厢内可以附载临时作业人员 1～5 人；载物高度超过车厢挡板时，货物上不得载人。

（3）机动车牵引挂车的规定。机动车牵引挂应符合下列规定：

1）载货汽车、半挂牵引车、拖拉机只允许牵引 1 辆挂车，挂车的灯车信号、制动、连接、安全防护等装置应当符合国家标准；

2）小型载客汽车只允许牵引旅居挂车或总量 700 kg 以下的挂车，挂车不得载人；

3）载货汽车所牵引挂车的载质量不得超过载货汽车本身的载质量，大型、中型载客汽车、低速载货汽车、三轮汽车以及其他机动车不得牵引挂车。

（4）牵引故障机动车的规定。牵引故障机动车应当遵守下列规定：

1）被牵引的机动车除驾驶员外不得载人，不得拖带挂车；

2）被牵引的机动车宽度不得大于牵引机动车的宽度；

3）使用软连接牵引装置时，牵引车与被牵引车之间的距离应当大于 4 m 小于 10 m；

4）对制动失效的被牵引车，应当使用硬连接牵引装置牵引；

5）牵引车和被牵引车应当开启危险报警闪光灯；

6）汽车吊车和轮式专用机械车不得牵引车辆；

7）转向或者照明、信号装置失效的故障机动车，应当使用专用清障车拖。

5. 车辆行驶及停车的操作

（1）车辆行驶时的安全规定。驾驶车辆不得有下列行为：

1）在车门、车厢没有关好时行车；

2）在车辆驾室的前后窗范围内悬挂、放置妨碍驾驶人视线的物品；

3）拨打、接听手持电话，观看电视等妨碍安全驾驶的行为；

4）下陡坡时熄火或者空挡溜行；

5）向道路上抛撒物品；

6）连续驾驶车辆超过 4 h 未停车休息或停车休息时间少于 20 min。

（2）车辆停车的规定。车辆在道路上临时停车，应遵守下列规定：

1）在没有禁停标志、标线的路段，在机动车道与非机动车道、行人道之间没有隔离设施的路段以及人行横道、施工地段，不得停车；

2）交叉路口、铁路道口、急弯路、宽度不足 4 m 的窄路、桥梁、陡坡、隧道以及距离上述地点 50 m 以内的路段，不得停车；

3）公共汽车站、急救站、加油站、消火栓或消防队（站）门前以及距离上述地点 50 m 以内的路段，不得停车；

4）车辆停稳前不得开车门和上下人员，开关车门不得妨碍其他车辆和行人通行；

5）路边停车应当紧靠道路右侧，车辆驾驶员不得离车，上下人员或者装卸物品后，立即驶离；

6）城市公共汽车不得在站点以外的路段停车上下乘客。

（3）车辆行驶的其他规定：

1）车辆行经漫水路或漫水桥时，应当察明水情，确定安全后，低速通过。

2）车辆载运超限物品行经铁路道口的，应当按照当地铁道部门指定的铁路道口、时间通过。

3）车辆行经渡口，应当服从渡口管理人员指挥，按照指定地点依次渡。车辆上下渡船时，应当低速慢行。

4）在单位院内、居民居住区内，车辆应当低速行驶，避让行人；有限速标志的，按照限速标志行驶。

6. 车辆灯光使用时的操作

（1）车辆使用转向灯的安全规定车辆应当按照下列规定使用转向灯：

1）向左转弯、向左变更车道、准备超车、驶离停车地点或者掉头时，应当提前开启左转向灯；

2）向右转弯、向右变更车道、超车完毕驶回原车道、靠路边停车时，应当提前开启右转向灯。

（2）车辆在其他情况下使用灯光的安全规定：

1）车辆在夜间没有路灯、照明不良或者遇有雾、雨、雪、沙尘、冰雹等低能见度情况下行驶时，应当开启前照灯、示廓灯和前位灯，但同方向行驶的后车与前车近距离行驶时，不得使用远光灯。车辆雾天行驶应当开启雾灯和危险警闪光灯。

2）车辆在夜间通过急弯、陡坡、拱桥、人行横道或者没有交通信号灯控制的路口时，应当交替使用远近光灯示意。

3）车辆驶近急弯、坡道顶端等影响安全视距的路段以及超车或者遇有紧急情况时，应当减速慢行，并鸣喇叭示意。

4）车辆在道路上发生故障，需要停车排除故障时，驾驶员应当立即开启危险报警闪光灯，将车辆移至不妨碍交通的地方停放；难以移动的，应当持续开启危险报警闪光灯，并在来车主向一定距离设置警告牌等措施扩大示警距离。夜间还应当开启示廓灯和后位灯，必要时迅速报警。

5）车辆从匝道驶入高速公路，应当开启左转向灯，在不妨碍已在高速公路内的车辆正常行驶的情况下驶入车道。车辆驶离高速公路时，应当开启右转向灯，驶入减速车道，降低车速后驶离。

7. 高速公路行驶时的操作

（1）车辆在高速公路上通行的速度规定：

1）在高速公路上行驶的小型载客汽车最高车速不得超过每小时 120 km，其他车辆不得超过 100 km。

2）同方向有 2 条车道的，左侧车道的最低车速为每小时 100 km；同方向有 3 条以上车道的，最左侧车道的最低车速为每小时 110 km，中间车道的最低车速为每小时 90 km。道路限速标明的车速与上述车道的最低车速的规定不一致的，按照道路限速标志标明的车速行驶。

3）车辆在高速公路上行驶，车速超过每小时 100 km 时，应当与同车道前车保持 100 m 以上的距离，车速每小时在 100 km 以内时，与同车道前车距离可以适当缩短，但最小距离不得小于 50 m。

（2）车辆在高速公路遇有恶劣气候时的行驶规定车辆在高速公路上行驶，遇有雾、雨、雪、沙尘、冰雹等低能见度气象条件时，应当遵守下列规定：

1）能见度小于 200 m 时，开启雾灯、近光灯、示廓灯和前后位灯，车速不得超过每小时 60 km，与同车道前车保持 100 m 以上的距离；

2）能见度小于 100 m，开启雾灯、近光灯、示廓灯、前后位灯和危险报警闪光灯，车速不得超过每小时 40 km，与同车道前车保持 50 m 以上的距离；

3）能见度小于 50 m，开启雾灯、近光灯、示廓灯、前后位灯和危险报警闪光灯，车速不得超过每小时 20 km，并以最近的出口尽快驶离高速公路。

（3）车辆在高速公路上行驶的其他规定。车辆在高速公路上行驶，不得有下列行为：

1）倒车、逆行、穿越中央隔离带掉头或者车道内停车；

2）在匝道、加速车道或者减速车道上超车、停车；

3）骑、轧车道分界线行驶；

4）试车或者学习驾驶机动车；

5）在高速公路上行驶的载货汽车车厢不得载人；

6）车辆通过施工作业路段时，应当注意警示标志，减速行驶；

7）除遇障碍、发生故障等必须停车的情况外，不准随意停车、停车上下人员或者装卸货物；

8）除因停车驶入或者驶出紧急停车带和路肩外，不准在紧急停车带和路肩上行车。

8. 车辆在特殊条件下的操作

（1）通过桥梁时的操作

1）车辆通过桥梁时，应注意桥头附近交通标志，遵守其规定，且与前车保持一定的安全距离，降低行车速度；

2）遇到窄桥时，应尽量避免在桥头换挡、制动、会车和停车；

3）通过漫水桥、便桥、浮桥以及一些简易桥梁时，应当停车观察，确认安全后，在引导下低速通过。必须让车上所有乘员下车步行通过，避免发生意外事故；

4）通过有冰雹、泥泞的桥梁时，过桥前应对桥面情况进行勘查，必要时桥面铺垫一些防滑物品，而后选择桥面中间缓慢通过。

（2）通过隧道、涵洞时的操作

1）通过隧道、涵洞前，应观察交通标志和标线的规定，重点注意检查装载高度是否在规定的范围之内；

2）进入隧道、涵洞时，不要加速行驶；

3）通过双车道隧道时，应靠右行驶，注意用灯光与来车交会，稳速通过，切忌抢行；

4）在隧道、涵洞内不得随意停车。

（3）山区行驶时的操作

1）出车前和途中停车休息时，应认真检查车辆转向、制动、车轮和传动部分及装载物品的重心位置与捆绑情况。

2）根据需要随意备带易损零件、防雨、保湿和严寒起动所需的预热设备及充足的燃料和冷却液等，以供途中使用。

3）要随时注意制动器的工作状况。气压制动系的车辆要经常观察气压表读数；液压制动系的车辆要防止“气阻”，压踏板“软弱”时，则须停车检查。

4）下车时严禁发动机熄火或空挡滑行。

5）坡道上严禁停车。因故必须停车时，拉紧驻车制动器并将发动机熄火；上坡停车挂低速挡，下坡停车挂倒挡。需长期停车的须用三角木垫住车轮。

（4）冰路行驶时的操作

1）在一般结冰道路上行驶，须装上防滑链，平稳操作。会车时要选择安全地段，提前避让，必要时停车让行；会车不要太靠近；不可猛抬或急踩踏板，尽量利用发动机的牵阻作用减速。

2）在结冰的山路上行驶，要装防滑链，根据冰层厚度、坡度大小和坡路长短决定是否可以通行；上坡避免减挡，下坡时尽可能利用发动机的牵阻作用；下坡陡需用行车制动器控制车速时，应采取用间隙制动。

（5）雪路行驶的操作

1）道路两旁的树木、电杆等参照物判断行驶路线，握稳转向盘，尽量选择路中央或积雪较浅的地方慢行，如行车时间较长，要佩戴有色眼镜，以防雪光伤眼。

2）在弯路、坡道等危险地段行驶时，应侧重注意选择行驶路线，必要时可以停车勘察路况。如道路上已有车辙，应循车辙行驶；行驶中不可急转急回转向盘，以防偏出车辙而打滑或下陷。

3）在雪坡道行驶时，应提前换入低速挡，上坡中避免换挡；加速时不可过急，否则会导致车辆后溜，如车辆已后溜，应先使车辆后倒，然后停车再重新起步。起步时应缓慢，均匀踏下加速踏板，不可过急或断续加速。

4）行驶中应尽量利用发动机的牵阻作用控制车速。必须使用行车制动器时，应在不踏离合器踏板的情况下，间断轻踏制动踏板。

5）在雪路上遇对方来车，应选择比较安全的地方会车，必要时可在较宽的地段停车让行，然后再行驶。

6）严寒天气需长时间停放车辆，应选择无冰雪的路面停车，无上述条件时，可清除车轮下的冰雪，以免轮胎与地面冻结在一起。如车胎结冰，则须挖开轮胎周围冻结的冰雪和冰土再行驶，切勿强行起步，以免损伤轮胎和传动机件。

（6）热天气行驶时的操作

1）行驶中要注意防止发动机过热，随时注意水温表的读数。如温度过高，要选择阴凉处停车降温，或掀起发动机盖罩通风散热。

2）发动机过热并缺水时，应在发动机急速状态下加水，或一面打开散热器和发动机放水开关，一面向散热器徐徐加入冷却水换去热水降温。在开启散热器盖添加冷却水时，要防止烫伤。不得在发动机高温下熄火加注冷却水。

3）燃料供给系发生气阻时，应停车降温。

4）发现胎温、胎气压过高时，应选择阴凉处停车，让其自然恢复正常，不可采取放气或泼冷水的方法降温、降压。

5）要注意监视制动效能，谨防制动轮缸皮碗（液压制动）膨胀变形和制动液汽化造成制动失灵的故障。长下坡要注意途中停车，以自然降低制动器温度，保证制动效能良好。制动鼓温度过高时，切不可用冷水浇泼，以防制动鼓裂损。山区行车最好安装制动鼓滴水装置，以改善其散热条件。

6）蓄电池电解液由于炎热容易损耗，应定期检查，不足时加注蒸馏水。

9. 车辆行驶紧急情况时的操作

（1）车辆抛锚时的操作

1）如果遇上车辆抛锚，首先要保持镇定，不可惊慌。

2）尽可能将抛锚车辆移至道路或远离道路的右边允许停车的合适位置，如高速公路上，尽量设法将车辆离开高速公路。

3）离车后至少 100 m 的地方摆放三角危险警告牌，如在高速公路，距离则至少应是 150 m。若没有三角危险警告牌，可打开车子的后厢及发动机盖代替，并亮起危险报警闪光灯。

4）在夜间抛锚，必须将危险报警闪光灯放在车顶上，以向其他道路使用者示意。

5）为安全起见，不可让乘客留在车内或在车辆四周。若需留下帮忙，应站在距离来往车辆较远的一边，千万不要在道路上行走。

6）如果在隧道中抛锚，千万别置之不理，应该立即寻求支援。

7）在万不得已的情况下，不要将车辆停留在危险或阻塞交通的位置上。

（2）车辆爆胎时的操作

1）当轮胎发生爆胎时，不要慌忙，应沉着冷静，以防慌忙中向相反的方向急转转向盘或采取紧急制动，造成车辆成蛇形前进或者侧滑，否则就难免造成翻车或撞车的事故，而应迅速采取应急措施。

2）当已经察觉爆胎时，双手感觉所握方向盘迅速向爆胎的一侧急转，此时应尽力抵住转向盘的自行转动，极力控制车辆直线行驶，如果已经产生转向，不要硬性将转向盘转过来。

3）在控制住方向的情况下，轻踩制动踏板，绝不可过于紧张而采取紧急制动，应使车辆缓慢减速，待车速降到适当的时候，平稳地将车辆停住。

4）如果可能的话，将车辆逐渐停靠到路的右边更妥。

（3）车辆行车制动失灵时的操作

1）在低速行驶的情况下，反复踏制动器的踏板，制动力可能会恢复，慢慢拉紧驻车制动器操纵杆，同时打开危险报警闪光灯，并鸣笛警示其他过往车辆。然后把车开到路旁，关闭发动机，送修理厂检修。

2）在高速行驶的情况下，迅速换至挡位，同时寻找安全的行驶路线，打开危险报警闪光灯，必要时利用路边的树木、栏杆等牢固的障碍物擦挂车体，使车辆减速，并迅速告知车内人员向车厢内部挤靠。

（4）更换轮胎时的操作

1）将车辆移至路边的安全地点；

2）打开危险报警闪光灯；

3）变速杆移至停泊挡的位置，并拉紧驻车制动器。距车后至少 100 m 的地方摆放危险警示标志。如果是在高速公路上，距离则至少应 150 m。

第三节　驾驶员素质评价与安全驾驶管理

道路运输企业在安全管理上有两个重点，一个是营运车辆，一个是从业人员。在从业人员中，驾驶人员又是重点。驾驶人员能否长期保持安全，与自身的安全素质有很大的关系。人的安全素质是安全生理素质、安全心理素质、安全知识与技能要求的总和，其内涵非常丰富，主要包括：安全意识、法制观念、安全技能知识、文化知识结构、心理应变能力、心理承受适应性能力和道德行为约束能力等。驾驶人员的素质主要包括：身体素质、心理素质、驾驶技能素质、职业道德素质和文化素质。在企业安全管理中，需要深入分析驾驶人员的安全素质，引导驾驶人员养成良好的安全驾驶习惯。

一、驾驶员的身体素质对行车安全的影响

机动车驾驶既费神又费力，对于营运驾驶员来讲并不是一件轻松的事情。因此，驾驶员必须有一个适应驾驶工作条件的健康身体和敏捷的反应速度，才能适应本职工作，在各种不同道路环境和气候条件下安全完成工作任务。否则，就有可能发生意外事故，造成不可估量的损失。

驾驶员的身体素质范围比较广泛，主要涉及以下内容：

1. 视觉机能对安全行车的影响

视觉机能是影响驾驶员最重要的感觉功能，在驾驶员行车过程中，80%以上的信息都

是通过视觉来获得的，只有具有良好的视觉特性，才能确保安全行车。视觉机能包括视力、视野、空间知觉、暗适应与明适应、色觉等。

（1）视力。视力指的是分辨遥远的物体或物体细微部分的能力。视力包括静视力、动视力和夜视力。

静视力是指在人与观察对象都处于静止状态时所检测的视力。这是驾驶员对外进行观察的基础，可以说如果没有良好的静视力，就不能看清道路情况，很容易造成误操作，引发事故。公安部 2012 年颁布的《机动车驾驶证申领和使用规定》要求，申请大型客车、牵引车、城市公交车、中型客车、大型货车、无轨电车或者有轨电车准驾车型的，两眼裸视力或者矫正视力达到对数视力表 5.0 以上。申请其他准驾车型的，两眼裸视力或者矫正视力达到对数视力表 4.9 以上。

动视力是指人与观察对象有相对运动时检测的视力。驾驶员在驾驶车辆过程中的视力为动视力。研究表明，人的动视力会随车速的变化而发生变化，一般动视力比静视力低 10%～20%，特殊情况下低 30%～40%。因此，相距一定距离时，在低速下能看清的交通标志，在高速下就不一定能看清楚。人们常说：十次车祸九次快，指的就是车辆在高速行驶时，不容易看清楚前方事物，也不容易判断突发情况，因而导致事故。故此，驾驶员在行驶过程中，应当有意识地控制车速，以防事故的发生。

夜视力即夜间视力，是指驾驶员在夜间黑暗情况下所表现出的视力。由于视力与光照强度关系密切，即视力随光照强度的加大而增强，由于夜晚照度低下而引起的视力下降叫作夜近视。

夜间由于光照不足，驾驶员很难看清和预见道路上的各种情况，因此夜间行车比白天危险得多。研究发现，尽管夜晚行人稀少，车辆密度小，但事故率很高（占 50%以上）。影响夜视力的因素，除光照强度外，物体的对比度和颜色对夜视力也有一定的影响。一般来说，亮度大、对比度大的物体容易辨认，对不同的颜色，辨认的难易程度也不同。实验结果表明，在没有路灯仅靠汽车近光灯的情况下，一个身穿白色衣服的行人，当他距车 82.5 m 时，驾驶员就可以看到白色物体；距车 42.9 m 时，能断定是一个人；距车 19 m 时，则可看清行人的移动方向。若是穿黑色衣服的行人，则上述数据分别为 42.8 m、18.8 m 和 9.6 m。可见，夜间行人着装的颜色对驾驶员视力的影响是很大的。

（2）视野。视野是指人眼固定地注视某一点或某一片区域时所能看见的空间范围，即通过眼睛所能看到的事物。视野范围内的视力称为周边视力，这是中央窝以外视网膜的功能。一般正常人单眼视野范围上侧约 60°，下侧约 70°，内侧约 60°，外侧约 90°。双眼水平综合视野可达 180°。另外，视野还与物体的色彩有关，其从大到小依次为白、蓝、红、绿。

周边视力对驾驶员来说是很重要的，它可使驾驶员发现那些需要仔细观察的目标，如：从视线盲区驶出的车辆，突然跑到路上的儿童等。如果驾驶员周边视力差（视野狭小）或损伤，就看不清道路环境的全面情况，难以发现突然发生的变化，从而影响安全行车。有些人的视野范围比正常人小，有严重缺陷的人甚至只能看到两眼正前方的物体，像隧道一样，这种人的视觉称为“隧道视觉”。驾驶员的视野范围要有一定的广度，有“隧道视觉”的人是不宜担任驾驶任务的。

在行车过程中，人的视野并不是一成不变的，随着汽车行驶速度的提高，驾驶员视野会逐渐变窄，从而无法看清道路两侧近处的景物。正因为如此，车辆在长直线路段上行驶时，驾驶员应主动控制车速并适当变动注视点，避免由于眼睛疲劳诱发交通事故。

（3）视力适应。人的眼睛具有很强的适应能力，既能够适应黑暗的情况，也能适应明亮的情况。例如，人由光亮的地方突然进入黑暗的地方，开始时看不清东西，经过一段时间后，视力才逐渐恢复，变得能够识别黑暗中的物体，这个过程叫作暗适应。反之，由黑暗的地方进入明亮的地方，也需要经过一段时间视觉才能恢复，这个过程叫作明适应。

在暗适应过程中，由于眼睛瞳孔有个放大过程，使进入眼球的光线增加 10～20 倍，同时视网膜上也有一个化学物质变化过程，所以暗适应需要的时间较长，通常需要 5～150 min，完全适应需要 30～40 min。因此，夜晚驾驶员在没有路灯的公路上会车时，双方突然关掉前照灯，以及白天突然进入没有照明的隧道时，都会有个暗适应过程，这时要特别注意行车安全。

（4）空间知觉与立体视力。空间知觉是指人对物体的形状、大小、远近、方位等特性的知觉。空间知觉是由人的多种感官，如视觉、听觉等相互作用而形成的，其中视觉中的立体视力尤为重要。例如，人对距离的知觉，则主要是依靠视觉系统提供的信息完成的。双眼视差是驾驶员知觉立体物体和物体前后距离的重要信息。一般双眼视力正常的人都具有正常的距离知觉，只有极少数人距离知觉能力很弱，甚至缺乏距离知觉，这种人被称之为“立体视盲”。患有立体视盲的驾驶员，难以估计交通环境中各种车辆、行人、物体的形状、大小和距离，因而容易发生交通事故。以超车为例，如果驾驶员是立体视盲，无法了解被超车辆的大小和距离，对迎面来车的远近又无法估计，自然无法掌握超车时机。一旦超车，难免发生剐蹭或相撞事故。因此，立体视盲是一种比色盲、夜盲更有害的眼病。据统计，我国有一千多万人是立体视盲，立体视觉异常者高达 30%。研究表明，患立体视盲的驾驶员事故率明显高于立体视觉正常的驾驶员。

（5）错觉。错觉是指在特定条件下产生的对客观事物的歪曲知觉。错觉又叫错误知觉，是指不符合客观实际的知觉，包括几何图形错觉、时间错觉、运动错觉、空间错觉等。例如，在景观无变化、单调的长直线路段上行车，驾驶员感到枯燥，行驶同样距离的时间显得长一些，相反，若道路线形优美，两侧风景秀丽，则驾驶员对行车时间感觉短一些。

对于驾驶员来讲，在驾车过程中最常见的错觉为弯道错觉和坡道错觉。当道路中心线的偏角较小时，如果在该处设置了平曲线，则会由于驾驶员的视觉特性，使得曲线看起来比实际长度小一些，从而产生公路为急转弯的错觉。另外，当驾驶员行经凹形路段时，位于下坡段看对面的上坡段，会感觉上坡段的坡度比实际坡度要大，从而易导致在下坡路段上行车时，驾驶员觉察不出自己是在下坡。在实际驾驶过程中，有一些错觉经过较长时间会慢慢改正，不再形成错觉，而有一些错觉则会重复出现，不易克服。无论能否克服，驾驶员都应该知道这种客观现象的存在，在具体行车过程中有意识地去避免。

2. 年龄与安全行车的关系

人在不同的年龄适宜不同的工作，就机动车驾驶员来讲，年龄偏大，则不适于机动车驾驶。相关研究表明，35 岁以下和 55 岁以上驾驶员的道路交通事故发生率较高。

30 岁以下的驾驶员称为青年驾驶员，他们精力充沛，思维敏捷，是人生的黄金时期。在这个年龄段里，对行车安全影响最大的是婚姻和家庭。未婚青年年龄大多在 25 岁以下，其情绪的不稳定除与家庭束缚、工作压力、对未来前途的彷徨等有关外，最主要的原因是由于性成熟出现的选择配偶的需要继之而产生的一系列反应。如行车中不自觉地观看行走的异性青年；初恋的神秘、热恋的甜蜜极大地冲击着他们的心理，迫使他们不时思索和品味。更有甚者，恋爱进展顺利，则喜上眉梢；如果失恋，则整天愁眉不展，甚至狂躁不安。这些都会在驾驶过程中分散驾驶员的注意力和精力，尤其失恋后的情绪波动，很容易使驾驶员开“赌气车”，借以消气。这些都对安全驾驶极为不利。另外，青年人的精神和运动机能处于急速发展期，对社会和自然的认识尚未成熟，驾驶经验也不足，也会影响安全行车。据调查发现，20 岁以下驾驶员的事故率占同龄驾驶员人数的 65%，21～30 岁驾驶员的事故率也在 50%以上。

在青年驾驶员中，已婚驾驶员大多经济上渐趋独立，个人解决问题的能力提高，心理状态趋向稳定。但已婚青年驾驶员，甜蜜的爱情生活，导致了他们不愿执行长途运输任务，出车时盼望早些回家，从而造成开快车的现象，这样也容易发生事故。所以说，青年人的心理状态不容忽视，要加强教育和管理，以提高他们的安全驾驶水平。

对于 55 岁以上的老驾驶员，虽然其心理机能比较稳定，驾驶技能也比较娴熟，但由于随着年龄的增长，生理机能逐渐发生变化，其身体机能处于较低水平，特别是在操作能力及反应敏捷性等方面与年轻人相比有较大下降，所以增加了发生道路交通事故的危险。

3. 性别对安全行车的影响

随着社会的发展，女性驾驶员日渐增多，就机动车驾驶而言，女性驾驶员与男性驾驶员一样，但由于男女在生理诸方面存在着差异，使得性别因素对安全驾驶有着不同的影响。

男女的性别差别，主要体现在这样几个方面：

（1）女性身高一般不及男性，在驾驶室中位置低，视野小，对行车安全不利。

（2）女性体力（如手的握力、脚的蹬力及耐久力等）不如男性，对驾驶操作不利。

（3）女性的某些生理状况不利于安全行车。如经期反应带来的疲倦、烦躁不安、头晕；妊娠期头晕、恶心、食欲减退等不良反应；怀孕中后期体形变化，动作迟缓等，给驾驶操作带来不便；更年期头痛、失眠、心情烦躁等，也有碍行车安全。

总的来说，由于身体条件的不同，男性驾驶汽车比女性优越。但是，一般来讲，通常女性驾驶员安全意识比男性强，且开车小心谨慎，耐心细致，这些都是一般男性驾驶员不及的长处。正是这些长处，女性适合于在城市担任公共汽车或出租车驾驶员，或跑短途运输；而其不如男性的特征，决定了女性不适于长途运输。

4. 疲劳对安全行车的影响

疲劳包括精神疲劳和身体疲劳两种，这是所有人都会感觉到的。从生理上讲，疲劳是一种主观不适感觉，在同等条件下会失去其完成原来所从事的正常活动或工作能力。驾驶员的驾驶疲劳，主要是指由于驾驶作业所引起的身体上、心理上的疲劳。

驾驶员长时间开车就会发生驾驶疲劳现象。疲劳使驾驶员观察判断能力下降，反应迟钝，注意力不集中，操作失误增多，严重时还会出现行车中打瞌睡现象，极易引起重大交通事故。统计资料表明，疲劳驾驶是交通死亡事故的主要原因之一。因疲劳驾驶所造成的交通事故，在交通事故总数中占有相当大的比例。

人处在不同的觉醒状态时，其意识水平、工作效率及诱发交通事故的危险性，有明显的区别。当驾驶员处于最佳觉醒水平时，意识就处于正常的清醒状态，注意力活跃，心理、生理及操作活动都处于积极状态。在这种状态下，驾驶员很少发生交通事故。如果处于疲劳状态，驾驶员就处于昏沉之中，反应迟钝、注意力不集中，驾驶效能下降；若是处于过度疲劳阶段，由于深度困倦打瞌睡，则驾驶员注意力丧失，很容易发生事故，这是一种极为危险的状态。

据研究，在一般情况下，驾驶员一天内开车时间超过 10 h，前一天睡眠不足 4.5 h，事故率必然比较高。因此，《道路交通安全法实施条例》规定，机动车驾驶员连续驾驶 4 h 的，必须停车休息。长途客运汽车驾驶员 24 h 内累计驾驶时间不超过 8 h；日间连续驾驶 4 h、夜间连续驾驶 2 h 的，必须停车休息，休息时间不少于 20 min。

5. 饮酒对安全行车的影响

饮酒对安全行车有非常不利的负面影响，酒后驾驶、醉酒驾驶，是一种极易引发道路交通事故的严重交通违法行为。在我国，许多道路交通事故，特别是一些重大交通事故，都是由驾驶员饮酒导致的。对于驾驶员来讲，不论酒量大小，只要饮用了含有酒精的酒水，包括白酒、啤酒或果酒等，血液中含有酒精成分均为饮酒。饮酒后，酒会对人的中枢神经起到麻醉抑制作用。相关资料显示，酒后驾车发生事故的比率为没有饮酒情况下的 16 倍，几率高达 27%。因此，世界各国都规定酒后严禁开车，违者将予以重罚。

归纳起来，酒后驾车的危害有以下五点：

（1）触觉能力降低。饮酒后驾车，因酒精的麻醉作用，人的手、脚的触觉较平时降低，往往无法正常控制加速踏板、制动踏板及转向盘。

（2）判断能力和操作能力降低。饮酒后，人对光、声刺激的反应时间延长，从而无法正确判断距离和速度。科学研究发现，饮酒者每 1 000 mL 血液中含酒精 50 mg 时，反应能力即有所下降，达到 100 mg 时，下降约 35%，达到 150 mg 时，下降 50%，并使人动作失调，手脚失控。驾驶员在没有饮酒的情况下行车，发现前方有危险情况时，从视觉感知到踩制动踏板动作之间的反应时间一般为 0.75 s。在饮酒后尚能驾车的情况下反应时间要减慢 2～3 倍，同速行驶下的制动距离也要相应延长，这大大增加了出事的可能性。

（3）视觉障碍。饮酒后会使视力暂时受损，视像不稳，辨色力下降，因此不能发现和正确领会交通信号、标志和标线。饮酒后，驾驶员视野还会大大减小，视像模糊，眼睛只盯着前方目标，对处于视野边缘的危险隐患难以发现。

（4）心理变态。饮酒后，在酒精的刺激下，人往往会过高估计自己，对周围人的劝告不予理睬，常常会做出力不从心的事。

（5）疲劳。饮酒后，由于酒精的麻醉作用，人特别容易困倦，甚至处于睡眠状态，这时驾驶员驾驶机动车会出现驾车行驶不规律、空间视觉差等疲劳驾驶行为。

二、驾驶员的心理素质对行车安全的影响

机动车驾驶员的心理素质与驾驶工作是息息相关的，心理素质主要包括注意、反应、情绪、性格四个方面，这些都随着人的生理素质、社会经历和实践活动的不同而有所差异。

1. 注意对安全驾驶的影响

注意是指人的心理活动对一定事物的指向和集中，正是由于这些指向和集中，人才能清晰地反映周围客观现实中存在的特定事物，忽略其他事物。驾驶员的注意是指在行车途中，驾驶员的心理活动有选择地指向和保持集中于与行车有关的车辆、行人、信号及路面状况等道路交通信息。

驾驶员在正常行驶过程中，应具有的主要注意品质如下：

（1）注意广度。注意广度又被称之为注意的范围，是指在同一时间内所能清楚掌握对象的数量。由于驾驶员时刻面临大量、复杂的道路交通信息，所以只有保持一定的注意广度，才能从中获取有效信息。因此，驾驶员必须通过对驾驶知识的不断学习和对注意对象的深入认识，以扩大注意广度，提高自己感知事物的能力。

（2）注意分配。在同时进行两种或多种活动时，把注意指向不同的对象，称为注意分配，如驾驶员在行车过程中，既要注意前方路面的情况，又要转动转向盘和控制加速踏板等。在行车过程中，驾驶员必须把注意有效分配在有关的道路交通信息上，才能做出及时反应。

（3）注意稳定。注意稳定是指注意能够长时间地保持在感受某种事物或从事某种活动上。不同的人对某一事物保持注意的时间存在个体差异，注意稳定性的好坏与人的主体状态有关，当人身体健康、精力充沛时，注意的稳定性就好，反之就差。由于其他刺激物的干扰或过于单调的刺激，都会引起驾驶员注意稳定性的下降，即注意分散。在行驶过程中，驾驶员需要在一定时间内把注意集中于一定的交通信息，注视和预测交通状态的发展，才能做出及时的反应，所以其注意品质必须具有一定的稳定性。

（4）注意的转移。注意的转移是指驾驶员能够积极有效地把注意从一种信息转移到另一种信息上，每次的注意转移都会带来注意的重新分配。如在行车过程中，驾驶员开始注意前方的交通状况，但当发现路侧有标志时，就会立即把注意转移到交通标志上去，以辨认标志的内容。只有合理地进行注意转移，驾驶员才能对各种信息做出正确的选择。

如果驾驶员的注意稳定性差，那么他就很难在一段时间内把注意力完全集中于当前的驾驶行为上，因而不能有效识别与安全有关的交通信息，特别容易导致交通事故发生。如果驾驶员在复杂的信息条件下注意力分配不当，不能把注意力有效地分配到当前的各个驾驶行为上，那么就会出现顾此失彼的现象，就会发生操作判断失误，往往会导致事故的发生。另外，驾驶员的注意持续时间对安全驾驶也有着重要影响，如果注意力保持的持续时间短，则易受外界因素干扰，注意力易分散，驾驶员的安全驾驶将得不到保障。

2. 反应对安全驾驶的影响

驾驶员的反应特性对安全驾驶有着重要影响，从大量的测试与事故统计分析来看，驾驶员的反应与交通事故的关系存在如下规律。

（1）反应时间长的人容易发生事故。反应时间长，往往错失采取措施的良机，容易酿成事故。紧急制动中反应慢就是这种情况。

（2）反应时间稳定性差的驾驶员容易发生事故。优秀驾驶员与事故多发驾驶员在反应时间稳定性上有着显著差异，而且反应时间稳定性与事故高发相关。根据统计，每个汽车驾驶员每天至少要遇到几次险情，如果在这些险情中反应迟钝，就有引发事故的可能。可见反应时间稳定性与安全行车关系很大。对于反应迟钝和反应时间不稳定的人，预防发生事故的办法只有一个，就是行车中与前车保持足够的距离。

（3）在复杂反应中错误反应多的人容易发生事故。其中的原因，一是错误反应多的人，大脑中枢识别判断功能差，这样就容易做出错误决策；二是错误反应多的人通常性格较为急躁，在没有判断清楚之前就采取行动，缺少正确观察和良好的习惯。

3. 情绪对安全驾驶的影响

通俗地讲，情绪是指人的喜、怒、哀、惊、恐、爱等心理变化。情绪常和心情、性格、脾气、目的等因素互相作用。正面情绪能够减少工作差错，负面情绪能够增加工作差错。

在积极的情绪状态下，驾驶员差错失误比较少，工作效率能够有效提高；而在消极的情绪状态下，驾驶员不但工作效率降低，而且因精神不振，反应迟钝，观察和思考的主动性降低，操作失误会增多，会对安全驾驶带来严重的不利因素。为了确保驾驶员的安全驾驶，运输企业要关注驾驶员的情绪变化，驾驶员本人也需要尽力控制和调节自己的情绪。对于运输企业来讲，如果发现驾驶员情绪严重低落，就应强制停止驾驶行为，确保行车安全。

驾驶员的情绪主要有三种行为表现。

（1）心境。心境是一种较弱的、平静而持久的情绪状态，是人在特别高兴或特别不愉快时的情感留下的遗波。驾驶员在良好的心境下，感知清晰，判断敏捷，操作准确；而在压抑、沮丧的心境下，会感到什么都不顺眼，可能会促使其强行超车，开斗气车等，容易导致事故。美国曾调查过 460 名离婚驾驶员的事故记录，发现离婚前 3 个月和离婚后 3 个月的违章、肇事次数要比其他人多得多，尤其离婚后的 3 个月更为明显。这都是与消极的心境分不开的。

（2）激情。激情是强烈而短促的情绪状态。这种情绪状态往往是由一个人生活中具有重要意义的事件引起的。驾驶员在激情状态下会难以自制，影响观察、判断和操作，所以容易发生事故。例如，在狭窄道路上意欲超车而前车占道不让时，就可能激起后车驾驶员的愤怒而出现激情。在这种激情状态下，后车驾驶员有可能不顾危险强行超车而导致事故发生。所以要教育驾驶员，遇事要慎重、平静，善于控制自己的情绪，避免激情爆发。

（3）应激状态。驾驶员在紧急情况下所表现出的行为状态称为应激状态。行车中遇到突如其来的情况（如行人突然从车前跑着横穿公路）或在十分危险的条件下，驾驶员利用过去的经验，必须迅速做出决定。此时紧急的情景，会使心率、血压发生显著改变，从而引起情绪的高度应激化和行动的积极化。在复杂的交通环境中，驾驶员在行车中要想完全避免遇到任何紧急情况几乎是不可能的。应该认识到，紧急情况毕竟离交通事故不远，成为事故的可能性很大。例如，有的驾驶员在紧急的危险状态下，会把加速踏板当作制动踏板猛踩下去，直到发生事故才“醒悟”过来。

4. 驾驶员性格与安全驾驶的关系

性格是指表现在人对现实的态度和相应的行为方式中的比较稳定的、具有核心意义的个性心理特征。性格主要体现在对自己、对别人、对事物的态度和所采取的言行上。不同性格的人，面对同样的事情，往往会采取不同的处置方式。一般来讲，驾驶员主要有三种性格。

（1）理智型。这种性格的驾驶员，能以理智来衡量和支配自己的行动，能正确对待交通情况，故此，行车中能够做到礼让，不强行通过，不采取冒险行动，遵守交通法规和安全操作规程。

（2）意志型。这种性格的驾驶员，有明确的行动目标，有自制力，行为坚决果断，很少受外界干扰。在驾驶行为上表现为遇事沉着冷静，处理情况不优柔寡断。

（3）情绪型。这种性格的驾驶员易受情绪支配，在驾驶行为上表现很不稳定，常有赌气、报复他人的表现。交通事故的发生，也与驾驶员的性格特征有一定的关系。通常，情绪不稳定、自我控制能力差，而且容易冲动的驾驶员，比较容易发生交通事故。

应该认识到，人的性格不是固定的，也不是单一的，在外界环境影响下具有可塑性，可以通过安全教育，促使驾驶员克服性格中的弱点，确保安全行车。

三、驾驶员其他素质对行车安全的影响

1. 驾驶员技术素质对行车安全的影响

素质是一个人在社会生活中思想与行为的具体表现。驾驶员的技术素质，包括驾驶技术和安全行车经验两个方面。据研究，因驾驶技术水平低造成的交通事故，占驾驶员原因导致交通事故总数的40%左右，其中主要为：对路况估计不足、跟车距离太近、车速过高、措施不当等。

驾驶技术又包括基本驾驶技术和特殊条件下的驾驶技术。基本驾驶技术是驾驶员完成驾驶任务，保证安全驾驶的必备条件。它包括两个方面的内容，安全行车知识和驾驶基本技能。安全行车知识主要包括车辆构造及使用性能，交通法规知识、复杂道路复杂气候条件下的安全驾驶、伤员急救及运输方面的知识。安全行车知识主要通过学习理论知识、先进经验获得。驾驶基本技能包括起步、停车、换挡、转向、掉头、倒车及如何控制车速、如何选择安全间距、如何超车、会车、跟车、通过路口等。只有掌握基本驾驶技能，驾驶员才能根据不同的交通情况，采取正确的驾驶操作。

驾驶员除应具备的基本驾驶技术之外，还应具备在复杂条件下和紧急情况下的驾驶技能。复杂条件下的驾驶，主要包括城市道路驾驶、山区道路驾驶、冰雪路面驾驶、雨雪雾天驾驶、夜间驾驶、泥泞与翻浆路面驾驶、拖挂牵引驾驶等。由于受到自然条件方面的限制，这些情况下的驾驶非常危险，需要驾驶员根据不同的具体情况，综合运用各方面的知识经验，采取不同的驾驶操作。

2. 驾驶员职业道德素质对行车安全的影响

职业道德是与人们的职业活动紧密联系的符合职业特点所要求的道德准则、道德情操与道德品质的总和。道路交通事故的发生，一般都是驾驶员违章造成的，但是驾驶员的职业道德水准对违章驾驶有着重要影响，与道路交通安全有着密切的关系。2010年，全国共发生交通事故219 521起，其中由机动车驾驶员违章驾驶导致的交通事故有199 934起，占总事故的91.08%，死亡人数占总数的92.02%。由此可知，驾驶员不讲职业道德也是交通安全的一大隐患。

驾驶员职业道德素质低，不仅会由于交通违章而引发事故，而且还会导致交通事故发生后的逃逸案频频发生，使受伤者错过了最佳的抢救时机，不但给受害者造成了巨大的心理、生理创伤，而且也败坏了“救死扶伤”的最基本的社会公德。

加强驾驶员的职业道德素质教育，消除驾驶员的各种不良行为，是保证安全行车的必要条件。道路运输企业应加强对驾驶员的职业道德素质教育，培养驾驶员树立良好的职业道德观念，做到谨慎驾驶、安全行车。与此同时，驾驶员也要自觉地增强职业道德意识，遵纪守法，以一种对自己、对家人、对企业、对社会负责的态度来安全驾驶，确保自己和他人的生命财产安全不受伤害。

3. 驾驶员文化程度对行车安全的影响

文化程度与人们认识问题、处理问题的能力有关联，文化程度的不同，往往会影响人们处理问题的方式。驾驶员对交通安全问题，不同文化程度的人安全态度是不一样的。有人曾经抽取合肥市 3 个运输公司的驾驶员，对文化程度与道路交通事故关系进行分析，发现文化程度越高，对安全越重视，越易于养成安全驾驶行为，发生事故的可能性就越低。反之，文化程度低则容易忽视安全，发生事故的可能性就比较高。

第四章　道路运输企业安全生产标准化建设

对于道路运输企业来讲，保证运输安全，防止事故的发生，是安全管理的目标。实施安全生产标准化建设，对实现这一目标有重要的推动作用。安全生产标准化建设是指：通过建立安全生产责任制，制定安全管理制度和操作规程，排查治理隐患和监控重大危险源，建立预防机制，规范生产行为，使各生产环节符合有关安全生产法律、法规和标准规范的要求，人、机、物、环境处于良好的生产状态，并持续改进，不断加强企业安全生产规范化建设。作为一种新的安全管理模式，安全生产标准化建设在许多不同行业的企业都取得了良好的效果。在道路运输企业实施安全生产标准化建设方面，同样会取得良好的成效。

第一节　道路运输企业安全生产标准化建设相关政策法规

开展安全生产标准化建设的目的，是为了企业建立自我约束、持续改进的安全生产长效机制，进一步明确和细化安全生产保证体系，提高企业本质安全水平，使企业的人、机、环境和谐统一。开展安全生产标准化工作，是预防事故的需要。许多事故的发生，与企业安全生产条件差，设备、设施安全保障能力低，安全管理松弛，员工违反操作规程和劳动纪律等方面有着密切联系。开展安全生产标准化建设，能够规范作业人员的安全行为，夯实安全管理基础，保障作业场所的安全条件，提高企业的安全保障能力，是从根本上预防生产安全事故的一项重要措施。

一、《加强企业安全生产规范化建设的指导意见》相关要点

2010 年 8 月 20 日，国家安全生产监督管理总局印发《关于进一步加强企业安全生产规范化建设严格落实企业安全生产主体责任的指导意见》（以下简称《指导意见》）（安监总办〔2010〕139 号），目的是认真贯彻落实《国务院关于进一步加强企业安全生产工作的通知》（国发〔2010〕23 号）精神，进一步加强企业安全生产规范化建设，严格落实企业安全

生产主体责任，提高企业安全生产管理水平，实现全国安全生产状况持续稳定好转的目标。《指导意见》的主要内容有：

1. 总体要求

深入贯彻落实科学发展观，坚持安全发展理念，指导督促企业完善安全生产责任体系，建立健全安全生产管理制度，加大安全基础投入，加强教育培训，推进企业全员、全过程、全方位安全管理，全面实施安全生产标准化，夯实安全生产基层基础工作，提升安全生产管理工作的规范化、科学化水平，有效遏制重、特大事故发生，为实现安全生产提供基础保障而努力。

2. 健全和完善责任体系

（1）落实企业法定代表人安全生产第一责任人的责任。法定代表人要依法确保安全投入、管理、装备、培训等措施落实到位，确保企业具备安全生产基本条件。

（2）明确企业各级管理人员的安全生产责任。企业分管安全生产的负责人协助主要负责人履行安全生产管理职责，其他负责人对各自分管业务范围内的安全生产负领导责任。企业安全生产管理机构及其人员对本单位安全生产实施综合管理；企业各级管理人员对分管业务范围的安全生产工作负责。

（3）健全企业安全生产责任体系。责任体系应涵盖本单位各部门、各层级和生产各环节，明确有关协作、合作单位责任，并签订安全责任书。要做好相关单位和各个环节安全管理责任的衔接，相互支持、互为保障，做到责任无盲区、管理无死角。

3. 健全和完善管理体系

（1）加强企业安全生产工作的组织领导。企业及其下属单位应建立安全生产委员会或安全生产领导小组，负责组织、研究、部署本单位安全生产工作，专题研究重大安全生产事项，制定、实施、加强和改进本单位安全生产工作的措施。

（2）依法设立安全管理机构并配齐专（兼）职安全生产管理人员。矿山、建筑施工单位和危险物品的生产、经营、储存单位及从业人员超过300人的企业，要设立安全生产管理专职机构或者配备专职安全生产管理人员。其他单位有条件的，应设立安全生产管理机构，或者配备专职或兼职的安全生产管理人员，或者委托注册安全工程师等具有相关专业技术资格的人员提供安全生产管理服务。

（3）提高企业安全生产标准化水平。企业要严格执行安全生产法律、法规和行业规程标准，按照《企业安全生产标准化基本规范》（AQ/T 9006—2010）的要求，加大安全生产标准化建设投入，积极组织开展岗位达标、专业达标和企业达标的建设活动，并持续巩固达标成果，实现全面达标、本质达标和动态达标的目标。

4. 健全和完善基本制度

（1）安全生产例会制度。建立班组班前会、周安全生产活动日，车间周安全生产调度会，企业月安全生产办公会、季安全生产形势分析会、年度安全生产工作会等例会制度，定期研究、分析、布置安全生产工作。

（2）安全生产例检制度。建立班组班前、班中、班后安全生产检查（即“一班三检”），重点对象和重点部位安全生产检查（即“点检”），作业区域安全生产巡查（即“巡检”），车间周安全生产检查、月安全生产大检查，企业月安全生产检查、季安全生产大检查、复工复产前安全生产大检查等例检制度，对各类检查的频次、重点、内容提出要求。

（3）岗位安全生产责任制。以企业负责人为重点，逐级建立企业管理人员、职能部门、车间班组、各工种的岗位安全生产责任制，明确企业各层级、各岗位的安全生产职责，形成涵盖全员、全过程、全方位的责任体系。

（4）领导干部和管理人员现场带班制度。企业主要负责人、领导班子成员和生产经营管理人员要认真执行现场带班的规定，认真制定本企业领导成员带班制度，立足现场安全管理，加强对重点部位、关键环节的检查巡视力度，及时发现和解决问题，并据实做好交接。

（5）安全技术操作规程。分专业、分工艺制定安全技术操作规程，并当生产条件发生变化时及时重新组织审查或修订。对实施作业许可证管理的动火作业、受限空间作业、爆破作业、临时用电作业、高空作业等危险性作业，要制定专项安全技术措施，并严格审批监督。企业员工应当熟知并严格执行安全技术操作规程。

（6）作业场所职业安全卫生健康管理制度。积极开展职业健康安全管理体系认证。依照国家有关法律、法规及规章标准，完善现场职业安全健康设施、设备和手段。为员工配备合格的职业安全卫生健康防护用品，督促员工正确佩戴和使用，并对接触有毒、有害物质的作业人员进行定期的健康检查。

（7）隐患排查治理制度。建立安全生产隐患全员排查、登记报告、分级治理、动态分析、整改销号制度。对排查出的隐患实施登记管理，按照分类分级治理原则，逐一落实整改方案、责任人员、整改资金、整改期限和应急预案。建立隐患整改评价制度，定期分析、评估隐患治理情况，不断完善隐患治理工作机制。建立隐患举报奖励制度，鼓励员工发现和举报事故隐患。

（8）安全生产责任考核制度。完善企业绩效工资制度，加大安全生产挂钩比重。建立以岗位安全绩效考核为重点，以落实岗位安全责任为主线，以杜绝岗位安全责任事故为目标的全员安全生产责任考核办法，加大安全生产责任在员工绩效工资、晋级、评先评优等考核中的权重，重大责任事项实行“一票否决”制。

（9）高危行业（领域）员工风险抵押金制度。根据各行业（领域）特点，推广企业内部全员安全风险抵押金制度，加大奖惩兑现力度，充分调动全员安全生产的积极性和主动性。

（10）民主管理监督制度。企业安全生产基本条件、安全生产目标、重大隐患治理、安全生产投入、安全生产形势等情况应以适当方式向员工公开，接受员工监督。充分发挥班组安全管理监督作用。

保障工会依法组织员工参加本单位安全生产工作的民主管理和民主监督，维护员工安全生产的合法权益。

（11）安全生产承诺制度。企业就遵守安全生产法律法规、执行安全生产规章制度、保证安全生产投入、持续具备安全生产条件等签订安全生产承诺书，向企业员工及社会做出公开承诺，自觉接受监督。同时，员工就履行岗位安全责任向企业做出承诺。

各类企业均要建立以上基本制度，同时要依照国家有关法律、法规及规章标准规定，结合本单位实际，建立、健全适合本单位特点的安全生产规章制度。

5. 加大安全投入

（1）及时、足额提取并切实管好、用好安全费用。煤矿、非煤矿山、建筑施工、危险化学品、烟花爆竹、道路交通运输等高危行业（领域）企业必须落实提取安全费用税前列支政策。其他行业（领域）的企业要根据本地区有关政策规定提足、用好安全费用。安全费用必须专项用于安全防护设备设施、应急救援器材装备、安全生产检查评价、事故隐患评估整改和监控、安全技能培训和应急演练等与安全生产直接相关的投入。

（2）确保安全设施投入。严格落实企业建设项目安全设施“三同时”制度，新建、改建、扩建工程项目的安全设施投资应纳入项目建设概算，安全设施与建设项目主体工程同时设计、同时施工、同时投入生产和使用。高危行业（领域）建设项目要依法进行安全评价。

（3）加大安全科技投入。坚持“科技兴安”战略。健全安全管理工作技术保障体系，强化企业技术管理机构的安全职能，按规定配备安全技术人员。切实落实企业负责人安全生产技术管理负责制，针对影响和制约本单位安全生产的技术问题开展科研攻关，鼓励员工进行技术革新，积极推广应用先进适用的新技术、新工艺、新装备和新材料，提高企业本质安全水平。

6. 加强安全教育培训

（1）强化企业人员素质培训。落实校企合作办学、对口单招、订单式培养等政策，大力培养企业专业技术人才。有条件的高危行业企业可通过兴办职业学校培养技术人才。结合本企业安全生产特点制订员工教育培训计划和实施方案，针对不同岗位人员落实培训时间、培训内容、培训机构、培训费用，提高员工安全生产素质。

（2）加强安全技能培训。企业安全生产管理人员必须按规定接受培训并取得相应资格证书。加强新进人员岗前培训工作，新员工上岗前、转岗员工换岗前要进行岗位操作技能培训，保证其具有本岗位安全操作、应急处置等知识和技能。特种作业人员必须取得特种作业操作资格证书方可上岗。

（3）强化风险防范教育。企业要推进安全生产法律、法规的宣传贯彻，做到安全宣传教育日常化。要及时分析和掌握安全生产工作的规律和特点，定期开展有关安全生产技术方法、事故案例及安全警示的教育，普及安全生产基本知识和风险防范知识，提高员工安全风险辨析与防范能力。

（4）深入开展安全文化建设。注重企业安全文化在安全生产工作中的作用，把先进的安全文化融入到企业管理思想、管理理念、管理模式和管理方法之中，努力建设安全诚信企业。

7. 加强重大危险源和重大隐患的监控预警

（1）实行重大隐患挂牌督办制度。企业应当实行重大隐患挂牌督办制度，并及时将重大隐患现状及其可能造成的危害和消除该隐患的治理方案报告企业所在地相关政府有关部门。对政府有关部门挂牌督办的重大隐患，企业应按要求报告治理进展、治理结果等情况，切实落实企业重大隐患整改责任。

（2）加强重大危险源监控。企业应建立重大危险源辨识登记、安全评估、报告备案、监控整改、应急救援等工作机制和管理办法。设立重大危险源警示标志，并将本单位重大危险源及有关管理措施、应急预案等信息报告有关部门，并向相关单位、人员和周边群众公告。

（3）利用科学的方法加强预警预报。企业应定期进行安全生产风险分析，积极利用先进的技术和方法建立安全生产监测监控系统，进行有效的实时动态预警。当重大危险源失控或重大安全隐患出现事故苗头时，应当立即预警预报，组织撤离人员，停止运行，加强监控，防止事故发生和事故损失扩大。

8. 加强应急管理，提高事故处置能力

（1）加强应急管理。要针对重大危险源和可能突发的生产安全事故组建相应的应急组织、应急队伍，制定相应的应急预案，管理应急资源，组织应急培训教育、应急演练，制定应急救援等方案和应急管理办法，并注重与社会应急组织体系相衔接。加强应急预案演练，及时分析和查找应急预案及其执行中存在的问题，并有针对性地予以修改完善，防止因撤离不及时或救援不适当造成的事故扩大。

（2）提高应急救援保障能力。煤矿、非煤矿山和危险化学品企业，应当依法建立专职或兼职人员组成的应急救援队伍；不具备单独建立专业应急救援队伍的小型企业，除建立兼职应急救援队伍外，还应当与邻近建有专业救援队伍的企业或单位签订救援协议，或者联合建立专业应急救援队伍。根据应急救援的需要储备一定数量的应急物资，为应急救援队伍配备必要的应急救援器材、设备和装备。

（3）做好事故报告和处置工作。事故发生后，要按照规定的报告时限、报告内容、报告方式、报告对象等要求，及时、完整、客观地报告事故，不得瞒报、漏报、谎报、迟报。发生事故企业的主要负责人必须坚守岗位，立即启动事故应急救援预案，采取措施，组织抢救，防止事故扩大，减少人员伤亡和财产损失。

（4）严肃事故调查处理。企业要认真组织或配合事故调查，妥善处理事故善后工作。对于事故调查报告提出的防范措施和整改意见，要认真吸取教训，按要求及时整改，并把落实情况及时报告有关部门。

二、国务院安委会《关于深入开展企业安全生产标准化建设的指导意见》相关要点

2011年5月3日，国务院安全生产委员会印发《关于深入开展企业安全生产标准化建设的指导意见》（安委〔2011〕4号，以下简称《指导意见》）。《指导意见》指出：为深入贯彻落实《国务院关于进一步加强企业安全生产工作的通知》（国发〔2010〕23号，以下简称《国务院通知》）和《国务院办公厅关于继续深化“安全生产年”活动的通知》（国办发〔2011〕11号，以下简称《国办通知》）精神，全面推进企业安全生产标准化建设，进一步规范企业安全生产行为，改善安全生产条件，强化安全基础管理，有效防范和坚决遏制重、特大事故发生，经报国务院领导同志同意，就深入开展企业安全生产标准化建设提出指导意见。

《指导意见》的主要内容如下：

1. 充分认识深入开展企业安全生产标准化建设的重要意义

（1）落实企业安全生产主体责任的必要途径。国家有关安全生产法律、法规和规定明确要求，要严格管理企业安全，全面开展安全达标。企业是安全生产的责任主体，也是安全生产标准化建设的主体，要通过加强企业每个岗位和环节的安全生产标准化建设，不断提高安全管理水平，促进企业安全生产主体责任落实到位。

（2）强化企业安全生产基础工作的长效制度。安全生产标准化建设涵盖了增强人员安全素质、提高装备设施水平、改善作业环境、强化岗位责任落实等各个方面，是一项长期的、基础性的系统工程，有利于全面促进企业提高安全生产保障水平。

（3）政府实施安全生产分类指导、分级监管的重要依据。实施安全生产标准化建设考评，将企业划分为不同等级，能够客观、真实地反映出各地区企业安全生产状况和不同安全生产水平的企业数量，为加强安全监管提供有效的基础数据。

（4）有效防范事故发生的重要手段。深入开展安全生产标准化建设，能够进一步规范从业人员的安全行为，提高机械化和信息化水平，促进现场各类隐患的排查治理，推进安全生产长效机制建设，有效防范和坚决遏制事故发生，促进全国安全生产状况持续稳定好转。

各地区、各有关部门和企业要把深入开展企业安全生产标准化建设的思想行动统一到《国务院通知》的规定要求上来，充分认识深入开展安全生产标准化建设对加强安全生产工作的重要意义，切实增强推动企业安全生产标准化建设的自觉性和主动性，确保取得实效。

2. 总体要求和目标任务

（1）总体要求。深入贯彻落实科学发展观，坚持“安全第一、预防为主、综合治理”的方针，牢固树立“以人为本、安全发展”的理念，全面落实《国务院通知》和《国办通知》精神，按照《企业安全生产标准化基本规范》（AQ/T9006—2010，以下简称《基本规范》）和相关规定，制定完善安全生产标准和制度规范。严格落实企业安全生产责任制，加强安全科学管理，实现企业安全管理的规范化。加强安全教育培训，强化安全意识、技术操作和防范技能，杜绝“三违”。加大安全投入，提高专业技术装备水平，深化隐患排查治理，改进现场作业条件。通过安全生产标准化建设，实现岗位达标、专业达标和企业达标，各行业（领域）企业的安全生产水平明显提高，安全管理和事故防范能力明显增强的目标。

（2）目标任务。在工矿商贸和交通运输行业（领域）深入开展安全生产标准化建设，重点突出煤矿、非煤矿山、交通运输、建筑施工、危险化学品、烟花爆竹、民用爆炸物品、冶金等行业（领域）。其中，煤矿要在2011年年底前，危险化学品、烟花爆竹企业要在2012年年底前，非煤矿山和冶金、机械等工贸行业（领域）规模以上企业要在2013年年底前，冶金、机械等工贸行业（领域）规模以下企业要在2015年前实现达标。要建立、健全各行业（领域）企业安全生产标准化评定标准和考评体系；进一步加强企业安全生产规范化管理，推进全员、全方位、全过程安全管理；加强安全生产科技装备，提高安全保障能力；严格把关，分行业（领域）开展达标考评验收；不断完善工作机制，将安全生产标准化建设纳入企业生产经营全过程，促进安全生产标准化建设的动态化、规范化和制度化，有效提高企业本质安全水平。

3. 实施方法

（1）打基础，建章立制。按照《基本规范》要求，将企业安全生产标准化等级规范为一、二、三级。各地区、各有关部门要分行业（领域）制定安全生产标准化建设实施方案，完善达标标准和考评办法。企业要从组织机构、安全投入、规章制度、教育培训、装备设施、现场管理、隐患排查治理、重大危险源监控、职业健康、应急管理，以及事故报告、绩效评定等方面，严格对应评定标准要求，建立、完善安全生产标准化建设实施方案。

（2）重建设，严加整改。企业要对照规定要求，深入开展自检自查，建立企业达标建设基础档案，加强动态管理，分类指导，严抓整改。对评为安全生产标准化一级的企业要重点抓巩固、二级企业着力抓提升、三级企业督促抓改进，对不达标的企业要限期抓整顿。各地区和有关部门要加强对安全生产标准化建设工作的指导和督促检查，对问题集中、整改难度大的企业，要组织专业技术人员进行“会诊”，提出具体办法和措施，集中力量，重点解决；要督促企业做到隐患排查治理的措施、责任、资金、时限和预案“五到位”，对存在重大隐患的企业，要责令停产整顿，并跟踪督办。对发生较大以上生产安全事故、存在非法违法生产经营建设行为、重大隐患限期整顿仍达不到安全要求，以及未按规定要求开展安全生产标准化建设且在规定限期内未及时整改的，取消其安全生产标准化达标参评资格。

（3）抓达标，严格考评。各地区、各有关部门要加强对企业安全生产标准化建设的督促检查，严格组织开展达标考评。对安全生产标准化一级企业的评审、公告、授牌等有关事项，由国家有关部门或授权单位组织实施；二级、三级企业的评审、公告、授牌等具体办法，由省级有关部门制定。各地区、各有关部门在企业安全生产标准化创建中不得收取费用。要严格达标等级考评，明确企业的专业达标最低等级为企业达标等级，有一个专业不达标则该企业不达标。

4. 工作要求

（1）加强领导，落实责任。按照属地管理和“谁主管、谁负责”的原则，企业安全生产标准化建设工作由地方各级人民政府统一领导，明确相关部门负责组织实施。国家有关部门负责指导和推动本行业（领域）企业安全生产标准化建设，制定实施方案和达标细则。企业是安全生产标准化建设工作的责任主体，要坚持高标准、严要求，全面落实安全生产法律、法规和标准规范，加大投入，规范管理，加快实现企业高标准达标。

（2）分类指导，重点推进。对于尚未制定企业安全生产标准化评定标准和考评办法的行业（领域），要抓紧制定；已经制定的，要按照《基本规范》和相关规定进行修改完善，规范已达标企业的等级认定。要针对不同行业（领域）的特点，加强工作指导，把影响安全生产的重大隐患排查治理、重大危险源监控、安全生产系统改造、产业技术升级、应急能力提升、消防安全保障等作为重点，在达标建设过程中切实做到“六个结合”，即与深入开展执法行动相结合，依法严厉打击各类非法违法生产经营建设行为；与安全专项整治相结合，深化重点行业（领域）隐患排查治理；与推进落实企业安全生产主体责任相结合，强化安全生产基层和基础建设；与促进提高安全生产保障能力相结合，着力提高先进安全技术装备和物联网技术应用等信息化水平；与加强职业安全健康工作相结合，改善从业人员的作业环境和条件；与完善安全生产应急救援体系相结合，加快救援基地和相关专业队伍标准化建设，切实提高实战救援能力。

（3）严抓整改，规范管理。严格安全生产行政许可制度，促进隐患整改。对达标的企业，要深入分析二级与一级、三级与二级之间的差距，找准薄弱点，完善工作措施，推进达标升级；对未达标的企业，要盯住抓紧，督促加强整改，限期达标。通过安全生产标准化建设，实现“四个一批”：对在规定期限内仍达不到最低标准、不具备安全生产条件、不符合国家产业政策、破坏环境、浪费资源，以及发生各类非法违法生产经营建设行为的企业，要依法关闭取缔一批；对在规定时间内未实现达标的，要依法暂扣其生产许可证、安全生产许可证，责令停产整顿一批；对具备基本达标条件，但安全技术装备相对落后的，要促进达标升级，改造提升一批；对在本行业（领域）具有示范带动作用的企业，要加大支持力度，巩固发展一批。

（4）创新机制，注重实效。各地区、各有关部门要加强协调联动，建立推进安全生产标准化建设工作机制，及时发现解决建设过程中出现的突出矛盾和问题，对重大问题要组织相关部门开展联合执法，切实把安全生产标准化建设工作作为促进落实和完善安全生产法规规章、推广应用先进技术装备、强化先进安全理念、提高企业安全管理水平的重要途径，作为落实安全生产企业主体责任、部门监管责任、属地管理责任的重要手段，作为调整产业结构、加快转变经济发展的重要方式，扎实推进。要把安全生产标准化建设纳入安全生产“十二五”规划及有关行业（领域）发展规划。要积极研究采取相关激励政策措施，将达标结果向银行、证券、保险、担保等主管部门通报，作为企业绩效考核、信用评级、投融资和评先推优等的重要参考依据，促进提高达标建设的质量和水平。

（5）严格监督，加强宣传。各地区、各有关部门要分行业（领域）、分阶段组织实施，加强对安全生产标准化建设工作的督促检查，严格对有关评审和咨询单位进行规范管理。要深入基层、企业，加强对重点地区和重点企业的专题服务指导。加强安全专题教育，提高企业安全管理人员和从业人员的技能素质。充分利用各类舆论媒体，积极宣传安全生产标准化建设的具体标准要求和重要意义，营造安全生产标准化建设的浓厚社会氛围。国务院安委会办公室及各地区、各有关部门要建立公告制度，定期发布安全生产标准化建设进展情况和达标企业、关闭取缔企业名单；及时总结推广有关地区、有关部门和企业的经验做法，培育典型，示范引导，推进安全生产标准化建设工作广泛深入、扎实有效开展。

三、《企业安全生产标准化基本规范》相关要点

2010年4月15日，国家安全生产监督管理总局发布了《企业安全生产标准化基本规范》（AQ/T9006—2010，以下简称《基本规范》），自2010年6月1日起施行，这意味着我国广大企业的安全生产标准化工作将得到规范。

本标准适用于工矿企业开展安全生产标准化工作及对标准化工作的咨询、服务和评审；其他企业和生产经营单位可参照执行。有关行业制定安全生产标准化标准应满足本标准的要求；已经制定行业安全生产标准化标准的，优先适用行业安全生产标准化标准。

本标准对安全生产标准化的定义是：通过建立安全生产责任制，制定安全管理制度和操作规程，排查治理隐患和监控重大危险源，建立预防机制，规范生产行为，使各生产环节符合有关安全生产法律法规和标准规范的要求，人、机、物、环境处于良好的生产状态，并持续改进，不断加强企业安全生产规范化建设。

《企业安全生产标准化基本规范》分为范围、规范性引用文件、术语和定义、一般要求、核心要求五个部分。

一般要求与核心要求的具体内容如下：

1.《基本规范》一般要求

（1）原则。企业开展安全生产标准化工作，遵循“安全第一、预防为主、综合治理”

的方针，以隐患排查治理为基础，提高安全生产水平，减少事故发生的频率，保障人身安全，保证生产经营活动的顺利进行。

(2) 建立和保持。企业安全生产标准化工作采用“策划、实施、检查、改进”动态循环的模式，依据本标准的要求，结合自身特点，建立并保持安全生产标准化系统；通过自我检查、自我纠正和自我完善，建立安全绩效持续改进的安全生产长效机制。

(3) 评定和监督。企业安全生产标准化工作实行企业自主评定、外部评审的方式。

企业应当根据本标准和有关评分细则，对本企业开展安全生产标准化工作情况进行评定；自主评定后申请外部评审定级。

安全生产标准化评审分为一级、二级、三级，一级为最高。

安全生产监督管理部门对评审定级进行监督管理。

2.《基本规范》核心要求

(1) 目标。企业根据自身安全和生产实际，制定总体和年度安全生产目标。按照所属基层单位和部门在生产经营中的职能，制定安全生产指标和考核办法。

(2) 组织机构和职责

1) 组织机构。企业应按规定设置安全生产管理机构，配备安全生产管理人员。

2) 职责。企业主要负责人应按照安全生产法律、法规赋予的职责，全面负责安全生产工作，并履行安全生产义务。企业应建立安全生产责任制，明确各级单位、部门和人员的安全生产职责。

(3) 安全生产投入。企业应建立安全生产投入保障制度，完善和改进安全生产条件，按规定提取安全费用，专项用于安全生产，并建立安全费用台账。

(4) 法律法规与安全管理制度

1) 法律法规、标准规范。企业应建立识别和获取适用的安全生产法律法规、标准规范的制度，明确主管部门，确定获取的渠道、方式，及时识别和获取适用的安全生产法律、法规和标准规范。

企业各职能部门应及时识别和获取本部门适用的安全生产法律、法规和标准规范，并跟踪和掌握有关法律、法规和标准规范的修订情况，及时提供给企业内负责识别和获取适用的安全生产法律法规的主管部门。

企业应将适用的安全生产法律、法规和标准规范及其他要求及时传达给从业人员。

企业应遵守安全生产法律、法规和标准规范，并将相关要求及时转化为本单位的规章制度，贯彻到各项工作中。

2) 规章制度。企业应建立、健全安全生产规章制度，并发放到相关工作岗位，规范从业人员的生产作业行为。

安全生产规章制度至少应包含下列内容：安全生产职责、安全生产投入、文件和档案管理、隐患排查与治理、安全教育培训、特种作业人员管理、设备设施安全管理、建设项目安全设施“三同时”管理、生产设备设施验收管理、生产设备设施报废管理、施工和检维修安全管理、危险物品及重大危险源管理、作业安全管理、相关方及外用工管理、职业健康管理、防护用品管理、应急管理、事故管理等。

3）操作规程。企业应根据生产特点，编制岗位安全操作规程，并发放到相关岗位。

4）评估。企业应每年至少一次对安全生产法律法规、标准规范、规章制度、操作规程的执行情况进行检查评估。

5）修订。企业应根据评估情况、安全检查反馈的问题、生产安全事故案例、绩效评定结果等，对安全生产管理规章制度和操作规程进行修订，确保其有效和适用，保证每个岗位所使用的为最新有效版本。

6）文件和档案管理。企业应严格执行文件和档案管理制度，确保安全规章制度和操作规程编制、使用、评审、修订的效力。

企业应建立主要安全生产过程、事件、活动、检查的安全记录档案，并加强对安全记录的有效管理。

（5）教育培训

1）教育培训管理。企业应确定安全教育培训主管部门，按规定及岗位需要，定期识别安全教育培训需求，制订、实施安全教育培训计划，提供相应的资源保证。

应做好安全教育培训记录，建立安全教育培训档案，实施分级管理的政策，并对培训效果进行评估和改进。

2）安全生产管理人员教育培训。企业的主要负责人和安全生产管理人员，必须具备与本单位所从事的生产经营活动相适应的安全生产知识和管理能力。法律、法规要求必须对其安全生产知识和管理能力进行考核的，须经考核合格后方可任职。

3）操作岗位人员教育培训。企业应对操作岗位人员进行安全教育和生产技能培训，使其熟悉有关的安全生产规章制度和安全操作规程，并确认其能力符合岗位要求。未经安全教育培训，或培训考核不合格的从业人员，不得上岗作业。

新入厂（矿）人员在上岗前必须经过厂（矿）、车间（工段、区、队）、班组三级安全教育培训。

在新工艺、新技术、新材料、新设备设施投入使用前，应对有关操作岗位人员进行专门的安全培训和教育。

操作岗位人员转岗、离岗一年以上重新上岗者，应进行车间（工段）、班组安全教育培训，经考核合格后，方可上岗工作。

从事特种作业的人员应取得特种作业操作资格证书，方可上岗作业。

4）其他人员教育培训。企业应对相关方的作业人员进行安全教育培训。作业人员进入作业现场前，应由作业现场所在单位对其进行进入现场前的安全教育培训。

企业应对外来参观、学习等人员进行有关安全规定、可能接触到的危害及应急知识的告知和教育。

5）安全文化建设。企业应通过安全文化建设，促进安全生产工作。

企业应采取多种形式的安全文化活动，引导全体从业人员的安全态度和安全行为，逐步形成为全体员工所认同、共同遵守、带有本单位特点的安全价值观，实现法律和政府监管要求之上的安全自我约束，保障企业安全生产水平持续提高。

（6）生产设备设施

1）生产设备设施建设。企业建设项目的所有设备设施应符合有关法律、法规和标准规范要求；安全设备设施应与建设项目主体工程同时设计、同时施工、同时投入生产和使用。

企业应按规定对项目建议书、可行性研究、初步设计、总体开工方案、开工前安全条件确认和竣工验收等阶段进行规范管理。

生产设备设施变更应执行变更管理制度，履行变更程序，并对变更的全过程进行隐患控制。

2）设备设施运行管理。企业应对生产设备设施进行规范化管理，保证其安全运行。

企业应有专人负责管理各种安全设备设施，建立台账，定期检维修。对安全设备设施应制订检维修计划。

设备设施检维修前应制定方案。检维修方案应包含作业行为分析和控制措施。检维修过程中应执行隐患控制措施并进行监督检查。

安全设备设施不得随意拆除、挪用或弃置不用；确因检维修拆除的，应采取临时安全措施，检维修完毕后立即复原。

3）新设备设施验收及旧设备拆除、报废。设备的设计、制造、安装、使用、检测、维修、改造、拆除和报废，应符合有关法律、法规和标准规范的要求。

企业应执行生产设备设施到货验收和报废管理制度，应使用质量合格、设计符合要求的生产设备设施。

拆除的生产设备设施应按规定进行处置。拆除的生产设备设施涉及危险物品的，须制定危险物品处置方案和应急措施，并严格按规定组织实施。

（7）作业安全

1）生产现场管理和生产过程控制。企业应加强生产现场安全管理和生产过程的控制。对生产过程及物料、设备设施、器材、通道、作业环境等存在的隐患，应进行分析和控制。对动火作业、受限空间内作业、临时用电作业、高处作业等危险性较高的作业活动实施作业许可管理，严格履行审批手续。作业许可证应包含危害因素分析和安全措施等内容。

企业进行爆破、吊装等危险作业时，应当安排专人进行现场安全管理，确保安全规程的遵守和安全措施的落实。

2）作业行为管理。企业应加强生产作业行为的安全管理。对作业行为隐患、设备设施使用隐患、工艺技术隐患等进行分析，采取控制措施。

3）警示标志。企业应根据作业场所的实际情况，按照GB 2894及企业内部规定，在有较大危险因素的作业场所和设备设施上，设置明显的安全警示标志，进行危险提示、警示，告知危险的种类、后果及应急措施等。

企业应在设备设施检维修、施工、吊装等作业现场设置警戒区域和警示标志，在检维修现场的坑、井、洼、沟、陡坡等场所设置围栏和警示标志。

4）相关方管理。企业应执行承包商、供应商等相关方管理制度，对其资格预审、选择、服务前准备、作业过程、提供的产品、技术服务、表现评估、续用等进行管理。

企业应建立合格相关方的名录和档案，根据服务作业行为定期识别服务行为风险，并采取行之有效的控制措施。

企业应对进入同一作业区的相关方进行统一安全管理。

不得将项目委托给不具备相应资质或条件的相关方。企业和相关方的项目协议应明确规定双方的安全生产责任和义务。

5）变更。企业应执行变更管理制度，对机构、人员、工艺、技术、设备设施、作业过程及环境等永久性或暂时性的变化进行有计划的控制。

变更的实施应履行审批及验收程序，并对变更过程及变更所产生的隐患进行分析和控制。

（8）隐患排查和治理

1）隐患排查。企业应组织事故隐患排查工作，对隐患进行分析评估，确定隐患等级，登记建档，及时采取有效的治理措施。

法律、法规和标准规范发生变更或有新的公布，以及企业操作条件或工艺改变，新建、改建、扩建项目建设，相关方进入、撤出或改变，对事故、事件或其他信息有新的认识，组织机构发生大的调整的，应及时组织隐患排查。

隐患排查前应制定排查方案，明确排查的目的、范围，选择合适的排查方法。排查方案应依据：有关安全生产法律、法规要求；设计规范、管理标准、技术标准；企业的安全生产目标等。

2）排查范围与方法。企业隐患排查的范围应包括所有与生产经营相关的场所、环境、人员、设备设施和活动。

企业应根据安全生产的需要和特点，采用综合检查、专业检查、季节性检查、节假日检查、日常检查等方式进行隐患排查。

①隐患治理。企业应根据隐患排查的结果，制定隐患治理方案，对隐患及时进行治理。

隐患治理方案应包括目标和任务、方法和措施、经费和物资、机构和人员、时限和要求。重大事故隐患在治理前应采取临时控制措施并制定应急预案。

隐患治理措施包括：工程技术措施、管理措施、教育措施、防护措施和应急措施。

治理完成后，应对治理情况进行验证和效果评估。

②预测预警。企业应根据生产经营状况及隐患排查治理情况，运用定量的安全生产预测预警技术，建立体现企业安全生产状况及发展趋势的预警指数系统。

（9）重大危险源监控

1）辨识与评估。企业应依据有关标准对本单位的危险设施或场所进行重大危险源辨识与安全评估。

2）登记建档与备案。企业应当对确认的重大危险源及时登记建档，并按规定备案。

3）监控与管理。企业应建立、健全重大危险源安全管理制度，制定重大危险源安全管理技术措施。

（10）职业健康

1）职业健康管理。企业应按照法律、法规和标准规范的要求，为从业人员提供符合职业健康要求的工作环境和条件，配备与职业健康保护相适应的设施、工具。

企业应定期对作业场所给职业所带来的危害进行检测，在检测点设置标识牌予以告知，并将检测结果存入职业健康档案。

对可能发生急性职业危害的有毒、有害工作场所，应设置报警装置，制定应急预案，配置现场急救用品、设备，设置应急撤离通道和必要的泄险区。

各种防护器具应定点存放在安全、便于取用的地方，并由专人负责保管，定期校验和维护。

企业应对现场急救用品、设备和防护用品进行经常性的检维修，定期检测其性能，确保其处于正常状态。

2）职业危害告知和警示。企业与从业人员订立劳动合同时，应将工作过程中可能产生的职业危害及其后果和防护措施如实告知从业人员，并在劳动合同中写明。

企业应采用有效的方式对从业人员及相关方进行宣传，使其了解生产过程中的职业危害、预防和应急处理措施，降低或消除危害后果。

对存在严重职业危害的作业岗位，应按照 GB Z158 要求设置警示标识和警示说明。警示说明应载明职业危害的种类、后果、预防和应急救治措施。

3）职业危害申报。企业应按规定，及时、如实向当地主管部门申报生产过程存在的职业危害因素，并依法接受其监督。

（11）应急救援

1）应急机构和队伍。企业应按规定建立安全生产应急管理机构或指定专人负责安全生产应急管理工作。

企业应建立与本单位安全生产特点相适应的专（兼）职应急救援队伍，或指定专（兼）职应急救援人员，并组织训练；无须建立应急救援队伍的，可与附近具备专业资质的应急救援队伍签订服务协议。

2）应急预案。企业应按规定制定安全生产事故应急预案，并针对重点作业岗位制定应急处置方案或措施，形成安全生产应急预案体系。

应急预案应根据有关规定报告当地主管部门备案，并通报有关应急协作单位。

应急预案应定期评审，并根据评审结果或实际情况的变化进行修订和完善。

3）应急设施、装备、物资。企业应按规定建立应急设施，配备应急装备，储备应急物资，并进行经常性的检查、维护、保养，确保其完好、可靠。

4）应急演练。企业应组织生产安全事故应急演练，并对演练效果进行评估。根据评估结果，修订、完善应急预案，改进应急管理工作。

5）事故救援。企业发生事故后，应立即启动相关应急预案，积极开展事故救援。

（12）事故报告、调查和处理

1）事故报告。企业发生事故后，应按规定及时向上级单位、政府有关部门报告，并妥善保护事故现场及有关证据。必要时向相关单位和人员通报。

2）事故调查和处理。企业发生事故后，应按规定成立事故调查组，明确其职责与权限，进行事故调查或配合上级部门的事故调查。

事故调查应查明事故发生的时间、经过、原因、人员伤亡情况及直接经济损失等。

事故调查组应根据有关证据、资料，分析事故的直接、间接原因和事故责任，提出整改措施和处理建议，编制事故调查报告。

（13）绩效评定和持续改进

1）绩效评定。企业应每年至少一次对本单位安全生产标准化的实施情况进行评定，验证各项安全生产制度措施的适宜性、充分性和有效性，检查安全生产工作目标、指标的完成情况。

企业主要负责人应对绩效评定工作全面负责。评定工作应形成正式文件，并将结果向所有部门、所属单位和从业人员通报，作为年度考评的重要依据。

企业发生死亡事故后应重新进行评定。

2）持续改进。企业应根据安全生产标准化的评定结果和安全生产预警指数系统所反映的趋势，对安全生产目标、指标、规章制度、操作规程等进行修改完善，持续改进，不断提高安全绩效。

四、《道路旅客运输企业安全管理规范（试行）》相关要点

2012 年 1 月 19 日，交通运输部、公安部、国家安全生产监督管理总局联合发布《道路旅客运输企业安全管理规范（试行）》（交运发〔2012〕33 号，以下简称《规范》），自发布之日起施行。在《关于印发道路旅客运输企业安全管理规范（试行）的通知》中明确要求：组织实施好《规范》，是贯彻落实《国务院安全会关于深入开展企业安全生产标准化建设指导意见》（安委〔2011〕4 号）的具体体现，是深化道路客运隐患整治行动、强化企业安全生产主体责任的客观要求，对促进企业安全生产标准化、提高安全管理水平具有十分

重要的现实意义。

《规范》分为七章七十四条，各章内容为：第一章总则，第二章安全生产基础保障，第三章安全生产管理职责，第四章安全生产管理制度，第五章安全隐患排查与治理，第六章目标考核，第七章附则。制定本规范的目的，是加强和规范道路旅客运输企业的安全生产工作，提高企业安全管理水平，全面落实道路旅客运输企业安全主体责任，预防和减少道路交通事故的发生。

1. 总则中的有关规定

在第一章总则中，对相关事项作了规定。

第二条　本规范适用于所有从事道路旅客运输的企业。

第三条　道路旅客运输企业是安全生产的责任主体，应当坚持“安全第一、预防为主、综合治理”的方针，严格遵守安全生产、道路交通和运输管理等有关法律、法规、规章和标准，建立健全安全生产责任制、岗位责任制和安全生产管理各项制度，完善安全生产条件，严格执行各项安全生产操作规程，加强车辆技术管理和客运驾驶人等从业人员管理，保障道路旅客运输安全。

第四条　道路旅客运输企业应当接受交通运输、公安和安全监管等有关部门对其安全主体责任履行情况依法实施的监督管理。

第五条　道路旅客运输企业应当推行安全标准化管理，积极采用新技术、新工艺和新设备，不断改善安全生产条件。

2. 安全生产基础保障的有关规定

在第二章安全生产基础保障中，对相关事项作了规定。

第六条　道路旅客运输企业及分支机构应当依法设置安全生产领导机构和管理机构，配备与本单位安全生产工作相适应的专职安全管理人员。

道路旅客运输企业安全生产领导机构应当包括企业主要负责人，运输经营、安全管理、车辆管理、从业人员管理等部门负责人及分支机构的主要负责人。

拥有 10 辆（含）以上营运客车的道路旅客运输企业应当设置专门的安全生产管理机构，配备专职安全管理人员。拥有 10 辆以下营运客车的道路旅客运输企业应当配备专职安全管理人员。原则上按照每 20 辆车 1 人的标准配备专职安全管理人员，最低不少于 1 人。

第七条　安全管理人员应当具有高中以上文化程度，具有在道路客运行业 3 年以上从业经历，掌握道路旅客运输安全生产相关政策和法规，经相关部门统一培训且考核合格，持证上岗。

第八条　安全管理人员应当定期参加相关管理部门组织的培训，且每年参加脱产培训的时间不少于 24 学时。

第九条　道路旅客运输企业应当定期召开安全生产工作会议和例会，分析安全形势，安排各项安全生产工作，研究解决安全生产中的重大问题。安全工作会议至少每季度召开一次，安全例会至少每月召开一次。特别是发生较大及以上事故后，应及时召开安全分析通报会。

安全生产工作会议和例会应当有会议记录，会议记录应建档保存，保存期不少于3年。

第十条　道路旅客运输企业应当保障安全生产投入，按照《高危行业企业安全生产费用财务管理暂行办法》或地方政府的有关规定，按不低于营业收入的0.5%的比例提取、设立安全生产专项资金。

安全生产专项资金主要用于完善、改造、维护安全运营设施和设备，配备应急救援器材、设备和人员安全防护用品，开展安全宣传教育、安全培训，进行安全检查与隐患治理，开展应急救援演练等各项工作的费用支出。安全生产专项资金的使用应建立独立的台账。

第十一条　道路旅客运输企业应当按照《机动车交通事故责任强制保险条例》和《中华人民共和国道路运输条例》的规定，为营运车辆投保机动车交通事故责任强制保险及为旅客投保承运人责任险。

第十二条　鼓励道路旅客运输企业积极探索、完善安全统筹行业互助形式，提高企业抗风险的能力。

3. 安全生产管理职责的有关规定

在第三章安全生产管理职责中，对相关事项作了规定。

第十三条　道路旅客运输企业应当依法建立健全安全生产目标管理，并将本单位的安全生产责任目标分解到各部门、各岗位，明确责任人员、责任内容和考核奖惩要求。

安全生产目标管理内容应当包括：

(1) 主要负责人的安全生产责任、目标；

(2) 分管安全生产和运输经营负责人的安全生产责任、目标；

(3) 管理科室、分公司等部门及其负责人的安全生产责任、目标；

(4) 车队和车队队长的安全生产责任、目标；

(5) 岗位从业人员的安全生产责任、目标。

第十四条　道路旅客运输企业应当与各分支机构层层签订安全生产目标责任书，制定明确的考核指标，定期考核并公布考核结果及奖惩情况。

第十五条　道路旅客运输企业应实行安全生产一岗双责。道路旅客运输企业的主要负责人是安全生产的第一责任人，负有安全生产的全面责任；分管安全生产的负责人协助主要负责人履行安全生产职责，对安全生产工作负组织实施和综合管理及监督的责任；其他负责人对各自职责范围内的安全生产工作负直接管理责任。企业各职能部门、各岗位人员在职责范围内承担相应的安全生产职责。

第十六条　道路旅客运输企业的主要负责人对本单位安全生产工作负有下列职责：

(1) 严格执行安全生产的法律、法规、规章、规范和标准，组织落实相关管理部门的工作部署和要求；

(2) 建立健全本单位安全生产责任制，组织制定并落实本单位安全生产规章制度、客运驾驶人和车辆安全生产管理办法，落实安全生产操作规程；

(3) 依法建立适应安全生产工作需要的安全生产管理机构，确定符合条件的分管安全生产的负责人、技术负责人，配备专职安全管理人员；

(4) 按规定足额提取安全生产专项资金，保证本单位安全生产投入的有效实施；

(5) 督促、检查本单位安全生产工作，及时消除生产安全事故隐患；

(6) 组织开展本单位的安全生产教育培训工作；

(7) 组织开展安全生产标准化建设；

(8) 组织制定并实施本单位的生产安全事故应急救援预案，建立应急救援组织，开展应急救援演练；

(9) 定期组织分析企业安全生产形势，研究解决重大问题；

(10) 按相关规定报告道路旅客运输生产安全事故，严格按照“事故原因不查清不放过、事故责任者得不到处理不放过、整改措施不落实不放过、教训不吸取不放过”原则，严肃处理事故责任人，落实生产安全事故处理的有关工作；

(11) 实行安全生产目标管理，定期公布本单位安全生产情况，认真听取和积极采纳工会、职工关于安全生产的合理化建议和要求。

第十七条　道路旅客运输企业的安全生产管理机构及安全管理人员，负有下列职责：

(1) 监督执行安全生产法律、法规和标准，参与企业安全生产决策。

(2) 制定本单位安全生产规章制度、客运驾驶人和车辆安全生产管理办法、操作规程和相关技术规范，明确各部门、各岗位的安全生产职责，督促贯彻执行。

(3) 制订本单位安全生产年度管理目标和安全生产管理工作计划，组织实施考核工作，参与本单位安全生产事故应急预案的制定和演练，参与企业营运车辆的选型和客运驾驶人的招聘等安全运营工作。

(4) 制订本单位安全生产经费投入计划和安全技术措施计划，组织实施或监督相关部门实施。

(5) 组织开展本单位的安全生产检查，对检查出的安全隐患及其他安全问题应当督促相关部门立即处理，情况严重的，责令停止生产活动，并立即上报。对相关管理部门抄告、通报的车辆和客运驾驶人交通违法行为，进行及时处理。

(6) 组织实施本单位安全生产宣传、教育和培训，总结和推广安全生产工作的先进经验。

(7) 发生生产安全事故时，按照《生产安全事故报告和调查处理条例》等有关规定，及时报告相关部门；组织或者参与本单位生产安全事故的调查处理，承担生产安全事故统计和分析工作。

(8) 其他安全生产管理工作。

第十八条　道路旅客运输企业应当履行法律、法规规定的其他安全生产职责。

4. 安全生产管理制度的有关规定

在第四章安全生产管理制度中，对相关事项作了规定。

（1）客运驾驶人管理

第十九条　道路旅客运输企业应当建立客运驾驶人聘用制度。依照劳动合同法，严格客运驾驶人录用条件，统一录用程序，对客运驾驶人进行面试，审核客运驾驶人安全行车经历和从业资格条件，积极实施驾驶适宜性检测，明确新录用客运驾驶人的试用期。客运驾驶人的录用应当经过企业安全生产管理部门的审核，并录入企业动态监控平台（或监控端）。

对3年内发生道路交通事故致人死亡且负同等以上责任的，交通违法记分有满分记录的，以及有酒后驾驶、超员20%、超速50%或12个月内有三次以上超速违法记录的驾驶人，道路旅客运输企业不得聘用其驾驶客运车辆。

第二十条　道路旅客运输企业应当建立客运驾驶人岗前培训制度。

岗前培训的主要内容包括：国家道路交通安全和安全生产相关法律法规、安全行车知识、典型交通事故案例警示教育、职业道德、安全告知知识、应急处置知识、企业有关安全运营管理的规定等。客运驾驶人岗前理论培训不少于12学时，实际驾驶操作不少于30学时，并要提前熟悉和了解客运车辆性能和客运线路情况。

第二十一条　道路旅客运输企业应当建立客运驾驶人安全教育、培训及考核制度。定期对客运驾驶人开展法律法规、典型交通事故案例警示、技能训练、应急处置等教育培训。客运驾驶人应当每月接受不少于2次，每次不少于1 h的教育培训。道路旅客运输企业应当组织和督促本企业的客运驾驶人参加继续教育，保证客运驾驶人参加教育和培训的时间，提供必要的学习条件。

道路旅客运输企业应在客运驾驶人接受教育与培训后，对客运驾驶人教育与培训的效果进行考核。客运驾驶人教育与培训考核的有关资料应纳入客运驾驶人教育与培训档案。客运驾驶人教育与培训档案的内容应包括：教育或培训的内容、培训时间、培训地点、授课人、参加培训人员的签名、考核人员、安全管理人员的签名、培训考试情况等。档案保存期限不少于3年。

道路旅客运输企业应当每月查询一次客运驾驶人的违法和事故信息，及时进行针对性的教育和处理。

第二十二条　道路旅客运输企业应当建立客运驾驶人从业行为定期考核制度。客运驾驶人从业行为定期考核的内容主要包括：客运驾驶人违法驾驶情况、交通事故情况、服务质量、安全运营情况、安全操作规程执行情况、参加教育与培训情况以及客运驾驶人心理和生理健康状况等。考核的周期不大于3个月。客运驾驶人从业行为定期考核的结果应与企业安全生产奖惩制度挂钩。

第二十三条　道路旅客运输企业应当建立客运驾驶人信息档案管理制度。客运驾驶人信息档案实行一人一档，包括客运驾驶人基本信息、客运驾驶人体检表、安全驾驶信息、诚信考核信息等情况。

第二十四条　道路旅客运输企业应当建立客运驾驶人调离和辞退制度。对交通违法记满分、诚信考核不合格以及从业资格证被吊销的客运驾驶人要及时调离或辞退。

第二十五条　道路旅客运输企业应当建立客运驾驶人安全告诫制度。安全管理人员对客运驾驶人出车前进行问询、告知，督促客运驾驶人做好对车辆的日常维护和检查，防止客运驾驶人酒后、带病或者带不良情绪上岗。

第二十六条　道路旅客运输企业应当建立防止客运驾驶人疲劳驾驶制度。关心客运驾驶人的身心健康，定期组织客运驾驶人进行体检，为客运驾驶人创造良好的工作环境，合理安排运输任务，防止客运驾驶人疲劳驾驶。

(2) 车辆管理

第二十七条　道路旅客运输企业应当加强车辆技术管理，确保营运车辆处于良好的技术状况。

第二十八条　道路旅客运输企业不得使用已达到报废标准、检测不合格、非法拼（改）装等不符合运行安全技术条件的客车以及其他不符合国家规定的车辆从事道路旅客运输经营。

第二十九条　道路旅客运输企业应当设立负责车辆技术管理的机构，配备专业车辆技术管理人员。

拥有 10 辆以上（含）营运客车的道路旅客运输企业应当设置专门的车辆技术管理机构，配备专业车辆技术管理人员；拥有 10 辆以下营运客车的道路旅客运输企业应当配备专业车辆技术管理人员。

第三十条　道路旅客运输企业应当按照国家规定建立营运车辆技术档案，实行一车一档，实现车辆从购置到退出市场的全过程管理。

道路旅客运输企业应当逐步建立车辆技术信息化管理系统，完善营运车辆的技术管理。

第三十一条　道路旅客运输企业应当建立车辆维护制度，企业车辆技术管理机构应制订车辆维护计划，保证车辆按照国家有关规定、技术规范以及企业的相关规定进行维护。

车辆的日常维护由客运驾驶人或专门人员在每日出车前、行车中、收车后执行。一级维护和二级维护应由具备资质条件的车辆维修企业执行。

第三十二条　道路旅客运输企业应当定期检查车内安全带、安全锤、灭火器、故障车警告标志的配备是否齐全有效，确保安全出口通道畅通，应急门、应急顶窗开启装置有效，开启顺畅，并在车内明显位置标示客运车辆行驶区间和线路、经批准的停靠站点。

道路旅客运输企业应当在车厢内前部、中部、后部明显位置标示客运车辆车牌号码、核定载客人数和投诉举报座机、手机电话，方便旅客监督举报。

第三十三条　道路旅客运输企业应当按照国家有关规定建立车辆安全技术状况检测和年度审验、检验制度，严格执行营运车辆综合性能检测和技术等级评定制度，确保车辆符合安全技术条件。逾期未年审、年检或年审、年检不合格的车辆禁止上路行驶。

第三十四条　道路旅客运输车辆改型与报废应当严格执行国家规定的条件要求。对达到国家规定的报废标准或者检测不符合国家强制性要求的客运车辆，不得继续从事客运经营。道路旅客运输企业应当在车辆报废期满前，将车辆交售给机动车回收企业，并及时办理车辆注销登记。车辆报废相关材料应至少保存 2 年。

第三十五条　道路旅客运输企业应当对客运车辆牌证统一管理，建立派车单制度。车辆发班前，企业应对车辆的技术状况进行检查，合格后，企业签发派车单，由客运驾驶人领取派车单和车辆运营牌证。在营运中，客运驾驶人应如实填写派车单相关内容，营运客车完成运输任务后，企业及时收回派车单和运营单证。

派车单的主要内容包括：由企业填写的车辆、客运驾驶人、线路基本信息，始发点（站），中途停靠点（站），终点（站），批准签发人。由客运驾驶人填写的旅客人数，运行距离和时间，途中休息时间，天气和道路状况，以及行车中发生的车辆故障、事故等。派车单应存档保存，时间不少于 1 年。

第三十六条　道路旅客运输企业应自备或租用停车场所，对停放的营运车辆进行统一管理。

（3）动态监控

第三十七条　道路旅客运输企业应当按相关规定，为其营运客车安装符合标准的卫星定位装置（卧铺客车应安装符合标准且具有视频功能的卫星定位装置），接入符合标准的监控平台或监控端，并有效接入全国重点营运车辆联网联控系统。

第三十八条　道路旅客运输企业应当建立卫星定位装置及监控平台的安装、使用管理制度，建立动态监控工作台账，规范卫星定位装置及监控平台的安装、管理、使用工作，履行监控主体责任。

第三十九条　道路旅客运输企业应当配备或聘请专职人员负责实时监控车辆行驶动态，记录分析处理动态信息，及时提醒、提示违规行为。对违法驾驶信息及处理情况要留存在案，其中监控数据应当至少保存 1 个月，违法驾驶信息及处理情况应当至少保存 3 年。

第四十条　道路旅客运输企业应当按照法律规定设置的道路通行最高车速限值以及车辆行驶道路的实际情况，合理设置相应路段的车辆行驶速度限速标准。对异常停车、超速行驶、疲劳驾驶、逆向行驶、不按规定线路行驶等违法、违规行为及时给予警告和纠正，并事后进行处理。

第四十一条　道路旅客运输企业应当确保卫星定位装置正常使用，保持车辆运行时在线。

道路旅客运输企业应当对故意遮挡车载卫星定位装置信号、破坏车载卫星定位装置的驾驶人员，以及不严格监控车辆行驶动态的值守人员给予处罚，严重的应调离相应岗位，直至辞退。

第四十二条　道路旅客运输企业应当运用动态监控手段做好营运车辆的组织调度，并及时发送重特大道路交通事故通报、安全提示、预警信息。

第四十三条　鼓励有条件的道路旅客运输企业积极通过科技手段，加强动态监控工作。

（4）运输组织

第四十四条　道路旅客运输企业在申请线路经营时应当进行实际线路考察，按照许可的要求投放营运车辆。

道路旅客运输企业应当建立每一条客运线路的交通状况、限速情况、气候条件、沿线安全隐患路段情况等信息台账，并提供给客运驾驶人。

第四十五条　道路旅客运输企业在安排运输任务时应当严格要求客运驾驶人在 24 h 内累计驾驶时间不得超过 8 h（特殊情况下可延长 2 h，但每月延长的总时间不超过 36 h），连续驾驶时间不得超过 4 h，每次停车休息时间不少于 20 min。

对于单程运行里程超过 400 km（高速公路直达客运 600 km）的客运车辆，企业应当配备两名以上客运驾驶人。对于超长线路运行的客运车辆，企业要积极探索接驳运输的方式，创造条件，保证客运驾驶人停车换人、落地休息。对于长途卧铺客车，企业要合理安排班次，尽量减少夜间运行时间。

第四十六条　对于三级以下（含三级）山区公路达不到夜间安全通行要求的路段，道路旅客运输企业不应在夜间（晚 22 时至早 6 时）安排营运客车在该路段运行。

第四十七条　道路旅客运输企业应当规范运输经营行为。

班线客车要严格按照许可的线路、班次、站点运行，在规定的停靠站点上下旅客，不得随意站外上客或揽客，不得超员运输。驾乘人员要对途中上车的旅客进行危险品检查，行李堆放区和乘客区要隔离，不得在行李堆放区内载客。

客运包车要凭包车客运标志牌，按照约定的时间、起始地、目的地和线路，持包车票或包车合同运行，不得承运包车合同约定之外的旅客。驾乘人员要对旅客携带物品进行安全检查。

道路旅客运输企业不得挂靠经营，不得违法转租、转让客运车辆和线路牌。

第四十八条　道路旅客运输企业应当对途经高速公路的营运客车乘客座椅安装符合标准的安全带。驾乘人员负责做好宣传工作，发车前、行驶中要督促乘客系好安全带。

第四十九条　道路旅客运输企业应当与汽车客运站签订进站协议，明确双方的安全责任，严格遵守汽车客运站安全生产的有关规定。

（5）安全生产操作规程

第五十条　道路旅客运输企业应当根据关键岗位的特点，分类制定安全生产操作规程，并监督员工严格执行，推行安全生产标准化作业。

第五十一条　道路旅客运输企业应当制定客运驾驶人行车操作规程，客运驾驶人行车操作规程的内容应至少包括："出车前、行车中、收车后"的车辆技术状况检查、开车前向旅客的安全告知、高速公路及特殊路段行车注意事项、恶劣天气下的行车注意事项、夜间行车注意事项、应急驾驶操作程序、进出客运站注意事项等。

第五十二条　道路运输企业应当制定车辆日常安全检查操作规程，车辆日常安全检查操作规程的内容应至少包括：轮胎、制动、转向、灯光等安全部件检查要求和检查程序，安检不合格车辆返修及复检程序等。

第五十三条　道路旅客运输企业应当制定车辆动态监控操作规程，车辆动态监控操作规程的内容应至少包括：卫星定位系统车载终端、监控平台设备的检修和维护要求，监控信息采集、分析、处理规范和流程、违章信息统计、报送及处理要求及程序，监控信息保存要求和程序等。

第五十四条　道路旅客运输企业应当建立乘务员安全服务操作规程，乘务员安全服务操作规程的内容应至少包括：乘务员值乘工作规范，值乘途中安全检查要求，车辆行驶中相关信息报送等。

第五十五条　道路旅客运输企业应当根据安全运营实际需求，制定其他相关安全运营操作规程。

（6）其他安全生产管理制度

第五十六条　道路旅客运输企业应当建立安全生产基础档案制度，明确安全生产管理资料的归档、查阅。

第五十七条　道路旅客运输企业应当建立安全生产奖惩制度。对各部门、各岗位人员进行日常管理和安全运营的全过程考核，定期通报奖惩情况，根据考核结果做出奖惩处理。

第五十八条　道路旅客运输企业应当建立安全生产事故应急处置制度。发生安全生产事故后，道路旅客运输企业应当立即采取有效措施，组织抢救，防止事故扩大，减少人员伤亡和财产损失。

对于在旅客运输过程中发生的行车安全事故，客运驾驶人应及时向事发地的公安部门以及所属的道路旅客运输企业报告，道路旅客运输企业应当按规定时间、程序、内容向事故发生地和企业所属地县级以上的安监、公安、交通运输等相关职能部门报告事故情况，并启动安全生产事故应急处置预案。

道路运输企业应当定期进行安全生产事故统计和分析，总结事故特点和原因，提出针对性的事故预防措施。

第五十九条　道路旅客运输企业应当建立安全生产事故责任倒查制度。按照"事故原因不查清不放过、事故责任者得不到处理不放过、整改措施不落实不放过、教训不吸取不放过"的原则，对相关责任人进行严肃处理。

道路旅客运输企业应当认真吸取事故教训，落实防范和整改措施，防止事故再次发生。

第六十条 道路旅客运输企业应当建立应急救援制度。健全应急救援组织体系，建立应急救援队伍，制定完善应急救援预案，开展应急救援演练。

第六十一条 道路旅客运输企业应当建立安全生产宣传和教育制度。普及安全知识，强化员工安全生产操作技能，提高员工安全生产能力。

道路旅客运输企业应当配备和完善开展安全宣传、教育活动的设施和设备，定期更新宣传、教育的内容。安全宣传、教育与培训应予以记录并建档保存，保存期限应至少为3年。

第六十二条 道路旅客运输企业应当建立健全安全生产社会监督机制，规范道路客运旅客安全告知制度，公开举报电话号码、通信地址或者电子邮件信箱，完善举报制度，充分发挥乘客、新闻媒体及社会各界的监督作用。对接到的举报和投诉，企业应当及时予以调查和处理。

第六十三条 道路旅客运输企业还应当建立本企业安全生产管理所需要的其他制度。

5. 安全隐患排查与治理的有关规定

在第五章安全隐患排查与治理中，对相关事项作了规定。

第六十四条 道路旅客运输企业应当建立事故隐患排查治理制度，依据相关法律法规及自身管理规定，对营运车辆、客运驾驶人、运输线路、运营过程等安全生产各要素和环节进行安全隐患排查，及时消除安全隐患。

第六十五条 道路旅客运输企业应根据安全生产的需要和特点，采用综合检查、专业检查、季节性检查、节假日检查、日常检查等方式进行隐患排查。

第六十六条 道路旅客运输企业应对排查出的安全隐患进行登记和治理，落实整改措施、责任、资金、时限和预案，及时消除事故隐患。

对于能够立即整改的一般安全隐患，由运输企业立即组织整改；对于不能立即整改的重大安全隐患，运输企业应组织制定安全隐患治理方案，依据方案及时进行整改；对于自身不能解决的重大安全隐患，运输企业应立即向有关部门报告，依据有关规定进行整改。

第六十七条 道路旅客运输企业应当建立安全隐患排查治理档案，档案应包括以下内容：隐患排查治理日期；隐患排查的具体部位或场所；发现事故隐患的数量、类别和具体情况；事故隐患治理意见；参加隐患排查治理的人员及其签字；事故隐患治理情况、复查情况、复查时间、复查人员及其签字。

第六十八条 道路旅客运输企业应当每季、每年对本单位事故隐患排查治理情况进行统计，分析隐患形成的原因、特点及规律，建立事故隐患排查治理长效机制。

第六十九条 道路旅客运输企业应当建立安全隐患报告和举报奖励制度，鼓励、发动职工发现和排除事故隐患，鼓励社会公众举报。对发现、排除和举报事故隐患的有功人员，应当给予物质奖励和表彰。

第七十条 道路旅客运输企业应当积极配合有关部门的监督检查人员依法进行的安全

隐患监督检查，不得拒绝和阻挠。

6. 有关目标考核的规定

在第六章目标考核中，对相关事项作了规定。

第七十一条　道路旅客运输企业应当根据相关管理部门的要求和自身实际情况，制定年度安全生产目标。安全生产目标应至少包括道路交通责任事故起数、死亡人数、受伤人数、财产损失、万车公里事故起数、万车公里伤亡人数等指标。

第七十二条　道路旅客运输企业应当建立安全生产年度考核与奖惩制度。针对年度目标，对各部门、各岗位人员进行安全绩效考核，通报考核结果。

道路旅客运输企业应根据安全生产年终考核结果，对安全生产相关部门、岗位工作人员给予一定的奖惩。对全年无事故、无交通违法记录、无旅客投诉的文明安全驾驶人予以表彰奖励。

第七十三条　道路旅客运输企业应当建立安全生产内部评价机制，每年至少进行 1 次安全生产内部评价。评价内容应包括安全生产目标、安全生产责任制、安全投入、安全教育培训、从业人员管理、车辆管理、生产安全监督与检查、应急响应与救援、事故处理与统计报告等各项安全生产制度的适宜性、充分性及有效性。

道路旅客运输企业应当根据相关规定定期聘请第三方机构对本单位的安全生产管理情况进行评估。

道路旅客运输企业应当根据与第三方机构评估结果和安全生产内部评价结果及时改进安全生产管理工作内容和方法，修订和完善各项安全生产制度，持续改进和提高安全管理水平。

第二节　道路运输企业安全生产标准化建设实施方案与办法

开展安全生产标准化建设，重在基础、重在基层、重在落实、重在治本；重在开展建标立制、对标达标和持续改进；重在不断进行自我完善及水平提升。所以，安全生产标准化建设将引导、促进企业在加强基础管理、基层建设和基本功训练的同时，加大安全投入力度，加大安全技术改造与创新力度，加大持续改进和自我完善力度，加大企业淘汰落后生产技术、设备特别是危及安全的落后技术、工艺和装备的力度，提高企业的安全技术水平和生产力的整体发展水平，提高企业安全保障能力，提高企业本质安全水平，从而长期、有效地保障企业的生产安全。

一、《交通运输企业安全生产标准化建设实施方案》相关要点

2011年6月29日，交通运输部下发《关于印发交通运输企业安全生产标准化建设实施方案的通知》（交安监发〔2011〕322号，以下简称《通知》）。《通知》指出：为贯彻落实《国务院关于进一步加强企业安全生产工作的通知》（国发〔2010〕23号）精神和《国务院安委会关于深入开展企业安全生产标准化建设的指导意见》（安委〔2011〕4号）的总体要求，全面推进交通运输企业安全生产标准化建设工作，交通运输部制定了《交通运输企业安全生产标准化建设实施方案》，请认真抓好落实。

1. 指导思想

以科学发展观为统领，坚持“安全第一、预防为主、综合治理”的方针，牢固树立以人为本、安全发展的理念，全面贯彻国发〔2010〕23号和安委会〔2011〕4号文件精神，以落实企业安全生产主体责任为主线，以强化安全生产“双基”（基层、基础）为重点，通过开展企业安全生产标准化建设，全面提升交通运输企业安全生产水平，为构建便捷、安全、经济、高效的综合运输体系，发展现代交通运输业提供可靠的安全保障。

2. 工作目标

（1）企业安全生产水平明显提升。通过开展交通运输企业安全生产标准化建设，体制机制不断完善，主体责任进一步落实，员工素质稳步提高，科技装备水平和管理能力明显提升，突出问题有效解决，企业安全生产形势持续稳定好转。

（2）各类事故明显下降。重大以上事故明显下降，到2015年，营运车辆万车死亡事故件数和死亡人数平均每年下降3%；运输船舶百万吨港口吞吐量水上交通事故件数和死亡人数平均每年下降5%；城市客运百万车公里死亡事故件数和死亡人数平均每年下降1%；公路水运工程建设百亿元投资死亡事故件数和死亡人数平均每年下降1%。

（3）推进企业全面达标。交通运输企业全面开展安全生产标准化建设工作，实现企业安全管理标准化、作业现场标准化和操作过程标准化。力争从事客运、危险化学品和烟花爆竹等重点运输企业在2013年年底前达标，其他交通运输企业在2015年前达标。

3. 实施范围

具有独立法人资格，具体从事公路水路运输、城市客运和公路水运工程施工等生产经营建设活动的交通运输企业。

4. 管理分工

企业安全生产标准化达标分一级、二级、三级，其中一级最高，三级最低。交通运输部负责一级企业的达标评审管理，省级交通运输主管部门和长江航务管理局负责二级、三级企业的达标评审管理。

5. 主要内容

（1）制定工作方案。各部门、各单位要根据本方案的内容和要求，结合本地区、本单

位实际情况，制定实施方案，明确目标、任务、责任，确定标准化示范企业名单，确保标准化建设有计划、有步骤顺利开展。

(2) 建立相关制度和标准。根据国家和交通运输安全生产相关法律法规、标准和规范，制定交通运输企业安全生产标准化达标管理办法、评级程序和达标标准，明确工作流程，细化安全生产达标标准。

(3) 确定评审单位和评审人员。一级安全生产标准化企业的评审单位由交通运输部确定；二级、三级安全生产标准化企业的评审单位由省级交通运输主管部门、长江航务管理局确定，并报交通运输部备案，确定的评审单位应向社会公布。评审一级企业的评审人员资质由交通运输部认可，评审二级、三级企业的评审人员资质由省级交通运输主管部门、长江航务管理局认可，并报交通运输部备案。

(4) 示范推广。交通运输部确定在港口、航运、道路运输、城市客运、公路水运工程建设企业各选择1～2家作为示范，以总结经验、深入推广。省级交通运输管理部门和长江航务管理局也应结合实际，做好示范推广工作。

6. **工作要求**

(1) 加强组织领导。交通运输部安全委员会负责全国交通运输企业安全生产标准化建设工作的组织领导，交通运输部安全委员会办公室具体负责日常工作。各部门、各单位要结合实际，明确相应的组织领导机构，认真制定工作方案，合理确定阶段目标，分阶段、分步骤实施。2011年重点抓好政策法规、评级程序和评级标准的制定及宣传推广等工作；2012年开始全面开展安全生产标准化建设工作，成熟一批、评审一批、公告一批，确保2015年年底以前实现既定目标。

(2) 加强工作指导。各部门、各单位要按照方案要求，指导和督促企业、评审单位积极开展安全生产标准化建设和评审工作，按期完成工作任务，确保工作质量。要实行分类指导，加强对评审单位和评审人员的专题培训，研究解决安全生产标准化建设工作中的新问题；要开展示范推广，发挥榜样作用，创新体制机制，加强经验交流，以点带面、推动企业全面达标，为企业安全生产标准化建设提供有效的指导服务。

(3) 加强跟踪管理。各部门、各单位要加强跟踪和监督检查，不断巩固建设成果，坚持与时俱进、突出建设重点、解决突出问题，做到持续改进和升级，切实提高企业安全生产标准化建设水平。要将安全达标与行政许可、日常安全监管工作有机结合起来，凡不符合安全生产条件的，一律不得批准从事交通运输生产经营建设活动；凡在规定的时间内仍不能达标的企业，一律依法停业整顿直至吊扣或注销经营许可证，并在媒体公开曝光。要加强相关立法工作，以法律手段督促达标；完善考核制度，落实工作责任，以行政手段推进达标；建立有效激励机制，激发企业自觉性，以经济手段引导达标。要建立安全生产标准化建设工作信息化管理平台，加强对工作进展的实时管理，及时掌握动态信息，提高工作效率和服务水平。

(4) 加大宣传力度。各部门、各单位要采取多种形式大力开展安全生产标准化建设宣传教育活动，充分利用各种媒介，及时、广泛宣传工作进展和好的经验做法，为企业安全生产标准化建设工作营造良好的氛围。凡经考评达标的企业，要向社会公告，通过加大正面宣传力度，带动其他企业做好安全生产达标工作。

二、《交通运输企业安全生产标准化考评管理办法》相关要点

2012年4月23日，交通运输部发布《交通运输企业安全生产标准化考评管理办法》(交安监发〔2012〕175号)，本办法自发布之日实施。

《交通运输企业安全生产标准化考评管理办法》分为五章四十二条，各章内容为：第一章总则，第二章考评机构与考评员，第三章考评与发证，第四章责任与义务，第五章附则。制定本办法的目的是贯彻落实国务院关于加强企业安全生产工作的要求，依据《关于进一步加强企业安全生产工作的通知》(国发〔2010〕23号) 和《关于坚持科学发展安全发展促进安全生产形势持续稳定好转的意见》(国发〔2011〕40号)，规范交通运输企业安全生产标准化考评及其管理行为。

1. 有关总则中的规定

在第一章总则中，对相关事项作了规定。

第二条 本办法适用于全国交通运输企业安全生产标准化考评及其管理活动。

第三条 交通运输企业安全生产标准化达标等级分为一级、二级、三级，其中城市轨道交通企业安全生产达标标准等级分为一级、二级。

评为一级达标企业的考评分数不低于900分（满分1 000分，下同）且完全满足所有达标企业必备条件，评为二级达标企业的考评分数不低于700分且完全满足二级达标企业必备条件，评为三级达标企业的考评分数不低于600分且完全满足三级达标企业必备条件。

第四条 交通运输部主管全国交通运输企业安全生产标准化工作并负责一级达标企业的考评工作。

省级交通运输主管部门负责本管辖范围内交通运输企业安全生产标准化工作和二、三级达标企业的考评工作。

第五条 交通运输企业安全生产标准化考评包括初次考评、换证考评和附加考评三种形式。

第六条 交通运输企业安全生产标准化考评工作应坚持客观、公正、公开、透明的原则，由主管机关按照本办法组织实施。

第七条 主管机关应向社会公告交通运输企业安全生产标准化考评结果。

2. 考评机构与考评员的有关规定

在第二章考评机构与考评员中，对相关事项作了规定。

第八条 主管机关或其认定的考评机构负责对交通运输企业实施考评。

第九条　考评机构应具备以下条件：

（1）交通运输事业单位或经批准注册的交通运输系统社团组织；

（2）具备固定办公地点和必要的设备；

（3）具有一定数量从事相关领域考评工作需要的管理人员及考评员；

（4）建有相应的管理制度。

第十条　考评机构应经主管机关认可，接受主管机关的监督管理，并按照主管机关赋予的权限开展工作，建立企业考评档案。

第十一条　考评员应具有交通运输相关学历和工作经历，并经专业培训、考试合格取得资格。

第十二条　主管机关负责考评员适任条件的审核、考试发证、注册登记等管理工作，并建立档案。

考评机构应建立考评员日常管理档案，并按年度向主管机关备案。

3. 考评与发证的有关规定

在第三章考评与发证中，对相关事项作了规定。

第十三条　申请考评的企业应向主管机关提交申请。

第十四条　考评活动采用资料核对、人员询问、现场考评等方法进行，人员询问、现场考评可以按一定比例进行抽查。

第十五条　申请初次考评的企业应具备以下条件：

（1）具有企业法人资格（含分公司），并直接从事交通运输生产经营建设行为的实体；

（2）具有与其经营管理相适应的安全生产管理机构和人员，并建有相应的安全生产管理制度；

（3）已进行安全生产标准化建设自评。

第十六条　初次考评应提交申请报告，并附以下材料：

（1）企业法人营业执照、经营许可证等；

（2）企业基本情况和安全生产组织架构；

（3）企业安全生产基本情况；

（4）企业安全生产标准化建设自评报告。

第十七条　主管机关收到初次考评申请及所附材料后，应审查以下内容：

（1）是否属于本管辖范围；

（2）是否满足申请条件；

（3）申请材料是否齐全。

申请材料不符合要求的，应告知企业补充、修改或重新提交申请。

第十八条　对满足申请要求的企业，主管机关应结合企业的申请确定考评机构。考评机构应按照主管机关的要求和本办法的规定对企业安全生产情况进行考评。

第十九条 企业通过考评的，由考评机构报主管机关审核同意后，向该企业签发安全生产标准化达标证书。未通过考评的或经主管机关审核不合格的，企业应采取纠正措施并可在3个月后重新申请考评。

第二十条 企业安全生产标准化达标证书有效期为3年。

第二十一条 已取得相关机构颁发的安全生产管理体系证书（证明）的企业，连续3年未发生重、特大事故的，经主管机关对必备条件审核后，可颁发二级或三级安全生产达标证书。

第二十二条 企业申请高一级别安全生产标准化达标考评，考评及发证的内容、范围和方法按照初次考评的有关规定执行。

第二十三条 新组建企业应于正式运营6个月内提出初次考评申请。

第二十四条 换证考评申请应在企业安全生产标准化达标证书有效期届满之日前3个月内提出。

第二十五条 换证考评申请应附送以下材料：

(1) 企业法人营业执照、经营许可证等；

(2) 安全生产标准化达标证书；

(3) 企业基本情况和安全生产组织架构；

(4) 企业安全生产管理情况。

第二十六条 换证考评及发证的内容、范围和方法参照初次考评的有关规定执行。

第二十七条 换证考评和发证应在现有企业安全生产标准化达标证书有效期届满前完成。

第二十八条 换证考评未通过的，企业应在原证书期满后3个月内提出重新考评申请。

第二十九条 企业安全生产标准化达标证书遗失的，可以向原考评发证机构申请补发。

企业法人代表、名称、地址等变更的，应在变更后1个月内，向相应的主管机关提供有关材料，申请对企业安全生产标准化达标证书的变更。

第三十条 主管机关向企业、考评机构、考评人员发放证书不得收取任何费用。

第三十一条 有下列情况之一的，主管机关或其指定的考评机构应对持有企业安全生产标准化达标证书的企业实施附加考评：

(1) 企业发生重大及以上安全责任事故；

(2) 企业一年内连续发生二次及以上较大安全责任事故；

(3) 企业被举报并经核实其安全生产管理存在重大安全问题；

(4) 企业发生其他可能影响其安全生产管理的重大事件或主管机关认为确实必要的。

上述事故等级按照《生产安全事故报告和调查处理条例》（国务院第493号令）确定。

第三十二条 附加考评应针对引发附加考评的原因进行。在考评中发现有严重问题的，可扩大考评范围，直至实施全面考评。

第三十三条 通过附加考评并经主管机关审核合格的，维持企业安全生产标准化达标证书的有效性。

未通过附加考评或经主管机关审定认为其安全生产管理存在重大问题的，主管机关应责令其整改，整改合格的，企业应在3个月内再次申请初次考评。

4. 责任与义务的有关规定

在第四章责任与义务中，对相关事项作了规定。

第三十四条　对企业所实施的安全生产标准化达标考评，不解除企业遵守国际、国内有关安全法规的责任。

第三十五条　在接受考评过程中，企业应：

(1) 提供所需的工作便利，以确保考评员充分有效地实施考评；

(2) 如实提供相关资料和证据；

(3) 与考评员合作，以保证考评工作顺利完成。

第三十六条　考评员应保守秘密并谨慎处理所接触的有关文件、特许的信息资料等。

企业可以向主管机关或考评机构举报、投诉考评员的不正当行为。

第三十七条　主管机关应对考评机构和考评员进行监督管理。考评机构或考评员如有违法违纪行为的，主管机关应做出处理直至取消其考评资格。

第三十八条　主管机关相关管理人员和考评员应严格遵守本办法和有关廉政规定，不得借考评工作谋取任何私利。

第三十九条　本办法所指的交通运输企业主要包括直接从事道路水路运输（含客货运输企业、客货运站场、港口经营企业）、城市客运（含公交、轨道交通、出租汽车企业）、交通运输建设施工、机动车维修等的企业。

交通运输企业安全生产标准化达标考评指标（略）

三、《交通运输企业安全生产标准化考评发证实施办法》相关要点

2012年6月12日，交通运输部办公厅发布《交通运输企业安全生产标准化考评发证实施办法》(厅安监字〔2012〕134号)，自发布之日起实施。

《交通运输企业安全生产标准化考评发证实施办法》分为五章二十一条，各章内容为：第一章总则，第二章考评流程，第三章考评发证，第四章日常管理，第五章附则。制定本办法的目的是依据《交通运输企业安全生产标准化考评管理办法》的规定，进一步规范交通运输企业安全生产标准化考评工作。

1. 总则中的有关规定

在第一章总则中，对相关事项作了规定。

第二条　本办法适用于交通运输企业安全生产标准化考评发证过程中的自评、申请、受理、考评、发证和监督管理。

第三条　交通运输企业安全生产标准化考评的主管机关按照管辖范围和职责权限负责

组织实施考评发证工作。

第五条　各主管机关、考评机构应严格按照本办法组织实施交通运输企业安全生产标准化考评发证。

2. 考评流程的有关规定

在第二章考评流程中，对相关事项作了规定。

第六条　交通运输企业应根据经营类别分别申请达标等级。

第七条　申请达标等级的交通运输企业应对照《交通运输企业安全生产标准化达标考评指标》进行自评，逐项给出自评分值，形成自评报告，并通过交通运输企业安全生产标准化管理信息系统向相应的主管机关提出考评申请（申请表格式见附件）。

第八条　主管机关收到企业申请后确定考评机构受理考评。

第九条　考评机构应在 5 个工作日内完成对企业申请材料的真实性和符合性的核查，对核查通过的企业启动考评；核查不通过的，应及时告知主管机关和企业，并说明原因。

第十条　考评机构应组织 3 名以上（含 3 名）具有相应资质的考评人员成立考评组，制订具体考评计划，告知企业后实施。

考评机构应在接到申请后 25 个工作日内完成对企业的考评。

第十一条　考评组实施考评可采取提问、交谈、查阅文件和记录、现场检查与抽查等方式。若有必要，可以进行现场检测与测量。考评组在企业从事考评活动，按下列程序进行：

（1）考评启动。考评组应提前与企业协调确认考评计划及考评进度表，考评前应介绍考评流程、考评方法及保密承诺等。企业应向考评组介绍企业的组织构架和安全生产工作等情况。

（2）实施考评。考评组成员按照考评计划和任务分工实施考评，获取真实数据，给出公正客观的考评分值和评价。

（3）考评组内部评议。考评组应进行内部评议，具体审核汇总各考评人员提交的考评依据和考评结果，研究确定综合考评结论。

（4）交换意见。考评组应向企业通报考评情况，交换考评结果，并就考评过程中发现的问题向企业提出整改建议。

第十二条　企业对考评机构提出的整改意见，1 个月内能按要求整改到位的，经考评机构核实后，可视为达到考评要求。

第十三条　企业对考评结论存有异议的，可向同级主管机关，直至上级主管机关提出复核申请。主管机关应及时组织复核。

第十四条　考评组考评工作结束后，应向考评机构提交考评报告，考评报告包含下列内容：

（1）考评组人员组成；

（2）考评综述；

（3）考评材料（含考评员考评结果原件等）；

（4）考评结论；

（5）对企业的相关整改建议；

（6）其他需说明的问题。

第十五条　考评机构收到考评组的考评报告并按程序审查后，向主管机关提交考评结论及达标等级意见。

3. 考评发证的有关规定

在第三章考评发证中，对相关事项作了规定。

第十六条　主管机关收到考评机构提交的考评结论后，应对企业拟达标的等级进行公示（公示期 7 天），公示期间没有实名举报的应向企业颁发安全生产标准化达标等级证书，并向社会公布。公示期间如有实名举报，主管机关应进行核查，举报不属实和举报属实但不影响考评结论的应予以发证；举报属实且影响考评结论的不予发证。

第十八条　企业安全生产标准化达标证书应按照交通运输部规定的统一样式（见附件）制发。

4. 日常管理的有关规定

在第四章日常管理中，对相关事项作了规定。

第十九条　获得安全生产达标等级证书的企业每年应进行自评，并在次年 1 月底前将年度自评报告报发证主管机关。

第二十条　上级主管机关应对下级主管机关和考评机构的考评工作进行监督检查。

附件：交通运输企业安全生产标准化达标考评申请表（略）

四、《交通运输企业安全生产标准化考评机构管理实施办法》相关要点

2012 年 6 月 12 日，交通运输部办公厅发布《交通运输企业安全生产标准化考评机构管理实施办法》（厅安监字〔2012〕134 号），自发布之日起实施。

《交通运输企业安全生产标准化考评机构管理实施办法》分为五章二十五条，各章内容为：第一章总则，第二章考评机构类别与资质，第三章考评机构资质条件，第四章监督管理，第五章附则。制定本办法的目的是根据《交通运输企业安全生产标准化考评员管理实施办法》等有关规定，做好交通运输企业安全生产标准化考评工作，规范交通运输企业安全生产标准化考评机构（以下简称考评机构）考评行为。

1. 总则中的有关规定

在第一章总则中，对相关事项作了规定。

第二条　各级交通运输主管部门及长江航务管理局、珠江航务管理局（简称主管机关）对考评机构的监督管理以及考评机构的考评活动，适用本办法。

第三条　考评机构是指经主管机关认定，从事交通运输企业安全生产标准化达标考评

的单位。

第四条　交通运输部负责全国交通运输企业安全生产标准化考评机构的监督管理和指导工作，具体负责认定和管理从事一级达标交通运输企业考评工作的考评机构；各地交通运输主管部门、长江航务管理局、珠江航务管理局根据管辖范围负责认定和管理从事二、三级达标交通运输企业考评工作的考评机构。

2. 考评机构类别与资质的有关规定

在第二章考评机构类别与资质中，对相关事项作了规定。

第五条　考评机构资质类型分为道路运输、水路运输、港口营运、城市客运、交通运输工程建设五类。

道路运输资质类型含道路旅客运输、道路危险货物运输、道路普通货运、道路货物运输站场、机动车维修、汽车客运站等经营类别；水路运输资质类型含水路旅客运输、水路普通货物运输、水路危险货物运输等经营类别；港口营运资质类型含港口客运（滚装码头、渡船渡口）、港口普通货运、港口危险货物营运等经营类别；城市客运资质类型含城市公共汽车客运、城市轨道交通运输、出租汽车营运等经营类别；交通运输工程建设资质类型含交通运输建筑施工经营类别。

第六条　考评机构的资质分为一、二、三级。同一级别考评机构最多只能申请两种专业类型。

一级考评机构由交通运输部认定，二级、三级考评机构由各地交通运输主管部门和长江航务管理局、珠江航务管理局认定，并报交通运输部。一级、二级、三级考评机构分别负责相应交通运输企业的达标考评工作。

第七条　考评机构应取得主管机关颁发的交通运输企业安全生产标准化考评机构资质证书（以下简称：资质证书，样式见附件）。资质证书包含考评机构的资质类型和资质等级，有效期5年。已认定的考评机构由主管机关向社会公布。

第八条　资质证书有效期满需要换证的，应于期满前3个月内向主管机关提出换证申请，经主管机关审查合格的可以换发证书；不合格的，不予换发证书。

3. 考评机构资质条件的有关规定

在第三章考评机构资质条件中，对相关事项作了规定。

第九条　一级考评机构应当具备下列条件：

（1）从事交通运输业务的事业单位或经批准注册的交通运输社团组织；

（2）具有相应的固定办公场所、设施和必要的技术条件；

（3）从事专职管理和取得相应类别考评资格且未在其他考评机构从事考评工作的人员不少于7名（其中具有高级技术职称的不少于3名）；

（4）从事相关业务领域管理、咨询、服务工作；

（5）制定了完善的考评管理制度。

第十条　二级、三级考评机构应当具备下列条件：

（1）从事交通运输业务的事业单位或经批准注册的交通运输社团组织；

（2）具有相适应的固定办公场所、设施和必要的技术条件；

（3）从事专职管理和取得相应类别考评资格且未在其他考评机构从事考评工作的人员，二级不少于5名（其中具有高级技术职称的不少于2名），三级不少于3名（其中具有高级技术职称的不少于1名）；

（4）从事相关业务领域管理、咨询、服务工作；

（5）制定了完善的考评管理制度。

4. 监督管理的有关规定

在第四章监督管理中，对相关事项作了规定。

第十一条　主管机关应当根据其管辖范围内交通运输企业数量、经营类别以及具备开展安全生产标准化考评条件的机构等情况，合理认定考评机构。

第十二条　申请考评机构资质的应按照相关规定，通过交通运输企业安全生产标准化管理信息系统向相应的主管机关提交电子申报材料（申请表格式见附件）。

第十三条　考评机构应当建立考评员档案，并将下列材料汇总后报主管机关。

（1）考评员汇总表、登记表；

（2）专职考评员聘用证明；

（3）考评员培训合格证明；

（4）其他相关材料。

第十四条　考评机构应对企业考评工作资料、现场审查记录、音像资料及相关证明材料及时归档，妥善保管，不得泄露被考评企业的技术和商业秘密。档案存档时间不得低于5年，并至少包括下列材料：

（1）被考评企业的基本情况；

（2）被考评企业安全生产相关文件目录；

（3）现场抽查情况；

（4）考评组及考评员对企业的考评意见和相关整改意见；

（5）考评员资格证复印件。

第十五条　考评机构应当依照相关法律、法规、标准的规定，独立开展考评工作，如实反映被考评企业的安全生产状况，严禁弄虚作假，并对考评结论承担责任。与申请考评的企业存在利害关系的，应当回避。

第十六条　考评机构有下列情形之一的，应当申请变更：

（1）机构名称和法定代表人变更的；

（2）停业、破产或有其他原因终止业务的；

（3）从事专职管理和考评工作的人员发生重大变化的。

第十七条　考评机构对企业进行考评前，应告知企业所在地主管机关。

第十八条　考评机构的考评工作不得以营利为目的，不得利用考评工作谋取其他利益。

第十九条　考评机构应进行年度考评工作总结，并于次年 1 月底前报主管机关。

第二十条　主管机关及其工作人员应当坚持公开、公平、公正的原则，严格按照法律法规和本办法规定，对考评机构和考评员进行监督管理。

第二十一条　主管机关应当采取专家评议、征求被评审企业意见、抽查考评文件等方式，对其认定的考评机构的考评活动进行监督、检查和指导。

第二十二条　主管机关发现考评机构存在问题的，应向考评机构下达整改通知书，要求考评机构及时整改。整改结束后，考评机构应向主管机关提交整改报告。

第二十三条　任何单位和个人有权向主管机关实名举报考评机构。主管机关应当及时受理、组织调查处理，并为举报人保密。

第二十四条　考评机构有下列情形之一的，原发证主管机关应当撤销其考评资质，并收回资质证书：

（1）违反有关考评规定和违法违规行为，不宜继续从事考评工作的；

（2）考评机构未按照主管机关整改通知书要求整改或整改不合格的；

（3）资质证书有效期满未申请换证或申请换证但未获得认可的；

（4）按照有关法规、规定，应予以撤销的。

附件：交通运输企业安全生产标准化考评机构申请表（略）

五、《交通运输企业安全生产标准化考评员管理实施办法》相关要点

2012 年 6 月 12 日，交通运输部办公厅发布《交通运输企业安全生产标准化考评员管理实施办法》（厅安监字〔2012〕134 号），自发布之日起实施。

《交通运输企业安全生产标准化考评员管理实施办法》分为六章二十七条，各章内容为：第一章总则，第二章资格条件，第三章培训考试与登记，第四章资格证管理，第五章考评员管理，第六章附则。制定本办法的目的是根据《交通运输企业安全生产标准化考评员管理实施办法》等有关规定，加强交通运输企业安全生产标准化考评员的管理，规范其考评行为。

1. 总则中的有关规定

在第一章总则中，对相关事项作了规定。

第二条　本办法所称考评员是指经专业培训并考试合格，取得资格证书的人员。

第三条　考评员的分类、资格认定、考评活动以及对考评员的监督管理适用本办法。

第四条　交通运输部负责指导全国考评员的管理。省级交通运输主管部门、长江航务管理局、珠江航务管理局负责其管辖范围内的考评员管理工作。

第五条　考评员专业类型分为道路运输、水路运输、港口营运、城市客运、交通运输

工程建设五种。

第六条　考评员资格管理工作应当公平、公正、公开。

2. 资格条件的有关规定

在第二章资格条件中，对相关事项作了规定。

第七条　凡中华人民共和国公民，遵守法律、法规和规章，恪守职业道德，符合下列条件的，均可报考考评员。

（1）具有大学专科以上学历，相关专业技术职称，且从事交通运输相关工作5年以上；

（2）熟悉交通运输安全生产法律法规及相关规定；

（3）有较强的组织协调能力和文字语言表达能力；

（4）年龄原则上不得超过60周岁，身体健康。

第八条　报考考评员的人员应通过交通运输企业安全生产标准化管理信息系统向户籍所在地或常住地主管机关提交申请，并附下列材料：

（1）申请表（见附件）；

（2）相关证明文件（包括身份证明、学历证明、培训合格证明等的电子文档）。

第九条　考评员资格最多只能申请两种专业类型。

3. 培训考试与登记的有关规定

在第三章培训考试与登记中，对相关事项作了规定。

第十条　交通运输部负责组织制定考试大纲和编写培训教材。省级交通运输主管部门、长江航务管理局和珠江航务管理局按管辖范围负责组织实施培训、考试工作。

第十一条　培训和考试应包含以下内容：

（1）安全生产相关法律法规；

（2）交通运输企业安全生产标准化相关规定；

（3）相关专业技术知识和考评技能；

（4）其他相关知识。

取证培训时间不少于24学时。

第十二条　经培训考试合格的人员，由省级交通运输主管部门、长江航务管理局、珠江航务管理局核发交通运输企业安全生产标准化考评员资格证。

直接从事交通运输安全生产行政管理工作10年以上，熟练掌握交通运输安全生产相关法规和企业安全生产标准化规定，身体健康，经本人申请、所在单位推荐、发证主管机关核准，可直接颁发考评员资格证。

第十三条　从事交通运输企业安全生产标准化考评工作的考评员应受聘于考评机构开展考评活动。

4. 资格证管理的有关规定

在第四章资格证管理中，对相关事项作了规定。

第十五条　交通运输部统一规定考评员资格证样式（见附件），省级交通运输主管部门、长江航务管理局和珠江航务管理局负责资格证的印制和发放等工作。

第十六条　考评员个人信息变动应及时向发证主管机关报告。

第十七条　交通运输部建立全国统一的资格证书管理信息系统。该系统包括考评员基本信息、证书信息和其他电子文档内容。

第十八条　考评员资格证有效期为 5 年。有效期满继续从事考评工作的，应在有效期满前 3 个月内向发证主管机关提出换证申请。

第十九条　考评员申请换证应提交以下材料：

（1）申请表（见附件）；

（2）继续教育证明；

（3）所在考评机构出具的工作业绩证明。

第二十条　考评员应妥善保管考评员资格证，不得损毁、涂改或转借他人。考评员资格证遗失者，应及时向主管机关申请补发。

5. 考评员管理的有关规定

在第五章考评员管理中，对相关事项作了规定。

第二十一条　考评员应当遵守下列规定：

（1）严格执行国家有关法律法规，客观公正，实事求是，保证考评工作质量和真实性；

（2）遵守考评纪律，恪守职业道德，保守考评企业技术和商业秘密；

（3）对考评工作负责；

（4）对考评结论持有异议的，可向考评机构报告，如对考评机构的认定仍有异议的，可向相应的主管机关报告；

（5）与申请考评的企业存在利害关系的，应当主动回避；

（6）自觉接受主管机关、考评机构的监督管理；

（7）年度继续教育时间不少于 8 学时。

第二十二条　考评员在考评企业时，应当出示考评员资格证。

第二十三条　考评员从事考评工作，应认真做好考评记录，保证考评工作规范、有序开展。

第二十四条　主管机关应对考评员的考评活动进行监督检查，其方式可采取现场检查、企业反馈意见搜集、询问等。

第二十五条　考评员有下列行为之一的，主管机关应当撤销其考评员资格：

（1）隐瞒企业重大安全问题的；

（2）考评工作中弄虚作假的；

（3）泄露企业技术和商业秘密的；

（4）收受企业财物或者为企业谋取不正当利益的；

（5）不服从主管机关监督管理的；

（6）资格证逾期不申请换证的；

（7）其他不能胜任考评工作的。

因上述（1）、（2）、（3）、（4）原因被撤销资格证的，终身不得从事考评工作；因上述其他原因被撤销资格证的，2年内不得申请考评员资格。

第二十六条　考评员常住地发生省际间变更的，应申请换发资格证。

附：交通运输企业安全生产标准化考评员申请表（略）

第三节　道路运输企业安全生产标准化建设相关考评要点

安全生产标准化建设，以提高企业安全管理水平，建设本质安全型企业为目的，通过安全生产工作的持续改进和自我完善，实现安全生产的长治久安，是做好安全管理工作的一个有效手段。在交通运输部制定的《道路旅客运输企业安全生产达标考评指标》中，对考评内容、考评要点、分值、考评评价、得分等事项作了明确的规定。在此，介绍与道路运输企业关系密切的道路旅客运输企业安全生产达标考评指标、道路危险货物运输企业安全生产达标考评指标、道路交通普通货运企业安全生产达标考评指标。

一、道路旅客运输企业安全生产达标考评指标相关要点

考评内容	考评要点	
一、安全目标35分	1. 安全工作方针与目标	①制定企业安全生产方针、目标和不低于上级下达的安全控制指标
		②制定实现安全工作方针与目标的措施
	2. 中长期规划	制定和实施企业安全生产中长期规划和跨年度专项工作方案
	3. 年度计划	根据中长期规划，制订年度计划和年度专项活动方案，并严格执行
	4. 目标考核	①将安全生产管理指标进行细化和分解，制定阶段性的安全生产控制指标
		②制定安全生产目标考核与奖惩办法
		③定期考核年度安全生产目标完成情况，并奖惩兑现
二、管理机构和人员40分	1. 安全管理机构	①成立安全生产委员会（或领导小组），下属各分支机构分别成立相应的领导机构。安委会职责明确，实行主要领导负责制
		②按规定设置与企业规模相适应且独立的安全生产管理机构
		③定期召开安全生产委员会会议。安全生产管理机构和下属各分支机构每月至少召开一次安全工作例会
	2. 管理人员配备	按规定足额配备专职安全生产和应急管理人员

续表

考评内容	考评要点	
三、安全责任体系45分	1. 健全责任制	①企业主要负责人、分管领导、全体员工安全职责明确，制定并落实安全生产责任制，层层签订安全生产责任书，并落实到位
		②主要负责人或实际控制人是安全生产第一责任人，按照安全生产法律、法规赋予的职责，对安全生产负全面组织领导、管理责任和法律责任，并履行安全生产的责任和义务
		③分管安全生产的负责人是安全生产的重要负责人，统筹协调和综合管理企业的安全生产工作，对安全生产负重要管理责任
		④其他负责人和全体员工实行“一岗双责”，对业务范围内的安全生产工作负责
		⑤安全生产管理机构、各职能部门、生产基层单位的安全职责明确并落实到位
	2. 责任制考评	根据安全生产责任进行定期考核和奖惩，公告考评和奖惩情况
四、法规和安全管理制度70分	1. 资质	道路运输经营许可证、企业法人营业执照合法有效，经营范围符合要求
	2. 法规	①及时识别、获取适用的安全生产法律法规、标准规范
		②将法规标准和相关要求及时转化为本单位的规章制度，贯彻到各项工作中
		③执行并落实安全生产法律法规、标准规范
		④将适用的安全生产法律、法规、标准及其他要求及时对从业人员进行宣传和培训
	3. 安全管理制度	①制定并及时修订安全生产管理制度，包括：安全生产责任制，安全例会制度，文件和档案管理制度，安全生产费用提取和使用管理制度，设施、设备、货物安全管理制度，安全生产培训和教育学习制度，安全生产监督检查制度，事故统计报告制度，安全生产奖惩制度
		②对从业人员进行安全管理制度的学习和培训
	4. 岗位安全生产操作规程	①制定并及时修订各岗位的安全生产操作规程，并发放到岗位（职工）
		②对从业人员进行安全操作规程的学习和培训；从业人员严格执行本单位的安全操作规程
	5. 制度执行及档案管理	①执行国家有关安全生产方针、政策、法规及本单位的安全管理制度和操作规程，依据行业特点，制定企业安全生产管理措施
		②每年至少一次对安全生产法律法规、标准规范、规章制度、操作规程的执行情况进行检查
		③建立和完善各类台账和档案，并按要求及时报送有关资料和信息
五、安全投入50分	1. 资金投入	①按规定足额提取安全生产费用
		②安全生产经费专款专用，保证安全生产投入的有效实施
		③及时投入满足安全生产条件的所需资金
		④为旅客投保承运人责任险
	2. 费用管理	①跟踪、监督安全生产专项经费使用情况
		②建立安全费用使用台账

续表

考评内容	考评要点	
六、装备设施75分	车辆管理	①车辆技术等级符合行业标准规定要求
		②车辆持有效的道路运输证、机动车行驶证、道路客运班线经营许可证明，在规定位置放置客运标志牌
		③车辆按规定配备安全锤、三角木、警示牌、防滑链等安全设备，配足有效的灭火器
		④制定并落实车辆技术管理制度，按国家规定的技术规范对车辆进行定期维护与检测，保持运输车辆技术状况良好
		⑤运营车辆符合国家标准规定的使用年限或运营公里数
		⑥严格执行车辆的强制报废制度，加强临近报废车辆的技术监管，及时处理临近报废车的安全隐患
		⑦安全生产设施设备符合有关规定，并保证齐全、完好，没有随意改动
七、科技创新与信息化100分	1. 科技应用	①制定并落实卫星定位装置安装使用规定
		②旅游包车、三类以上班线客车按规定安装使用具有行驶记录功能的卫星定位系统车载终端，并正常使用
		③车辆卫星定位系统车载终端接入符合行业标准的监控平台和全国重点营运车辆联网联控系统
		④定期检查车载终端使用情况，确保车辆在线时间；车载终端工作正常、监控数据准确、实时、完整传输
		⑤建立符合行业标准的道路运输车辆卫星定位企业监控平台，及时向上级监管平台传输定位数据，并保证数据真实、准确
		⑥企业平台所录入的车辆和驾驶员的基础资料、车辆技术档案信息，记录车辆行驶情况等信息准确、完整
		⑦配备专职人员负责监控车辆行驶和驾驶员的动态情况，分析处理动态信息
		⑧建立监控值班制度，对营运车辆 24 h 实时动态监控；对上级监管平台发出的指令进行应答，并执行有关要求
		⑨按照有关规定及时纠正和处理超速、疲劳驾驶、故意破坏卫星定位装置等违法违规行为，记录违法违规驾驶员信息，至少保存 3 年时间
		⑩建立动态监控工作台账
	2. 科技创新	①组织开展安全生产科技攻关或课题研究
		②设有其他安全监管信息系统
八、队伍建设90分	1. 培训计划	制订并实施年度及长期的继续教育培训计划，明确培训内容和年度培训时间
	2. 宣传教育	组织开展安全生产的法律、法规和安全生产知识的宣传、教育
	3. 管理人员	①企业主要负责人和管理人员具备相应安全知识和管理能力，并取得行业主管部门培训合格证
		②专（兼）职安全管理人员具备专业安全生产管理知识和经验，熟悉各岗位的安全生产业务操作规程，运用专业知识和规章制度开展安全生产管理工作，并保持安全生产管理人员的相对稳定

续表

考评内容	考评要点	
八、队伍建设90分	4. 从业人员培训	①从业人员每年接受再培训，提高从业人员的素质和能力，再培训时间不得少于有关规定学时。未经安全生产培训合格的从业人员，不得上岗作业
		②转岗人员及时进行岗前培训
		③新技术、新设备投入使用前，对管理和操作人员进行专项培训
	5. 规范档案	①建立、健全安全宣传教育培训考评档案，详细、准确记录培训考评情况
		②对培训效果进行评审，改进、提高培训质量
九、作业管理155分	1. 现场作业管理	严格执行操作规程和安全生产作业规定，严禁违章指挥、违章操作、违反劳动纪律
	2. 安全值班	制定并落实安全生产值班计划和值班制度，重要时期实行领导到岗带班，有值班记录
	3. 相关方管理	两个或两个以上单位共用同一设施设备进行生产经营的现场安全生产管理职责明确，并落实到位
	4. 驾驶员管理	①制定并落实驾驶员行车安全档案管理制度，实行一人一档
		②严格审查驾驶员的驾驶证件、从业资格和驾驶经历，符合条件的签订聘用合同
		③客运车辆每日运行里程超过400 km（高速公路直达超过800 km）的，按规定配备两名以上驾驶员；驾驶员连续驾驶时间不超过4 h，或者24 h内累计驾驶不超过8 h
		④及时掌握极端天气及路况信息，提示作业中的驾驶员谨慎驾驶
		⑤驾驶员按照规定填写行车日志
	5. 营运车辆管理	①有车辆技术档案，实行一车一档，内容记载及时、完整和准确，不得随意更改
		②落实专人负责车辆技术管理工作，车辆安全技术状况符合有关规定
		③建立并落实车辆安全检查制度。做好出车前、行车中及收车后的车辆检查工作
		④维护、维修作业须在交通运输管理部门认定的汽车维修企业进行
	6. 运输管理	①客运班车按照许可的线路、班次、站点运行，在规定的途经站点进站上下旅客，不得改变行驶线路，不得站外上客或者沿途揽客
		②客运车辆严格按核定人数范围内载客运行，无违反规定超速、超员运输
		③合理调整发车时间，对夜间途经达不到夜间安全通行条件的三级（含）以下山区公路，禁止通行
	7. 警示标志	在存在危险因素的作业场所和设备设施，设置明显的安全警示标志，警示、告知危险种类、后果及应急措施

续表

考评内容	考评要点	
十、危险源辨识与风险控制40分	1. 危险源辨识	①开展本单位危险设施或场所危险源的辨识和确定工作
		②辨识重大危险源，采取有效防护措施，按规定报有关部门备案
	2. 风险控制	①及时对作业活动和设备设施进行危险、有害因素识别
		②向从业人员如实告知作业场所和工作岗位存在的危险因素、防范措施以及事故应急措施
		③对危险源进行建档，重大危险源单独建档管理
十一、隐患排查与治理70分	1. 隐患排查	①制定隐患排查工作方案，明确排查的目的、范围，选择合适的排查方法
		②每月至少开展一次安全自查自纠工作，及时发现安全管理缺陷和漏洞，消除安全隐患。检查及处理情况应当记录在案
		③对各种安全检查所查出的隐患进行原因分析，制定针对性控制对策
	2. 隐患治理	①制定隐患治理方案，包括目标和任务、方法和措施、经费和物资、机构和人员、时限和要求
		②对上级检查指出或自我检查发现的一般安全隐患，严格落实防范和整改措施，并组织整改到位
		③重大安全隐患报相关部门备案，做到整改措施、责任、资金、时限和预案“五到位”
		④建立隐患治理台账和档案，有相关的记录
		⑤按规定对隐患排查和治理情况进行统计分析，并向有关部门报送
十二、职业健康25分	1. 健康管理	①设置或指定职业健康管理机构，配备专（兼）职管理人员
		②按规定对员工进行职业健康检查
	2. 工伤保险	为驾驶员办理工伤保险
	3. 危害告知	对从业人员进行职业健康宣传培训。使其了解其作业场所和工作岗位存在的危险因素和职业危害、防范措施和应急处理措施，降低或消除危害后果的事项
	4. 环境与条件	为从业人员提供符合职业健康要求的工作环境和条件，配备与职业健康保护相适应的设施、工具
十三、安全文化35分	1. 安全环境	①设立安全文化廊、安全角、黑板报、宣传栏等员工安全文化阵地，每月至少更换一次内容
		②公开安全生产举报电话号码、通信地址或者电子邮件信箱。对接到的安全生产举报和投诉及时予以调查和处理
	2. 安全行为	①开展安全承诺活动
		②编制旅客运输安全知识手册，并发放给职工
		③组织开展安全生产月活动、安全生产竞赛活动，有方案、有总结
		④对在安全工作中做出显著成绩的集体、个人给予表彰、奖励，并与其经济利益挂钩
		⑤对安全生产进行检查、评比、考评，总结和交流经验，推广安全生产先进管理方法

续表

考评内容	考评要点	
十四、应急救援85分	1. 预案制定	①制定相应的突发事件应急预案，有相应的应急保障措施
		②结合实际将应急预案分为综合应急预案、专项应急预案和现场处置方案
		③应急预案与当地政府预案保持衔接，报当地有关部门备案，通报有关协作单位
		④定期评审应急预案，并根据评审结果或实际情况的变化进行修订和完善
	2. 预案实施	①开展应急预案的宣传教育，普及生产安全事故预防、避险、自救和互救知识
		②开展应急预案培训活动，使有关人员了解应急预案内容，熟悉应急职责、应急程序和应急处置方案
		③发生事故后，及时启动应急预案，组织有关力量进行救援，并按照规定将事故信息及应急预案启动情况报告有关部门
	3. 应急队伍	①建立与本单位安全生产特点相适应的专兼职应急救援队伍，或指定专兼职应急救援人员
		②组织应急救援人员日常训练
	4. 应急装备	①按照应急预案的要求配备相应的应急物资及装备
		②建立应急装备使用状况档案，定期进行检测和维护，使其处于良好状态
	5. 应急演练	①按照有关规定制订应急预案演练计划，并按计划组织开展应急预案演练
		②应急预案演练结束后，对应急预案演练效果进行评审，撰写应急预案演练评审报告，分析存在的问题，并对应急预案提出修改意见
十五、事故报告调查处理50分	1. 事故报告	①发生事故及时进行事故现场处置，按相关规定及时、准确、如实向有关部门报告，没有瞒报、谎报、迟报情况
		②跟踪事故发展情况，及时续报事故信息，建立事故档案和事故管理台账
	2. 事故处理	①接到事故报告后，迅速采取有效措施，组织抢救，防止事故扩大，减少人员伤亡和财产损失
		②发生事故后，按规定成立事故调查组，积极配合各级人民政府组织的事故调查，随时接受事故调查组的询问，如实提供有关情况
		③按时提交事故调查报告，分析事故原因，落实整改措施
		④发生事故后，及时召开安全生产分析通报会，对事故当事人的聘用、培训、考评、上岗以及安全管理等情况进行责任倒查
		⑤按“四不放过”原则严肃查处事故，严肃查处安全生产事故，严格追究责任领导和相关责任人。处理结果报有关部门备案
十六、绩效考评与持续改进35分	1. 绩效评定	每年至少一次对本单位安全生产标准化的实施情况进行评定，对安全生产工作目标、指标的完成情况进行综合考评
	2. 持续改进	提出进一步完善安全标准化的计划和措施，对安全生产目标、指标、管理制度、操作规程等进行修改完善
	3. 安全管理体系建设	根据企业生产经营实际，建立相应的安全管理体系，规范安全生产管理，形成长效机制

二、道路危险货物运输企业安全生产达标考评指标相关要点

考评内容	考评要点	
一、安全目标35分	1. 安全工作方针与目标	①制定企业安全生产方针、目标和不低于上级下达的安全控制指标
		②制定实现安全工作方针与目标的措施
	2. 中长期规划	制定和实施企业安全生产中长期规划和跨年度专项工作方案
	3. 年度计划	根据中长期规划，制订年度计划和年度专项活动方案，并严格执行
	4. 目标考核	①将安全生产管理指标进行细化和分解，制定阶段性的安全生产控制指标
		②制定安全生产目标考核与奖惩办法
		③定期考核年度安全生产目标完成情况，并奖惩兑现
二、管理机构和人员40分	1. 安全管理机构	①成立安全生产委员会（或领导小组），下属各分支机构分别成立相应的领导机构。安委会职责明确，实行主要领导负责制
		②按规定设置与企业规模相适应且独立的安全生产管理机构
		③定期召开安全生产委员会会议。安全生产管理机构和下属各分支机构每月至少召开一次安全工作例会
	2. 管理人员配备	按规定足额配备专职安全生产和应急管理人员
三、安全责任体系45分	1. 健全责任制	①企业主要负责人、分管领导、全体员工安全职责明确，制定并落实安全生产责任制，层层签订安全生产责任书，并落实到位
		②主要负责人或实际控制人是安全生产第一责任人，按照安全生产法律法规赋予的职责，对安全生产负全面组织领导、管理责任和法律责任，并履行安全生产的责任和义务
		③分管安全生产的负责人是安全生产的重要负责人，统筹协调和综合管理企业的安全生产工作，对安全生产负重要管理责任
		④其他负责人和全体员工实行“一岗双责”，对业务范围内的安全生产工作负责
		⑤安全生产管理机构、各职能部门、生产基层单位的安全职责明确并落实到位
	2. 责任制考评	根据安全生产责任进行定期考核和奖惩，公告考评和奖惩情况
四、法规和安全管理制度70分	1. 资质	道路运输经营许可证、企业法人营业执照合法有效，经营范围符合要求
	2. 法规	①及时识别、获取适用的安全生产法律法规、标准规范
		②将法规标准和相关要求及时转化为本单位的规章制度，贯彻到各项工作中
		③执行并落实安全生产法律法规、标准规范
		④将适用的安全生产法律、法规、标准及其他要求及时对从业人员进行宣传和培训
	3. 安全管理制度	①制定并及时修订安全生产管理制度，包括：安全生产责任制，安全例会制度，文件和档案管理制度，安全生产费用提取和使用管理制度，设施、设备、货物安全管理制度，安全生产培训和教育学习制度，安全生产监督检查制度，事故统计报告制度，安全生产奖惩制度
		②对从业人员进行安全管理制度的学习和培训

续表

考评内容	考评要点	
四、法规和安全管理制度70分	4. 岗位安全生产操作规程	①制定并及时修订各岗位的安全生产操作规程，并发放到岗位（职工）
		②对从业人员进行安全操作规程的学习和培训；从业人员严格执行本单位的安全操作规程
	5. 制度执行及档案管理	①执行国家有关安全生产方针、政策、法规及本单位的安全管理制度和操作规程，依据行业特点，制定企业安全生产管理措施
		②每年至少一次对安全生产法律法规、标准规范、规章制度、操作规程的执行情况进行检查
		③建立和完善各类台账和档案，并按要求及时报送有关资料和信息
五、安全投入50分	1. 资金投入	①按规定足额提取安全生产费用
		②安全生产经费专款专用，保证安全生产投入的有效实施
		③及时投入满足安全生产条件的所需资金
		④为危险货物投保承运人责任险，并在有效期内
	2. 费用管理	①跟踪、监督安全生产专项经费使用情况
		②建立安全费用使用台账
六、装备设施85分	1. 停车场	①制定并落实停车场安全管理制度
		②有符合安全规定并与经营范围、规模相适应的停车场地
		③具有运输剧毒、爆炸和Ⅰ类包装危险货物专用车辆的，配备与其他设备、车辆、人员隔离的专用停车区域，并设立明显的警示标志
		④停车场地设有专人值守，安全生产设施设备符合有关规定，齐全、完好
	2. 设施设备	①车辆持有效的道路运输证、机动车行驶证，车辆技术等级达到行业标准规定的一级技术等级
		②专用车辆符合国家有关规定，配备安全、有效的通信工具，并按照国家标准的要求悬挂标志，标志灯（牌）、标识齐全有效
		③车辆的经常性装备符合有关规定，并保证齐全、完好
		④车辆在特殊运行条件下使用时，应根据需要，配备保温、预热、防滑、牵引等临时性装备
		⑤配备有与运输的危险货物性质相适应的安全防护、环境保护和消防设施设备，随车携带遮盖、捆扎、防潮、防火、防毒等工、属具和应急处理设备、劳动防护用品
		⑥运营车辆符合国家标准规定的使用年限或运营公里数
		⑦严格执行车辆的强制报废制度，加强临近报废车辆的技术监管，及时处理临近报废车的安全隐患

续表

考评内容	考评要点	
七、科技创新与信息化70分	1. 科技应用	①制定并落实卫星定位装置安装使用规定
		②按规定为所属车辆安装符合行业标准的道路运输车辆卫星定位系统车载终端，并正常使用
		③卫星定位系统车载终端接入符合行业标准的监控平台和全国重点营运车辆联网联控系统
		④定期检查车载终端使用情况，确保车辆在线时间；车载终端工作正常、监控数据准确、实时、完整传输
		⑤建立符合行业标准的道路运输车辆卫星定位系统企业监控平台，及时向上级监管平台传输定位数据，并保证数据的真实性、准确性、实效性
		⑥企业卫星定位平台准确、完整录入车辆和驾驶员的基础资料、车辆技术档案和车辆行驶情况等信息
		⑦配备专职人员负责监控车辆行驶和驾驶员的动态情况，分析处理动态信息
		⑧建立监控值班制度，对营运车辆 24 h 不间断的实时动态监控；对上级监管平台发出的指令进行应答，并执行有关要求
		⑨按照有关规定及时纠正和处理超速、疲劳驾驶、故意破坏卫星定位装置等违法违规行为，对违法违规驾驶员信息留存在案，至少保存 3 年时间
		⑩建立动态监控工作台账
	2. 科技创新	①设有其他安全生产管理信息系统
		②组织开展安全生产科技攻关或课题研究
八、队伍建设90分	1. 培训计划	制订并实施年度及长期的继续教育培训计划，明确培训内容和年度培训时间
	2. 宣传教育	组织开展安全生产的法律、法规和安全生产知识的宣传、教育
	3. 管理人员	①企业主要负责人和管理人员具备相应安全知识和管理能力，并取得行业主管部门培训合格证
		②专（兼）职安全管理人员具备专业安全生产管理知识和经验，熟悉各岗位的安全生产业务操作规程，运用专业知识和规章制度开展安全生产管理工作，并保持安全生产管理人员的相对稳定
	4. 从业人员培训	①从业人员每年接受再培训，提高从业人员的素质和能力，再培训时间不得少于有关规定学时。未经安全生产培训合格的从业人员，不得上岗作业
		②转岗人员及时进行岗前培训
		③新技术、新设备投入使用前，对管理和操作人员进行专项培训
	5. 规范档案	①建立健全安全宣传教育培训考评档案，详细、准确记录培训考评情况
		②对培训效果进行评审，改进提高培训质量

续表

考评内容		考评要点
九、作业管理170分	1. 现场作业管理	严格执行操作规程和安全生产作业规定，严禁违章指挥、违章操作、违反劳动纪律
	2. 安全值班	制定并落实安全生产值班计划和值班制度，重要时期实行领导到岗带班，有值班记录
	3. 相关方现场安全管理责任落实	两个或两个以上单位共用同一设施设备进行生产经营的现场安全生产管理职责明确，并落实到位
	4. 从业人员管理	①从业人员熟悉有关安全生产的法规、技术标准和安全生产规章制度、安全操作规程，了解所装运危险货物的性质、危害特性、包装物或者容器的使用要求和发生意外事故时的处置措施；驾驶人员、押运人员没有擅自离岗、脱岗
		②制定并落实驾驶员行车安全档案管理制度，档案一人一档
		③严格审查驾驶人员的驾驶证件、从业资格和驾驶经历，审查装卸管理人员和押运人员从业资格，符合条件的签订聘用合同
		④车辆每日运行里程超过 400 km 的，按规定配备 2 名以上驾驶员；驾驶员连续驾驶时间不超过 4 h，24 h 内累计驾驶不超过 8 h
		⑤及时掌握极端天气及路况信息，提示作业中的驾驶员谨慎驾驶
		⑥驾驶员按照规定填写“行车日志”
	5. 营运车辆管理	①罐式专用车辆的罐体经质量检验部门检验合格，并在有效期内
		②制定并落实车辆技术管理制度，落实专人负责车辆技术管理工作，并按国家规定的技术规范对车辆进行定期维护与检测，保持运输车辆技术状况良好
		③建立并落实车辆安全检查制度。做好出车前、行车中及收车后的车辆检查工作，发现故障及隐患，及时排除
		④维护、维修作业须在交通运输管理部门认定的具备道路危险货物运输车辆维修条件的汽车维修企业进行
		⑤有车辆技术档案，实行一车一档，对相关内容的记载及时、完整和准确，不得随意更改
	6. 运输管理	①制定并落实危险货物运输登记制度，做好相关记录
		②驾驶员按照道路交通安全主管部门指定的行车时间和路线运输危险货物
		③运输货物符合车辆核定范围和要求，无违反规定超限、超载运输
		④配备押运人员，并随车携带“道路运输危险货物安全卡”
		⑤运输危险货物过程中，押运人员对道路危险货物运输进行全程监管。密切注意车辆所装载的危险货物，采取必要措施，防止危险货物脱落、扬散、丢失以及燃烧、爆炸、辐射、泄漏等；根据危险货物性质定时停车检查，发现问题及时会同驾驶人员采取措施妥善处理

续表

考评内容	考评要点	
九、作业管理170分	6. 运输管理	⑥装卸管理人员按照安全作业规程对道路危险货物装卸作业进行现场监督，确保装卸安全
九、作业管理170分	6. 运输管理	⑦建立车辆清洗消毒制度，车辆及工具按有关要求方法到具备条件的地点进行车辆清洗消毒处理
九、作业管理170分	7. 警示标志	存在危险因素的作业场所和设备设施，设置警戒区域和明显安全警示标志，警示、告知危险种类、后果及应急措施，无关人员不得进入作业区
十、危险源辨识与风险控制45分	1. 危险源辨识	①开展本单位危险设施或场所危险源的辨识和确定工作
十、危险源辨识与风险控制45分	1. 危险源辨识	②辨识重大危险源，采取有效防护措施，按规定报有关部门备案
十、危险源辨识与风险控制45分	2. 风险控制	①及时对作业活动和设备设施进行危险、有害因素识别
十、危险源辨识与风险控制45分	2. 风险控制	②向从业人员如实告知作业场所和工作岗位存在的危险因素、防范措施以及事故应急措施
十、危险源辨识与风险控制45分	2. 风险控制	③对危险源进行建档，重大危险源单独建档管理
十一、隐患排查与治理70分	1. 隐患排查	①制定隐患排查工作方案，明确排查的目的、范围，选择合适的排查方法
十一、隐患排查与治理70分	1. 隐患排查	②每月至少开展一次安全自查自纠工作，及时发现安全管理缺陷和漏洞，消除安全隐患。检查及处理情况应当记录在案
十一、隐患排查与治理70分	1. 隐患排查	③对各种安全检查所查出的隐患进行原因分析，制定针对性控制对策
十一、隐患排查与治理70分	2. 隐患治理	①制定隐患治理方案，包括目标和任务、方法和措施、经费和物资、机构和人员、时限和要求
十一、隐患排查与治理70分	2. 隐患治理	②对上级检查指出或自我检查发现的一般安全隐患，严格落实防范和整改措施，并组织整改到位
十一、隐患排查与治理70分	2. 隐患治理	③重大安全隐患报相关部门备案，做到整改措施、责任、资金、时限和预案“五到位”
十一、隐患排查与治理70分	2. 隐患治理	④建立隐患治理台账和档案，有相关的记录
十一、隐患排查与治理70分	2. 隐患治理	⑤按规定对隐患排查和治理情况进行统计分析，并向有关部门报送
十二、职业健康25分	1. 健康管理	①设置或指定职业健康管理机构，配备专（兼）职管理人员
十二、职业健康25分	1. 健康管理	②按规定对员工进行职业健康检查
十二、职业健康25分	2. 工伤保险	为从事危险作业人员办理意外伤害险
十二、职业健康25分	3. 危害告知	对从业人员进行职业健康宣传培训。使其了解其作业场所和工作岗位存在的危险因素和职业危害、防范措施和应急处理措施，降低或消除危害后果的事项
十二、职业健康25分	4. 环境与条件	为从业人员提供符合职业健康要求的工作环境和条件，配备与职业健康保护相适应的设施、工具

续表

考评内容	考评要点	
十三、安全文化35分	1. 安全环境	①设立安全文化廊、安全角、黑板报、宣传栏等员工安全文化阵地，每月至少更换一次内容
		②公开安全生产举报电话号码、通信地址或者电子邮件信箱。对接到的安全生产举报和投诉及时予以调查和处理
	2. 安全行为	①开展安全承诺活动
		②编制危险货物运输安全知识手册，并发放给职工
		③组织开展安全生产月活动、安全生产竞赛活动，有方案、有总结
		④对在安全工作中做出显著成绩的集体、个人给予表彰、奖励，并与其经济利益挂钩
		⑤对安全生产进行检查、评比、考评，总结和交流经验，推广安全生产先进管理方法
十四、应急救援85分	1. 预案制定	①制定相应的突发事件应急预案，有相应的应急保障措施
		②结合实际将应急预案分为综合应急预案、专项应急预案和现场处置方案
		③应急预案与当地政府预案保持衔接，报当地有关部门备案，通报有关协作单位
		④定期评审应急预案，并根据评审结果或实际情况的变化进行修订和完善
	2. 预案实施	①开展应急预案的宣传教育，普及生产安全事故预防、避险、自救和互救知识
		②开展应急预案培训活动，使有关人员了解应急预案内容，熟悉应急职责、应急程序和应急处置方案
		③发生事故后，及时启动应急预案，组织有关力量进行救援，并按照规定将事故信息及应急预案启动情况报告有关部门
	3. 应急队伍	①建立与本单位安全生产特点相适应的专兼职应急救援队伍，或指定专兼职应急救援人员
		②组织应急救援人员日常训练
	4. 应急装备	①按照应急预案的要求配备相应的应急物资及装备
		②建立应急装备使用状况档案，定期进行检测和维护，使其处于良好状态
	5. 应急演练	①按照有关规定制订应急预案演练计划，并按计划组织开展应急预案演练
		②应急预案演练结束后，对应急预案演练效果进行评审，撰写应急预案演练评审报告，分析存在的问题，并对应急预案提出修改意见

续表

考评内容	考评要点	
十五、事故报告调查处理50分	1. 事故报告	①发生事故及时进行事故现场处置，按相关规定及时、准确、如实向有关部门报告，没有瞒报、谎报、迟报情况
		②跟踪事故发展情况，及时续报事故信息，建立事故档案和事故管理台账
	2. 事故处理	①接到事故报告后，迅速采取有效措施，组织抢救，防止事故扩大，减少人员伤亡和财产损失
		②发生事故后，按规定成立事故调查组，积极配合各级人民政府组织的事故调查，随时接受事故调查组的询问，如实提供有关情况
		③按时提交事故调查报告，分析事故原因，落实整改措施
		④发生事故后，及时召开安全生产分析通报会，对事故当事人的聘用、培训、考评、上岗以及安全管理等情况进行责任倒查
十六、绩效考评与持续改进35分	1. 绩效评定	每年至少一次对本单位安全生产标准化的实施情况进行评定，对安全生产工作目标、指标的完成情况进行综合考评
	2. 持续改进	提出进一步完善安全标准化的计划和措施，对安全生产目标、指标、管理制度、操作规程等进行修改完善
	3. 安全管理体系建设	根据企业生产经营实际，建立相应的安全管理体系，规范安全生产管理，形成长效机制

三、道路交通普通货运企业安全生产达标考评指标相关要点

考评内容	考评要点	
一、安全目标35分	1. 安全工作方针与目标	①制定企业安全生产方针、目标和不低于上级下达的安全控制指标
		②制定实现安全工作方针与目标的措施
	2. 中长期规划	制定和实施企业安全生产中长期规划和跨年度专项工作方案
	3. 年度计划	根据中长期规划，制订年度计划和年度专项活动方案，并严格执行
	4. 目标考核	①将安全生产管理指标进行细化和分解，制定阶段性的安全生产控制指标
		②制定安全生产目标考核与奖惩办法
		③定期考核年度安全生产目标完成情况，并奖惩兑现
二、管理机构和人员35分	1. 安全管理机构	①成立安全生产委员会（或领导小组），下属各分支机构分别成立相应的领导机构。安委会职责明确，实行主要领导负责制
		②设置与安全生产相适应的安全生产管理机构
		③定期召开安全生产委员会会议。安全生产管理机构和下属各分支机构每月至少召开一次安全工作例会
	2. 管理人员配备	按规定足额配备安全生产和应急管理人员

续表

考评内容	考评要点	
三、安全责任体系45分	1. 健全责任制	①企业主要负责人、分管领导、全体员工安全职责明确，制定并落实安全生产责任制，层层签订安全生产责任书，并落实到位
		②主要负责人或实际控制人是安全生产第一责任人，按照安全生产法律法规赋予的职责，对安全生产负全面组织领导、管理责任和法律责任，并履行安全生产的责任和义务
		③分管安全生产的负责人是安全生产的重要负责人，统筹协调和综合管理企业的安全生产工作，对安全生产负重要管理责任
		④其他负责人和全体员工实行“一岗双责”，对业务范围内的安全生产工作负责
		⑤安全生产管理机构、各职能部门、生产基层单位的安全职责明确并落实到位
	2. 责任制考评	根据安全生产责任进行定期考核和奖惩，公告考评和奖惩情况
四、法规和安全管理制度70分	1. 资质	道路运输经营许可证、企业法人营业执照合法有效，经营范围符合要求
	2. 法规	①及时识别、获取适用的安全生产法律法规、标准规范
		②将法规标准和相关要求及时转化为本单位的规章制度，贯彻到各项工作中
		③将适用的安全生产法律、法规、标准及其他要求及时对从业人员进行宣传和培训
	3. 安全管理制度	①制定并及时修订安全生产管理制度，包括：安全生产责任制，安全例会制度，文件和档案管理制度，安全生产费用提取和使用管理制度，设施、设备、货物安全管理制度，安全生产培训和教育学习制度，安全生产监督检查制度，事故统计报告制度，安全生产奖惩制度
		②对从业人员进行安全管理制度的学习和培训
	4. 岗位安全生产操作规程	①制定并及时修订各岗位的安全生产操作规程，并发放到岗位（职工）
		②对从业人员进行安全操作规程的学习和培训；从业人员严格执行本单位的安全操作规程
	5. 制度执行及档案管理	①执行国家有关安全生产方针、政策、法规及本单位的安全管理制度和操作规程，依据行业特点，制定企业安全生产管理措施
		②每年至少一次对安全生产法律法规、标准规范、规章制度、操作规程的执行情况进行检查
		③建立和完善各类台账和档案，并按要求及时报送有关资料和信息

续表

考评内容	考评要点	
五、安全投入50分	1. 资金投入	①按规定足额提取安全生产费用
		②安全生产经费专款专用，保证安全生产投入的有效实施
		③及时投入满足安全生产条件的所需资金
	2. 费用管理	①跟踪、监督安全生产专项经费使用情况
		②建立安全费用使用台账
六、装备设施85分	1. 安全设施	①安全生产设施设备符合有关规定，并保证齐全、完好，没有随意改动
		②车辆按规定配备三角木、警示牌、防滑链等安全设备，配足有效的消防设备及器材
	2. 车辆	①车辆持有效的道路运输证、机动车行驶证等证照
		②车辆技术等级达到行业标准规定的技术等级
		③运营车辆符合国家标准规定的使用年限或运营公里数
		④严格执行车辆的强制报废制度，加强临近报废车辆的技术监管，及时处理临近报废车的安全隐患
	3. 特种装备	①指定专人对特种设备进行管理
		②特种设备按规定进行定期检验，检验证书合法有效
		③特种设备维护保养良好
		④按要求建立特种设备台账
七、科技创新与信息化65分	科技信息化	①制定卫星定位装置安装使用规定
		②为所属车辆安装符合行业标准的道路运输车辆卫星定位系统车载终端
		③对车辆进行动态监控，及时提醒、预警
		④设有其他的安全监管信息系统
		⑤组织开展安全生产科技攻关或课题研究
		⑥建立动态监控工作台账
八、队伍建设90分	1. 培训计划	制订并实施年度及长期的继续教育培训计划，明确培训内容和年度培训时间
	2. 宣传教育	组织开展安全生产的法律、法规和安全生产知识的宣传、教育
	3. 管理人员	①企业主要负责人和管理人员具备相应安全知识和管理能力，并取得行业主管部门培训合格证
		②专（兼）职安全管理人员具备专业安全生产管理知识和经验，熟悉各岗位的安全生产业务操作规程，运用专业知识和规章制度开展安全生产管理工作，并保持安全生产管理人员的相对稳定
	4. 从业人员培训	①从业人员每年接受再培训，提高从业人员的素质和能力，再培训时间不得少于有关规定学时。未经安全生产培训合格的从业人员，不得上岗作业
		②对转岗人员及时进行岗前培训
		③新技术、新设备投入使用前，对管理和操作人员进行专项培训
	5. 规范档案	①建立健全安全宣传教育培训考评档案，详细、准确记录培训考评情况
		②对培训效果进行评审，改进并提高培训质量

续表

考评内容	考评要点	
九、作业管理165分	1. 现场作业管理	严格执行操作规程和安全生产作业规定，严禁违章指挥、违章操作、违反劳动纪律
	2. 安全值班	制定并落实安全生产值班计划和值班制度，重要时期实行领导到岗带班，有值班记录
	3. 相关方管理	两个或两个以上单位共用同一设施设备进行生产经营的现场安全生产管理职责明确，并落实到位
	4. 驾驶员管理	①制定并落实驾驶员行车安全档案管理制度，实行一人一档
		②严格审查驾驶员的驾驶证件、从业资格和驾驶经历，符合条件的签订聘用合同
		③货运车辆每日运行里程超过400 km（高速公路直达超过800 km）的，按规定配备2名以上驾驶员；驾驶员连续驾驶时间不超过4 h，24 h内累计驾驶不超过8 h
		④规定驾驶员的行车路线，对危险路段进行标注，供驾驶员参考
		⑤及时掌握极端天气及路况信息，提示作业中的驾驶员谨慎驾驶
	5. 营运车辆管理	①制定并落实车辆技术管理制度，按国家规定的技术规范对车辆进行定期维护与检测，保持运输车辆技术状况良好
		②落实专人负责车辆技术管理工作，车辆安全技术状况符合有关规定
		③建立并落实车辆安全检查制度。做好出车前、行车中及收车后的车辆检查工作，发现故障及隐患，及时排除
		④维护、维修作业须在交通运输管理部门认定的汽车维修企业进行
		⑤建立并妥善保管车辆技术档案，相关内容记载及时、完整、准确、规范，车辆技术档案一车一档
	6. 运输管理	车辆严格按核定载荷范围内运行，无违反规定超限、超载运输
	7. 警示标志	在存在危险因素的作业场所和设备设施，设置明显的安全警示标志，警示、告知危险种类、后果及应急措施
十、危险源辨识与风险控制50分	1. 危险源辨识	①开展本单位危险设施或场所危险源的辨识和确定工作
		②辨识重大危险源，采取有效防护措施，按规定报有关部门备案
	2. 风险控制	①及时对作业活动和设备设施进行危险、有害因素识别
		②向从业人员如实告知作业场所和工作岗位存在的危险因素、防范措施以及事故应急措施
		③对危险源进行建档，重大危险源单独建档管理

续表

<table>
<tr><th>考评内容</th><th colspan="2">考 评 要 点</th></tr>
<tr><td rowspan="8">十一、隐患排查与治理75分</td><td rowspan="3">1. 隐患排查</td><td>①制定隐患排查工作方案，明确排查的目的、范围，选择合适的排查方法</td></tr>
<tr><td>②每月至少开展一次安全自查自纠工作，及时发现安全管理缺陷和漏洞，消除安全隐患。检查及处理情况应当记录在案</td></tr>
<tr><td>③对各种安全检查所查出的隐患进行原因分析，制定针对性控制对策</td></tr>
<tr><td rowspan="5">2. 隐患治理</td><td>①制定隐患治理方案，包括目标和任务、方法和措施、经费和物资、机构和人员、时限和要求</td></tr>
<tr><td>②对上级检查指出或自我检查发现的一般安全隐患，严格落实防范和整改措施，并组织整改到位</td></tr>
<tr><td>③重大安全隐患报相关部门备案，做到整改措施、责任、资金、时限和预案“五到位”</td></tr>
<tr><td>④建立隐患治理台账和档案，有相关的记录</td></tr>
<tr><td>⑤按规定对隐患排查和治理情况进行统计分析，并向有关部门报送</td></tr>
<tr><td rowspan="5">十二、职业健康30分</td><td rowspan="2">1. 健康管理</td><td>①设置或指定职业健康管理机构，配备专（兼）职管理人员</td></tr>
<tr><td>②按规定对员工进行职业健康检查</td></tr>
<tr><td>2. 工伤保险</td><td>为从事危险作业人员办理意外伤害险</td></tr>
<tr><td>3. 危害告知</td><td>对从业人员进行职业健康宣传培训。使其了解其作业场所和工作岗位存在的危险因素和职业危害、防范措施和应急处理措施，降低或消除危害后果的事项</td></tr>
<tr><td>4. 劳动保护</td><td>为从业人员提供符合职业健康要求的工作环境和条件，配备与职业健康保护相适应的设施、工具</td></tr>
<tr><td rowspan="7">十三、安全文化35分</td><td rowspan="2">1. 安全环境</td><td>①设立安全文化廊、安全角、黑板报、宣传栏等员工安全文化阵地，每月至少更换两次内容</td></tr>
<tr><td>②公开安全生产举报电话号码、通信地址或者电子邮件信箱。对接到的安全生产举报和投诉及时予以调查和处理</td></tr>
<tr><td rowspan="5">2. 安全行为</td><td>①开展安全承诺活动</td></tr>
<tr><td>②编制安全知识手册，并发放给职工</td></tr>
<tr><td>③组织开展安全生产月活动、安全生产竞赛活动，有方案、有总结</td></tr>
<tr><td>④对在安全工作中做出显著成绩的集体、个人给予表彰、奖励，并与其经济利益挂钩</td></tr>
<tr><td>⑤对安全生产进行检查、评比、考评，总结和交流经验，推广安全生产先进管理方法</td></tr>
<tr><td rowspan="4">十四、应急救援85分</td><td rowspan="4">1. 预案制定</td><td>①制定相应的突发事件应急预案，有相应的应急保障措施</td></tr>
<tr><td>②结合实际将应急预案分为综合应急预案、专项应急预案和现场处置方案</td></tr>
<tr><td>③应急预案与当地政府预案保持衔接，报当地有关部门备案，通报有关协作单位</td></tr>
<tr><td>④定期评审应急预案，并根据评审结果或实际情况的变化进行修订和完善</td></tr>
</table>

续表

考评内容	考评要点	
十四、应急救援85分	2. 预案实施	①开展应急预案的宣传教育，普及生产安全事故预防、避险、自救和互救知识
		②开展应急预案培训活动，使有关人员了解应急预案内容，熟悉应急职责、应急程序和应急处置方案
		③发生事故后，及时启动应急预案，组织有关力量进行救援，并按照规定将事故信息及应急预案启动情况报告有关部门
	3. 应急队伍	①建立与本单位安全生产特点相适应的专兼职应急救援队伍，或指定专兼职应急救援人员
		②组织应急救援人员日常训练
	4. 应急装备	①按照应急预案的要求配备相应的应急物资及装备
		②建立应急装备使用状况档案，定期进行检测和维护，使其处于良好状态
	5. 应急演练	①按照有关规定制订应急预案演练计划，并按计划组织开展应急预案演练
		②应急预案演练结束后，对应急预案演练效果进行评审，撰写应急预案演练评审报告，分析存在的问题，并对应急预案提出修改意见
十五、事故报告调查处理50分	1. 事故报告	①发生事故及时进行事故现场处置，按相关规定及时、准确、如实向有关部门报告，没有瞒报、谎报、迟报情况
		②跟踪事故发展情况，及时续报事故信息，建立事故档案和事故管理台账
	2. 事故处理	①接到事故报告后，迅速采取有效措施，组织抢救，防止事故扩大，减少人员伤亡和财产损失
		②发生事故后，按规定成立事故调查组，积极配合各级人民政府组织的事故调查，随时接受事故调查组的询问，如实提供有关情况
		③按时提交事故调查报告，分析事故原因，落实整改措施
		④发生事故后，及时召开安全生产分析通报会，对事故当事人的聘用、培训、考评、上岗以及安全管理等情况进行责任倒查
		⑤按“四不放过”原则严肃查处事故，严肃查处安全生产事故，严格追究责任领导和相关责任人。处理结果报有关部门备案
十六、绩效考核与持续改进35分	1. 绩效评定	每年至少一次对本单位安全生产标准化的实施情况进行评定，对安全生产工作目标、指标的完成情况进行综合考评
	2. 持续改进	提出进一步完善安全标准化的计划和措施，对安全生产目标、指标、管理制度、操作规程等进行修改完善
	3. 安全管理体系建设	根据企业生产经营实际，建立相应的安全管理体系，规范安全生产管理，形成长效机制

第五章　道路运输企业事故隐患排查与治理

对于道路运输企业来说，要保障道路运输安全就要预防事故，需要采取多种措施，归纳起来主要有三个方面的措施：一是排查治理事故隐患，防止“带病”车辆上路行驶，及时发现隐患、治理隐患，不要使隐患演变为事故；二是防止超载运输，机动车装载应当符合核定装载人数、装载质量，严禁超载，超载车辆影响车辆性能，容易导致事故的发生；三是强化对驾驶员的安全管理，加强安全教育，促使驾驶人员遵守道路交通安全法律、法规的规定，按照操作规范安全驾驶、文明驾驶，杜绝疲劳驾驶。在上述三项措施中，排查治理事故隐患无疑是一项非常积极、有效的措施。

第一节　道路交通运输企业安全生产事故隐患治理相关规章

事故隐患分为一般事故隐患和重大事故隐患。一般事故隐患是指危害和整改难度较小，发现后能够立即整改排除的隐患。重大事故隐患是指危害和整改难度较大，应当全部或者局部停产停业，并经过一定时间整改治理方能排除的隐患，或者因外部因素影响致使生产经营单位自身难以排除的隐患。就道路运输企业而言，要特别注重对运营车辆事故隐患的排查治理，因为一些小的隐患往往会引发大的事故，甚至导致车毁人亡的重大事故。

一、国务院《关于进一步加强企业安全生产工作的通知》相关要点

2010 年 7 月 19 日，国务院印发《关于进一步加强企业安全生产工作的通知》（国发〔2010〕 23 号，以下简称《通知》）。《通知》的制定出台，是党和国家在全国深入贯彻落实科学发展观，转变经济发展方式，调整产业结构，推进经济平稳较快发展和建设和谐社会的重要时期，对安全生产工作做出的重大决策和部署，充分体现了党中央、国务院对安全生产工作的高度重视，对人民群众的深切关怀。《通知》体现了“安全发展，预防为主”的原则要求和安全生产工作标本兼治、重在治本，重心下移、关口前移的总体思路。《通知》

的相关内容如下：

1. 总体要求

（1）工作要求。深入贯彻落实科学发展观，坚持以人为本，牢固树立安全发展的理念，切实转变经济发展方式，调整产业结构，提高经济发展的质量和效益，把经济发展建立在安全生产有可靠保障的基础上；坚持“安全第一、预防为主、综合治理”的方针，全面加强企业安全管理，健全规章制度，完善安全标准，提高企业技术水平，夯实安全生产基础；坚持依法依规生产经营，切实加强安全监管，强化企业安全生产主体责任落实和责任追究，促进我国安全生产形势实现根本好转。

（2）主要任务。以煤矿、非煤矿山、交通运输、建筑施工、危险化学品、烟花爆竹、民用爆炸物品、冶金等行业（领域）为重点，全面加强企业安全生产工作。要通过更加严格的目标考核和责任追究，采取更加有效的管理手段和政策措施，集中整治非法违法生产行为，坚决遏制重、特大事故发生；要尽快建成完善的国家安全生产应急救援体系，在高危行业强制推行一批安全适用的技术装备和防护设施，最大限度减少事故造成的损失；要建立更加完善的技术标准体系，促进企业安全生产技术装备全面达到国家和行业标准，实现我国安全生产技术水平的提高；要进一步调整产业结构，积极推进重点行业的企业重组和矿产资源开发整合，彻底淘汰安全性能低下、危及安全生产的落后产能；以更加有力的政策引导，形成安全生产长效机制。

2. 严格企业安全管理

（1）进一步规范企业生产经营行为。企业要健全完善严格的安全生产规章制度，坚持不安全不生产。加强对生产现场监督检查，严格查处违章指挥、违规作业、违反劳动纪律的“三违”行为。凡超能力、超强度、超定员组织生产的，要责令停产停工整顿，并对企业和企业主要负责人依法给予规定上限的经济处罚。对以整合、技改名义违规组织生产，以及规定期限内未实施改造或故意拖延工期的矿井，由地方政府依法予以关闭。要加强对境外中资企业安全生产工作的指导和管理，严格落实境内投资主体和派出企业的安全生产监督责任。

（2）及时排查治理安全隐患。企业要经常性开展安全隐患排查，并切实做到整改措施、责任、资金、时限和预案“五到位”。建立以安全生产专业人员为主导的隐患整改效果评价制度，确保整改到位。对隐患整改不力造成事故的，要依法追究企业和企业相关负责人的责任。对停产整改逾期未完成的，不得复产。

（3）强化生产过程管理的领导责任。企业主要负责人和领导班子成员要轮流现场带班。煤矿、非煤矿山要有矿领导带班并与工人同时下井、同时升井，对无企业负责人带班下井或该带班而未带班的，对有关责任人按擅离职守处理，同时给予规定上限的经济处罚。发生事故而没有领导现场带班的，对企业给予规定上限的经济处罚，并依法从重追究企业主要负责人的责任。

（4）强化职工安全培训。企业主要负责人和安全生产管理人员、特殊工种人员一律严格考核，按国家有关规定持职业资格证书上岗；职工必须全部经过培训合格后上岗。企业用工要严格依照劳动合同法与职工签订劳动合同。凡存在不经培训上岗、无证上岗的企业，依法停产整顿。没有对井下作业人员进行安全培训教育，或存在特种作业人员无证上岗的企业，情节严重的要依法予以关闭。

（5）全面开展安全达标。深入开展以岗位达标、专业达标和企业达标为内容的安全生产标准化建设，凡在规定时间内未实现达标的企业要依法暂扣其生产许可证、安全生产许可证，责令停产整顿；对整改逾期未达标的，地方政府要依法予以关闭。

3. 建设坚实的技术保障体系

（1）加强企业生产技术管理。强化企业技术管理机构的安全职能，按规定配备安全技术人员，切实落实企业负责人安全生产技术管理负责制，强化企业主要技术负责人技术决策和指挥权。因安全生产技术问题不解决产生重大隐患的，要对企业主要负责人、主要技术负责人和有关人员给予处罚；发生事故的，依法追究责任。

（2）强制推行先进适用的技术装备。煤矿、非煤矿山要制定和实施生产技术装备标准，安装监测监控系统、井下人员定位系统、紧急避险系统、压风自救系统、供水施救系统和通信联络系统等技术装备，并于3年之内完成。逾期未安装的，依法暂扣安全生产许可证、生产许可证。运输危险化学品、烟花爆竹、民用爆炸物品的道路专用车辆，旅游包车和三类以上的班线客车要安装使用具有行驶记录功能的卫星定位装置，于2年之内全部完成；鼓励有条件的渔船安装防撞自动识别系统，在大型尾矿库安装全过程在线监控系统，大型起重机械要安装安全监控管理系统；积极推进信息化建设，努力提高企业安全防护水平。

（3）加快安全生产技术研发。企业在年度财务预算中必须确定必要的安全投入。国家鼓励企业开展安全科技研发，加快安全生产关键技术装备的换代升级。进一步落实《国家中长期科学和技术发展规划纲要（2006—2020年）》等，加大对高危行业安全技术、装备、工艺和产品研发的支持力度，引导高危行业提高机械化、自动化生产水平，合理确定生产一线用工。“十二五”期间要继续组织研发一批提升我国重点行业领域安全生产保障能力的关键技术和装备项目。

4. 实行更加严格的考核和责任追究

（1）严格落实安全目标考核。对各地区、各有关部门和企业完成年度生产安全事故控制指标情况进行严格考核，并建立激励约束机制。加大重、特大事故的考核权重，发生特别重大生产安全事故的，要根据情节轻重，追究地、市级分管领导或主要领导的责任；后果特别严重、影响特别恶劣的，要按规定追究省、部级相关领导的责任。加强安全生产基础工作考核，加快推进安全生产长效机制建设，坚决遏制重、特大事故的发生。

（2）加大对事故企业负责人的责任追究力度。企业发生重大生产安全责任事故，追究事故企业主要负责人责任；触犯法律的，依法追究事故企业主要负责人或企业实际控制人的法律责任。发生特别重大事故，除追究企业主要负责人和实际控制人责任外，还要追究上级企业主要负责人的责任；触犯法律的，依法追究企业主要负责人、企业实际控制人和上级企业负责人的法律责任。对重大、特别重大生产安全责任事故负有主要责任的企业，其主要负责人终身不得担任本行业企业的矿长（厂长、经理）。对非法、违法生产造成人员伤亡的，以及瞒报事故、事故后逃逸等情节特别恶劣的，要依法从重处罚。

（3）加大对事故企业的处罚力度。对于发生重大、特别重大生产安全责任事故或1年内发生2次以上较大生产安全责任事故并负主要责任的企业，以及存在重大隐患整改不力的企业，由省级及以上安全监管监察部门会同有关行业主管部门向社会公告，并向投资、国土资源、建设、银行、证券等主管部门通报，1年内严格限制新增的项目核准、用地审批、证券融资等，并作为银行贷款等的重要参考依据。

（4）对打击非法生产不力的地方实行严格的责任追究。在所辖区域对群众举报、上级督办、日常检查发现的非法生产企业（单位）没有采取有效措施予以查处，致使非法生产企业（单位）存在的，对县（市、区）、乡（镇）人民政府主要领导以及相关责任人，根据情节轻重，给予降级、撤职或者开除的行政处分，涉嫌犯罪的，依法追究刑事责任。国家另有规定的，从其规定。

（5）建立事故查处督办制度。依法严格事故查处，对事故查处实行地方各级安全生产委员会层层挂牌督办，重大事故查处实行国务院安全生产委员会挂牌督办。事故查处结案后，要及时予以公告，接受社会监督。

《通知》还对实施更加有力的监督管理、建设更加高效的应急救援体系、严格行业安全准入、加强政策引导、更加注重经济发展方式转变等事项作了规定。

二、《关于贯彻落实〈国务院关于加强道路交通安全管理工作情况的报告〉的意见》相关要点

2010年10月6日，全国道路交通安全工作部际联席会议印发《关于贯彻落实〈国务院关于加强道路交通安全管理工作情况的报告〉的意见》（公交管〔2010〕248号，简称《意见》），该《意见》指出：为贯彻落实《国务院关于加强道路交通安全管理工作情况的报告》提出的下步工作措施和全国人大常委会审议意见，进一步加强和改进道路交通安全工作，现提出以下意见：

1. 深刻认识当前道路交通安全形势，明确加强和改进道路交通安全工作的目标任务

近年来，在党中央、国务院的领导下，各地区、各部门按照《中华人民共和国道路交通安全法》的要求，坚持标本兼治、综合治理，深入贯彻落实道路交通安全“五整顿”“三加强”各项工作措施，有力遏制了道路交通事故的高发态势，确保了全国道路交通安全形势的总体平稳。但随着我国城市化、工业化的快速发展，机动车快速增长与道路基础设施建设水平、交通参与者文明素质、道路交通管理力量和管理水平的矛盾日益突出，道路交

通依法规划建设、依法履行职责、依法提供保障的能力有待进一步提高，国民整体安全意识、法制意识有待进一步加强，影响道路交通安全的因素仍然大量存在，道路交通安全形势依然严峻。

面对道路交通安全的严峻形势，当前和今后一个时期，要坚持以邓小平理论和“三个代表”重要思想为指导，深入贯彻落实科学发展观，牢固树立安全发展理念，紧紧围绕贯彻实施《中华人民共和国道路交通安全法》，进一步加强统筹规划，强化科学管理，严格公正执法，加大安全投入，深化和拓展“五整顿”“三加强”工作措施，强化综合治理，不断加强和改进道路交通安全工作，为促进经济社会发展、保障人民群众平安出行创造良好的道路交通环境。一是坚持协调发展、城乡统筹，完善国家、省、市、县、乡道路交通安全工作组织领导体系，推进农村地区道路交通安全工作；二是坚持标本兼治、重在治本，努力提高机动车整体安全水平，大力加强道路基础设施和安全设施建设，整治一批突出道路交通安全隐患；三是坚持安全第一、预防为主，完善道路交通安全工作责任体系，严格落实道路交通安全主体责任；四是坚持科学管理、科技先行，不断提升道路交通安全科技保障能力，进一步健全道路交通安全法律法规和技术规范体系，实现道路交通安全工作与经济社会同步协调发展，全社会道路交通安全环境明显改善。

2. 切实加强组织领导与统筹规划，推动道路交通安全与经济社会协调发展

（1）加强组织领导。进一步完善国家、省、市、县、乡五级道路交通安全工作组织领导机构，地方各级人民政府要建立完善政府领导负责的道路交通安全委员会或者联席会议制度，建立完善部门信息沟通机制、情况信息汇总研判机制和工作协调机制，建立完善重特大道路交通事故案例剖析制度，定期分析研究道路交通安全形势，科学制定防范措施，着力解决制约和影响道路交通安全的根本性、源头性、基础性问题。

（2）加强统筹规划。发展改革部门要将道路交通安全纳入国民经济和社会发展规划。全国道路交通安全工作部际联席会议有关成员单位要研究制定全国道路交通安全规划，统筹安排道路交通安全设施、车辆安全性能、交通运输企业安全监管和交通安全管理手段建设。地方各级人民政府要将道路交通安全纳入当地国民经济和社会发展规划，将城市道路交通安全纳入城市总体规划，建立道路交通安全专项资金预算使用制度，严格抓好规划的执行和落实，优先发展公共交通和轨道交通，着力解决城市出行难问题。

3. 完善道路交通安全责任体系，切实落实预防道路交通事故责任

（1）完善责任体系。要进一步健全道路交通安全责任制，按照“谁主管、谁负责，谁审批、谁负责”的原则，明确政府、各部门及企业的道路交通安全工作职责和任务。安全监管、监察部门要会同有关部门督促抓好安全责任制度的落实，切实将预防道路交通事故的责任落实到政府、落实到部门、落实到运输企业，强化企业主体责任和政府部门监管责任。

（2）强化部门监管责任。工业和信息化、商务、质检、工商、公安、交通运输、农业

（农机）等部门要严格机动车生产准入、生产监管、发牌发证、运输市场准入、缺陷召回、报废回收和管理；工商、质检部门要大力整治违法改、拼装机动车行为；公安、交通运输、农业（农机）等部门要强化驾驶人考试、培训；公安、质检等部门要加强机动车安检机构和机动车安全技术检验工作的监督管理，联合开展专项整治，规范安检机构检验行为，切实提高检验水平。公安部门要大力整治严重交通违法行为，强化道路通行秩序管理；监察、安全监管等部门要严格落实责任追究；教育、卫生、军队、武警等部门要建立健全相应的道路交通安全工作领导机制和责任制度，制定具体的管理办法；保险监管部门要加快推进机动车交通事故责任强制保险制度的落实，提高机动车投保率。

（3）督促落实企业主体责任。工业和信息化、质检、工商部门要健全机动车生产及改装企业行业管理制度，建立和完善国家车辆生产和管理信用体系。交通运输、公安、安全监管等部门要推动在旅游包车、三类以上的班线客车和危险化学品、易燃易爆物品运输车辆上强制安装使用具有卫星定位功能的行驶记录仪，督促运输企业健全道路交通安全管理制度，强化日常动态安全监管，严格落实道路交通安全责任制，加强对从业人员聘用把关、安全教育和培训，定期维护保养运输车辆。公安、交通运输部门要定期向社会公布运输企业交通违法和交通事故情况。

4. 全面加强道路交通安全基础工作，整改和消除道路交通安全隐患

（1）加强道路安全隐患排查治理。交通运输、安全监管部门要会同有关部门，推动落实道路与安全设施同步规划设计、同步施工、同步验收制度。地方各级人民政府或道路交通安全联席会议每年要组织一次道路安全隐患排查，根据安全隐患严重程度，实施省、市、县三级挂牌督办，明确整改责任和整改时限，严格整改验收。交通运输部门要深入开展公路安全保障工程，对国省干线公路上急弯、陡坡、视距不良、路侧险要等危险路段实施综合整治。住房城乡建设部门要加强城市道路以及行人过街设施、公交港湾、公交专用车道（路）建设，完善道路安全设施、减少行人、自行车与机动车的互相影响。

（2）加强机动车生产源头管理。公安、交通运输、工业和信息化、质检等部门要进一步完善国家标准，增加机动车安全配置要求，进一步提高大中型客车、重型载货汽车的安全性能。工业和信息化部门要深入开展机动车生产一致性监督管理。质检部门要加强机动车质量管理，进一步扩大机动车缺陷产品召回的范围，加大对机动车产品安全性能的检测力度，严格电动自行车生产许可管理，加强质量监督。公安部门要进一步严格规范车辆注册登记。发展改革、交通运输、工业和信息化、质检部门要会同有关部门，从政策上引导、鼓励发展厢式货车等安全、环保车型，逐步淘汰栏板式货车、卧铺客车等不安全车型，并研究制定电动摩托车和电动自行车发展政策和技术标准，加强对违规生产、销售超标电动自行车的监管和治理。商务部门要会同有关部门加快修订机动车强制报废标准规定，推动报废机动车回收拆解管理条例出台。

（3）加强道路交通安全执法管理。国务院法制办要依照拟通过的《中华人民共和国刑法修正案（八）》，会同有关部门修改《中华人民共和国道路交通安全法》，加大对饮酒后、醉酒后驾驶机动车，以及社会危害性突出的伪造变造牌证、使用假牌证等违法行为的行政处罚力度，并经国务院常务会讨论通过后，提请全国人大常委会审议。公安部门要加强道路交通秩序管理，深入开展公路交通秩序示范创建活动，集中整治超速行驶、客车超员、酒后驾驶、疲劳驾驶、无证驾驶以及报废车、拼装车上路行驶等严重交通违法行为，切实减少因严重交通违法行为引发的道路交通事故。要加强执法规范化建设，坚持严格、公正、规范和理性、平和、文明执法，进一步健全执法制度，细化执法标准，改进执法方式，强化执法监督，切实提高道路交通执法能力和服务水平。要加强对城市交通流的组织，大力推进智能交通建设，努力保障城市道路畅通。

（4）加强道路交通应急处置。地方各级人民政府要建立健全重、特大道路交通事故和恶劣天气条件下突发道路交通事件的应急处置机制，完善应急预案，明确各部门工作职责，定期组织演练。公安、住房城乡建设、交通运输、安全监管部门要会同有关部门建立道路交通预警机制，提前向社会发布道路交通预警信息。省级人民政府要依法加快建设道路交通事故社会救助基金制度，制定完善实施细则，确保道路交通事故受伤人员的应急救治。卫生、公安、保险等部门要健全完善省、市、县三级交通事故紧急抢救联动机制，完善交通事故急救通信系统，实现公安机关与医疗急救单位同步协调联动，最大限度地缩短事故救援时间，减少伤员死亡。

（5）加强交通安全宣传教育。地方各级人民政府要建立和完善交通安全公益宣传制度，加大交通安全公益宣传力度和投入，组织报刊、广播、电视和互联网等媒体落实交通安全公益宣传的义务。宣传、公安、教育、司法行政、安全监管部门要以运输企业驾驶人、农村群众、中小学生为重点，进一步深化交通安全宣传教育，加强典型案例警示教育。公安部门要会同文明办，深入推进“文明交通行动计划”，大力倡导文明交通，告别交通陋习，养成良好的道路交通行为习惯，切实增强公民的文明交通意识。

5. 深入推进农村道路交通安全工作，加大道路交通安全投入保障力度

（1）加强农村道路交通安全工作。强化县、乡人民政府道路交通安全责任，充分发挥农村基层组织作用，加强农村道路交通安全宣传教育和县、乡、村道路交通管理。统筹城乡公共交通发展，从客运管理、费税扶持等方面，研究发展农村道路客运网络的政策措施，抓紧组建面向广大农村地区的客运公司，提高乡镇和行政村班车通达率，推动城乡客运一体化。交通运输部门要加快农村公路建设，完善安全防护设施，改善农村道路通行条件。公安部门要会同有关部门加大农村道路交通秩序整治力度，重点整治低速货车、三轮汽车和拖拉机无牌无证、违法载人等违法行为。农机化主管部门要配合公安部门做好拖拉机上道路行驶违法行为的整治工作。

（2）加强高速公路交通安全保障工作。各级人民政府要研究出台高速公路交通安全发展保障政策，将高速公路交警队办公营房纳入高速公路管理设施，与高速公路建设同步设计、同步施工、同步投入使用。要整合高速公路交通管理力量和交通技术监控设备，建立公安、交通运输部门以及高速公路经营管理单位联合值班、联合执勤、共享监控资源、共同制定交通管制和分流措施的勤务指挥机制。

（3）加大队伍建设保障力度。地方各级人民政府要将交警人员经费、公用经费、业务装备经费和基础设施建设经费纳入财政预算全额保障，并针对交通管理工作高污染、高强度、高风险的特点，为一线交警执勤创造更好的条件。要根据经济社会发展需要，增加交警编制，完善交警装备，组织多方力量参与协助道路交通安全工作。特别是要加强农村地区乡镇交警中队建设，并充分发挥农村派出所、农机管理站以及驾驶人协会、村委会的作用，建立专、兼职道路交通安全管理队伍。

6. 建立健全道路交通安全工作考评机制，严格责任倒查和责任追究

（1）建立健全道路交通安全工作评估机制。地方各级人民政府要把道路交通安全工作作为各地区、各部门目标责任考核和领导干部政绩考评的重要内容，纳入社会治安综合治理、平安创建、文明城市创建等考评范围。安全监管部门要会同有关部门，研究建立目标管理与过程管理相结合的道路交通安全工作评估机制，从制度、机制、措施、效果等方面科学设置交通安全工作考核指标，全面、科学、客观地评价各地区、各部门工作成效，并定期对各地道路交通安全工作进行督促检查。各省（自治区、直辖市）人民政府在每年 1 月 15 日前，要将本地区道路交通安全工作情况向国务院作出专题报告。

（2）严格落实特大道路交通事故检查制度。凡发生一次死亡 30 人以上特大道路交通事故的，或 1 年内发生 3 起一次死亡 10 人以上特大道路交通事故的，省（自治区、直辖市）人民政府要在一次死亡 30 人以上特大道路交通事故发生后 30 个工作日内，或在第三起一次死亡 10 人以上特大道路交通事故发生后的 30 个工作日内，向国务院作出书面检查。

（3）严格道路交通安全责任倒查和追究。地方各级人民政府及其所属部门、单位不履行或不认真履行道路交通安全工作职责，对涉及道路交通安全的事项未依照法律法规和规章制度实施审批、监督检查的，或者对重大道路交通安全隐患整改不力的，要依法依纪追究有关负责人和责任人员的责任；地方各级人民政府及其所属部门、单位及其工作人员因工作不力、失职、渎职，导致重、特大道路交通事故发生的，或者造成重大人员伤亡和经济损失，社会影响恶劣的，要依法追究主要负责人的法律责任。

三、《安全生产事故隐患排查治理暂行规定》相关要点

2007 年 12 月 28 日，国家安全生产监督管理总局公布《安全生产事故隐患排查治理暂行规定》（国家安全生产监督管理总局令第 16 号），自 2008 年 2 月 1 日起施行。

《安全生产事故隐患排查治理暂行规定》分为五章三十二条，各章内容为：第一章总则，第二章生产经营单位的职责，第三章监督管理，第四章罚则，第五章附则。制定本规定的目的是根据安全生产法等法律、行政法规，建立安全生产事故隐患排查治理长效机制，

强化安全生产主体责任，加强事故隐患监督管理，防止和减少事故，保障人民群众生命财产安全。

1. 总则中的有关规定

在第一章总则中，对相关事项作了规定。

第二条　生产经营单位安全生产事故隐患排查治理和安全生产监督管理部门、煤矿安全监察机构（以下简称安全监管监察部门）实施监管监察，适用本规定。有关法律、行政法规对安全生产事故隐患排查治理另有规定的，依照其规定。

第三条　本规定所称安全生产事故隐患（以下简称事故隐患），是指生产经营单位违反安全生产法律、法规、规章、标准、规程和安全生产管理制度的规定，或者因其他因素在生产经营活动中存在可能导致事故发生的物的危险状态、人的不安全行为和管理上的缺陷。

事故隐患分为一般事故隐患和重大事故隐患。一般事故隐患，是指危害和整改难度较小，发现后能够立即整改排除的隐患。重大事故隐患，是指危害和整改难度较大，应当全部或者局部停产停业，并经过一定时间整改治理方能排除的隐患，或者因外部因素影响致使生产经营单位自身难以排除的隐患。

第四条　生产经营单位应当建立健全事故隐患排查治理制度。生产经营单位主要负责人对本单位事故隐患排查治理工作全面负责。

2. 有关生产经营单位职责的规定

在第二章生产经营单位的职责中，对相关事项作了规定。

第七条　生产经营单位应当依照法律、法规、规章、标准和规程的要求从事生产经营活动。严禁非法从事生产经营活动。

第八条　生产经营单位是事故隐患排查、治理和防控的责任主体。

生产经营单位应当建立健全事故隐患排查治理和建档监控等制度，逐级建立并落实从主要负责人到每个从业人员的隐患排查治理和监控责任制。

第九条　生产经营单位应当保证事故隐患排查治理所需的资金，建立资金使用专项制度。

第十条　生产经营单位应当定期组织安全生产管理人员、工程技术人员和其他相关人员排查本单位的事故隐患。对排查出的事故隐患，应当按照事故隐患的等级进行登记，建立事故隐患信息档案，并按照职责分工实施监控治理。

第十一条　生产经营单位应当建立事故隐患报告和举报奖励制度，鼓励、发动职工发现和排除事故隐患，鼓励社会公众举报。对发现、排除和举报事故隐患的有功人员，应当给予物质奖励和表彰。

第十二条　生产经营单位将生产经营项目、场所、设备发包、出租的，应当与承包、承租单位签订安全生产管理协议，并在协议中明确各方对事故隐患排查、治理和防控的管理职责。生产经营单位对承包、承租单位的事故隐患排查治理负有统一协调和监督管理的职责。

第十三条　安全监管监察部门和有关部门的监督检查人员依法履行事故隐患监督检查职责时，生产经营单位应当积极配合，不得拒绝和阻挠。

第十四条　生产经营单位应当每季、每年对本单位事故隐患排查治理情况进行统计分析，并分别于下一季度15日前和下一年1月31日前向安全监管监察部门和有关部门报送书面统计分析表。统计分析表应当由生产经营单位主要负责人签字。

对于重大事故隐患，生产经营单位除依照前款规定报送外，应当及时向安全监管监察部门和有关部门报告。重大事故隐患报告内容应当包括：

（1）隐患的现状及其产生原因；

（2）隐患的危害程度和整改难易程度分析；

（3）隐患的治理方案。

第十五条　对于一般事故隐患，由生产经营单位（车间、分厂、区队等）负责人或者有关人员立即组织整改。

对于重大事故隐患，由生产经营单位主要负责人组织制定并实施事故隐患治理方案。重大事故隐患治理方案应当包括以下内容：

（1）治理的目标和任务；

（2）采取的方法和措施；

（3）经费和物资的落实；

（4）负责治理的机构和人员；

（5）治理的时限和要求；

（6）安全措施和应急预案。

第十六条　生产经营单位在事故隐患治理过程中，应当采取相应的安全防范措施，防止事故发生。事故隐患排除前或者排除过程中无法保证安全的，应当从危险区域内撤出作业人员，并疏散可能危及的其他人员，设置警戒标志，暂时停产停业或者停止使用；对暂时难以停产或者停止使用的相关生产储存装置、设施、设备，应当加强维护和保养，防止事故发生。

第十七条　生产经营单位应当加强对自然灾害的预防。对于因自然灾害可能导致事故灾难的隐患，应当按照有关法律、法规、标准和本规定的要求排查治理，采取可靠的预防措施，制定应急预案。在接到有关自然灾害预报时，应当及时向下属单位发出预警通知；发生自然灾害可能危及生产经营单位和人员安全的情况时，应当采取撤离人员、停止作业、加强监测等安全措施，并及时向当地人民政府及其有关部门报告。

第十八条　地方人民政府或者安全监管监察部门及有关部门挂牌督办并责令全部或者局部停产停业治理的重大事故隐患，治理工作结束后，有条件的生产经营单位应当组织本单位的技术人员和专家对重大事故隐患的治理情况进行评估；其他生产经营单位应当委托具备相应资质的安全评价机构对重大事故隐患的治理情况进行评估。

经治理后符合安全生产条件的，生产经营单位应当向安全监管监察部门和有关部门提出恢复生产的书面申请，经安全监管监察部门和有关部门审查同意后，方可恢复生产经营。申请报告应当包括治理方案的内容、项目和安全评价机构出具的评价报告等。

3. 有关监督管理的规定

在第三章监督管理中，对相关事项作了规定。

第十九条　安全监管监察部门应当指导、监督生产经营单位按照有关法律、法规、规章、标准和规程的要求，建立健全事故隐患排查治理等各项制度。

第二十条　安全监管监察部门应当建立事故隐患排查治理监督检查制度，定期组织对生产经营单位事故隐患排查治理情况开展监督检查；应当加强对重点单位的事故隐患排查治理情况的监督检查。对检查过程中发现的重大事故隐患，应当下达整改指令书，并建立信息管理台账。必要时，报告同级人民政府并对重大事故隐患实行挂牌督办。

安全监管监察部门应当配合有关部门做好对生产经营单位事故隐患排查治理情况开展的监督检查，依法查处事故隐患排查治理的非法和违法行为及其责任者。

安全监管监察部门发现属于其他有关部门职责范围内的重大事故隐患的，应该及时将有关资料移送有管辖权的有关部门，并记录备查。

第二十一条　已经取得安全生产许可证的生产经营单位，在其被挂牌督办的重大事故隐患治理结束前，安全监管监察部门应当加强监督检查。必要时，可以提请原许可证颁发机关依法暂扣其安全生产许可证。

4. 罚则中的有关规定

在第四章罚则中，对相关事项作了规定。

第二十五条　生产经营单位及其主要负责人未履行事故隐患排查治理职责，导致发生生产安全事故的，依法给予行政处罚。

第二十六条　生产经营单位违反本规定，有下列行为之一的，由安全监管监察部门给予警告，并处三万元以下的罚款：

（1）未建立安全生产事故隐患排查治理等各项制度的；

（2）未按规定上报事故隐患排查治理统计分析表的；

（3）未制定事故隐患治理方案的；

（4）重大事故隐患不报或者未及时报告的；

（5）未对事故隐患进行排查治理擅自生产经营的；

（6）整改不合格或者未经安全监管监察部门审查同意擅自恢复生产经营的。

四、《关于建立安全隐患排查治理体系的通知》相关要点

2012年1月5日，国务院安全生产委员会办公室下发《关于建立安全隐患排查治理体

系的通知》(安委办〔2012〕1号，以下简称《通知》)。《通知》指出：为探索创新政府和部门安全监管机制，强化和落实企业安全生产主体责任，打好安全隐患排查治理攻坚战，促进全国安全生产形势持续稳定好转，国务院安委会办公室决定在全国推广北京市顺义区等地区深入开展安全隐患排查治理、有效防范事故的先进经验和做法，争取用2～3年时间，在全国基本建立先进适用的安全隐患排查治理体系。现就有关要求通知如下：

1. 深刻认识建立安全隐患排查治理体系的重大意义

安全隐患排查治理体系，是以企业分级分类管理系统为基础，以企业安全隐患自查自报系统为核心，以完善安全监管责任机制和考核机制为抓手，以制定安全标准体系为支撑，以广泛开展安全教育培训为保障的一项系统工程，包含了完善的隐患排查治理信息系统、明确细化的责任机制、科学严谨的查报标准及重过程、可量化的绩效考核机制等内容。

安全生产的理论和实践证明，只有把安全生产的重点放在建立事故预防体系上，超前采取措施，才能有效防范和减少事故，最终实现安全生产。建立安全隐患排查治理体系，是安全生产管理理念、监管机制、监管手段的创新和发展，对于促进企业由被动接受安全监管向主动开展安全管理转变，由政府为主的行政执法排查隐患向企业为主的日常管理排查隐患转变，从治标的隐患排查向治本的隐患排查转变，实现安全隐患排查治理常态化、规范化、法制化，推动企业安全生产标准化建设工作，建立健全安全生产长效机制，把握事故防范和安全生产工作的主动权具有重大意义。

2. 建立安全隐患排查治理体系的主要内容

(1) 掌握企业底数和基本情况。根据企业规模、管理水平、技术水平和危险因素等条件，掌握企业底数和基本情况，对企业进行分类分级，建立“按类分级、依级监管”的模式。

(2) 制定隐患排查标准。依据有关法律法规、标准规程和安全生产标准化建设的要求，结合各地区、各行业(领域)实际，以安全生产标准化建设评定标准为基础，细化隐患排查标准，明确各类企业每项安全生产工作的具体标准和要求，使企业知道“做什么、怎么做”，使监管部门知道“管什么、怎么管”，实现安全隐患排查治理工作有章可循、有据可依。

(3) 建立隐患排查治理信息系统。包括企业隐患自查自报系统、安全隐患动态监管统计分析评价系统等内容，形成既有侧重又统一衔接的综合监管服务平台，实现安全隐患排查治理工作全过程记录和管理。利用该系统，企业对自查隐患、上报隐患、整改隐患、接受监督指导等工作进行管理；安全监管部门对企业自查自报隐患数据、日常执法检查数据和监管措施执行到位等情况进行统计分析，对重大隐患治理实施有效监管。

(4) 明确安全监管职责。在地方党委、政府的统一领导下，进一步理顺和细化有关部门和属地的安全监管职责，明确“管什么、谁来管”。一是要明确安全监管部门组织、协调、监督、考核各行业主管部门和属地政府的综合安全监管职责。二是要明确行业主管部门的监督、指导、协调和服务职能，有安全监管行政处罚权的行业主管部门依法承担包括行政处罚在内的安全监督管理职责，没有安全监管行政处罚权的行业主管部门承担对有关行业或领域安全生产工作的日常指导、管理职责。三是要明确消防、质监等专项监管部门及时处理属地和行业主管部门移送的安全隐患的监管职责。

（5）明确监管监察方式。在分类分级的基础上，对企业在监管频次、监管内容等方面实行差异化监管监察，提高监管工作的针对性和有效性。

（6）制定安全生产工作考核办法。突出工作过程和结果量化，将有关部门和企业建立安全隐患排查治理体系、日常执法检查等相关工作完成情况的过程管理指标，纳入安全生产工作年终考核，提高安全监管的约束力和公信力。

3. 完善工作机制，狠抓责任落实，确保安全隐患排查治理体系建设取得实效

（1）加强组织领导，统筹安排部署。各地区要切实加强对深化安全隐患排查治理工作的组织领导，紧密结合本地区实际，制定切实可行的安全隐患排查治理体系建设方案，周密安排，科学实施。要充分发挥地方各级安委会的组织、协调和指导作用，调动各职能部门、行业主管部门等方面的积极性，全面推进安全隐患排查治理工作。

（2）落实安全责任，完善考核机制。一是地方各级安委会要积极推动出台相关规定和办法，进一步理顺部门、属地的安全监管职责，明确职责范围、内容和要求，各司其职，各负其责，齐抓共管，实现安全隐患排查治理工作的全覆盖和无缝化管理。二是要进一步完善安全生产目标考核制度，突出工作过程和结果量化，将安全隐患排查治理等过程管理的内容纳入年度考核指标，提高绩效考核的科学性和约束力。三是要严格绩效考核和责任追究，对责任不落实、考核不达标的单位或个人，要给予通报、严肃处理；对在深化隐患排查治理工作中成绩突出的，要予以公开表彰和奖励。

（3）创建典型示范，发挥榜样作用。一是各地区要积极发现、培养和树立深化安全隐患排查治理工作的典型地区、典型企业和先进事例，在隐患排查治理体制机制、法规制度、标准规程、方式方法、程序内容等方面形成可学、好学和管用的经验做法。二是通过组织召开先进典型经验交流会、座谈会和加强宣传报道等形式，广泛推广典型经验，全面深化安全隐患排查治理工作。三是要把安全隐患排查治理的示范地区和典型企业与安全生产标准化建设的示范地区和典型企业有机结合起来，互相促进，共同提高。四是要加强对建立安全隐患排查治理体系进展情况的检查和指导，确保工作有部署、抓落实、见实效，提高安全隐患的整改率。

（4）注重统筹兼顾，构建长效机制。一是各地区要将深化安全隐患排查治理工作与日常安全监管、“打非治违”专项行动、安全专项整治、安全生产标准化建设、安全责任保险、“金安”工程等工作有机结合起来，统一部署，协同推进。二是要以建立安全隐患排查治理体系为契机，实现安全隐患排查、登记、上报、监控、整改、评价、销号、统计、检查和考核的全过程管理。三是要将安全隐患排查治理工作积极纳入本地区安全生产立法和规划中，以法规或规范性文件的方式明确有关制度，推动安全隐患排查治理长效机制建设。四是要优先制定急需的安全生产标准，及时修订或废止过时的标准，促进安全隐患排查治理工作科学化、规范化。

（5）加强舆论宣传，广泛发动群众。一是要充分利用广播、电视、报纸、互联网等新闻媒体，加大宣传力度，营造有利的社会舆论氛围，引导各有关单位深刻认识建立安全隐患排查治理体系的重要性、必要性和紧迫性，增强做好安全隐患排查治理工作的主动性和自觉性。二是要加强职工安全培训，提高职工排查事故隐患的意识和能力；建立健全监督和激励机制，组织和鼓励职工结合本职工作查找各类事故隐患。三是对安全隐患排查治理不认真、走过场的单位，要予以公开曝光，督促其抓紧整改。

五、《安全生产事故隐患排查治理体系建设实施指南》相关要点

2012 年 7 月 3 日，国务院安全生产委员会办公室下发《关于印发工贸行业企业安全生产标准化建设和安全生产事故隐患排查治理体系建设实施指南的通知》（安委办〔2012〕28 号，以下简称《通知》）。该《通知》指出：为进一步推进企业安全生产标准化建设和安全隐患排查治理体系建设（以下简称“两项建设”），夯实安全管理基础，提升安全监管水平，促进全国安全生产形势持续稳定好转，国务院安委会办公室组织制定了《工贸行业企业安全生产标准化建设实施指南》和《安全生产事故隐患排查治理体系建设实施指南》。

《安全生产事故隐患排查治理体系建设实施指南》分为五章，各章内容为：第一章概述，第二章政府监管工作，第三章企业隐患排查治理工作，第四章隐患排查治理标准，第五章隐患排查治理信息系统。其相关要点主要有：

1. 安全生产事故隐患排查治理概述

安全生产的理论和实践证明，只有把安全生产的重点放在建立事故预防体系上，超前采取措施，才能有效防范和减少事故，最终实现安全生产。

为指导和规范隐患排查治理工作的深入开展，国家安全监管总局先后颁布了《煤矿重大安全生产隐患认定办法》（安监总煤矿字〔2005〕133 号）、《安全生产事故隐患排查治理暂行规定》（安全监管总局令 2007 年第 16 号）等办法、规定。国务院办公厅下发了《关于在重点行业和领域开展安全生产隐患排查治理专项行动的通知》（国办发明电〔2007〕16 号）和《关于进一步开展安全生产隐患排查治理工作的通知》（国办发明电〔2008〕15 号），要求通过开展隐患排查治理专项行动，进一步落实企业的安全生产主体责任和地方人民政府的安全监管职责，全面排查治理事故隐患和薄弱环节，认真解决存在的突出问题，建立重大危险源监控机制和重大隐患排查治理机制及分级管理制度，有效防范和遏制重、特大事故的发生，促进全国安全生产状况进一步稳定好转。各地区、各有关部门和单位认真贯彻落实国务院文件精神，统一思想认识，加强部门协调，增强整治合力，全面开展安全隐患排查整治攻坚战，深化重点行业领域安全专项整治，隐患排查治理工作取得积极成效。

据统计，2011 年，全国开展隐患排查治理的生产经营单位达 566.4 万家，共排查出事故隐患 881.3 万项，整改率 96%（其中排查出重大隐患 16 630 项，整改率 89.9%），为实现“十二五”时期安全生产工作的良好开局提供了坚强保障。

2. 安全生产事故隐患排查治理基本概念

（1）安全生产事故隐患。安全生产事故隐患（以下简称隐患、事故隐患或安全隐患），是指生产经营单位违反安全生产法律、法规、规章、标准、规程和安全生产管理制度的规定，或者因其他因素在生产经营活动中存在可能导致事故发生的物的危险状态、人的不安全行为和管理上的缺陷。在事故隐患的三种表现中，物的危险状态是指生产过程或生产区域内的物质条件（如材料、工具、设备、设施、成品、半成品）处于危险状态，人的不安全行为是指人在工作过程中的操作、指示或其他具体行为不符合安全规定，管理上的缺陷是指在开展各种生产活动中所必需的各种组织、协调等行动存在缺陷。

（2）隐患分级。隐患的分级是以隐患的整改、治理和排除的难度及其影响范围为标准的，可以分为一般事故隐患和重大事故隐患。一般事故隐患是指危害和整改难度较小，发现后能够立即整改排除的隐患。重大事故隐患是指危害和整改难度较大，应当全部或者局部停产停业，并经过一定时间整改治理方能排除的隐患，或者因外部因素影响致使生产经营单位自身难以排除的隐患。

（3）隐患排查。隐患排查是指生产经营单位组织安全生产管理人员、工程技术人员和其他相关人员对本单位的事故隐患进行排查，并对排查出的事故隐患，按照事故隐患的等级进行登记，建立事故隐患信息档案。

（4）隐患治理。隐患治理就是指消除或控制隐患的活动或过程。对排查出的事故隐患，应当按照事故隐患的等级进行登记，建立事故隐患信息档案，并按照职责分工实施监控治理。对于一般事故隐患，由于其危害和整改难度较小，发现后应当由生产经营单位（车间、分厂、区队等）负责人或者有关人员立即组织整改。对于重大事故隐患，由生产经营单位主要负责人组织制定并实施事故隐患治理方案。

3. 安全隐患排查治理体系

（1）安全隐患排查治理体系的构成

事故源于隐患，隐患是滋生事故的土壤和温床。“预防为主、综合治理”的前提，就是首先通过主动排查，全范围、全方位、全过程地去发现存在的隐患，然后综合采取各种有效手段，治理各类隐患和问题，把事故消灭在萌芽状态。只有这样，“安全第一”才能得到真正实现。从这个意义上说，排查治理隐患是落实安全生产方针的最基本任务和最有效途径。

安全隐患排查治理体系是一项系统工程，由政府及其有关部门推动，对企业（包括各类生产经营单位、机关事业单位和团体，下同）开展分级分类管理，并编制各行业的隐患排查治理标准；由企业承担主体责任，对生产经营过程中存在的人、物、管理等各方面的隐患依据隐患排查治理标准进行主动排查，并对发现的隐患实施治理，通过隐患排查治理信息系统上报、跟踪督导和统计分析，保证监管力度与效果，实现安全生产。具体来说，安全隐患排查治理体系由以下几个部分构成：

◆摸清企业底数，实行分级分类监管。摸清生产经营单位的底数，根据生产经营单位的性质和安全生产状况分类分级，负有安全生产职责政府部门对监管职责范围内的生产经营单位按照不同等级进行监督管理。其核心内容概括为“各司其职，各负其责，按类分级，依级监管”，明确了企业、行业、属地、专项以及综合监管部门各方的安全生产工作职责。

◆制定科学严谨的隐患排查治理标准。按照科学性、全面性和系统性的原则，考虑不同类别的企业可能存在隐患的区别，将隐患特点相近的企业归为一类，制定隐患排查标准。

◆建立清晰明确的工作职责。通过理顺生产经营单位、行业管理部门、属地管理部门、专项监管部门以及综合监管部门的安全生产工作职责，明确履行安全职责的范围、内容和要求，解决职责空缺、职责不清、职能交叉等问题，形成“分工负责、齐抓共管”的安全监管工作格局，从而实现安全隐患排查治理监管工作的全覆盖和无缝化管理。

◆建立隐患排查治理考核制度。安全生产考核主要分为政府部门绩效考核和对生产经营单位的考核。对各级政府及各职能部门的绩效考核是推动政府各项政策措施贯彻执行的重要手段；对生产经营单位奖惩机制的建立是推动企业主体责任落实，真正开展隐患排查治理自查自报工作的重要保障。

◆开发功能完善的信息系统。隐患排查治理信息系统是实现隐患自查自报工作的基础平台，需围绕各级安全监管部门、煤矿安全监察机构（以下简称安全监管部门）监管监察工作和生产经营单位隐患排查治理的需求进行建设，以起到联通政府部门和生产经营单位的“桥梁”作用。隐患排查治理信息系统建设主要包含政府端系统建设和企业端系统建设等两个部分。其中政府端系统从纵向的各级安全生产综合监管部门，横向扩展到各级安委会成员单位。企业端系统则对企业的隐患自查自报工作进行了明确。

◆开展隐患自查自报。企业应逐级建立并落实从主要负责人到每个从业人员的隐患排查治理责任制、隐患治理登记及隐患治理专项资金使用等制度，并明确自查自报管理机构和责任人、联络人。根据相关行业监管部门出台的生产经营单位事故隐患自查标准，开展日常隐患排查、治理工作。建立隐患治理登记制度，留存登记档案。企业要及时落实行业和属地管理部门提出的工作要求，实时更新本单位的基本信息。对排查出的事故隐患和治理情况，由生产经营单位负责人或者有关人员，如实在网上向政府安全生产监管部门汇报。

（2）建立安全隐患排查治理体系的意义

安全生产事故隐患排查治理工作是《安全生产法》所规定的重要内容之一，是安全生产标准化建设的重要基础。《安全生产事故隐患排查治理暂行规定》（国家安全生产监督管理总局第 16 号令，以下简称《规定》）对此项工作作出了具体的规定。建立健全安全隐患排查治理体系，贯彻落实了以人为本的科学发展观，充分体现了“安全第一、预防为主、综合治理”的方针，是安全生产工作理念、监管机制、监管手段和方法的创新与发展，把隐患排查治理和安全生产工作逐步纳入了科学化、制度化、规范化的轨道。

◆建立安全隐患排查治理体系有助于落实企业安全主体责任。企业是安全生产的责任主体，理所当然地也是隐患排查治理的主体。通过建立隐患排查治理体系，实现了对企业安全生产的动态监控，使隐患排查治理从以政府为主向以企业为主转变，可以充分调动企业积极性，促使企业由被动接受监管变为主动排查治理隐患，主动加强安全生产。北京市顺义区建立隐患排查治理体系以来，企业安全生产责任主体意识明显提高，安全隐患自查自报率达到93.3%，有效地防范了各类事故。

◆建立安全隐患排查治理体系有助于加强和改进政府安全监管。从顺义区的情况看，建立安全隐患排查治理体系首先进一步明晰了监管职责，安全生产综合监管部门、行业监管部门和相关部门，在隐患排查治理体系中都有自己特定的位置和明确的职责，解决了政府部门在隐患排查治理和安全生产工作中“管什么，怎么管，谁去管”一系列实际问题；其次是改善了监管手段，提高了监管效率，有了体系和信息平台，就可以随时掌控企业隐患排查治理等基本情况，对相关信息进行实时统计，及时做出分析判断和督促指导，有效防止隐患恶化和事故发生。

◆建立安全隐患排查治理体系有助于综合推进安全生产工作。隐患排查治理是一项涉及广泛、综合性很强的工作。隐患排查治理体系涵盖了安全生产责任制、安全监管信息化建设、企业安全生产标准化建设、打击非法违法和治理违规违章、群众参与和监督、安全培训教育等方面的工作。借助于这个抓手，可以把安全生产各方面工作都带动起来。在顺义区、珠海市所建立的隐患排查治理体系中，包含了不同类型企业的隐患排查标准等内容，是开展安全培训教育的现成教材。他们举办了大量安全隐患知识培训班，对生产经营单位负责人和安全管理人员进行全覆盖的培训，既保证了隐患自查自报系统的顺利推行，又推动了安全教育培训工作。

各地在建立安全隐患排查治理体系时，顶层设计要系统全面，并为以后的工作留下接口，提供扩展的可能，具体工作要突出重点，先易后难，分步实施，稳步推进。首先应把事故多发、危险程度较高的煤矿、非煤矿山、危险化学品、烟花爆竹、建筑施工、交通运输、冶金、机械等行业、领域的企业纳入体系，实现隐患自查自报。对于危险程度较低的企业及事业单位、机关团体等，在统一规划设计后，根据工作实际，逐步推动。

(3) 与安全生产标准化建设工作的关系

隐患排查治理工作是安全生产标准化建设的基础，贯穿于安全生产标准建设的全过程，建立安全隐患排查治理体系为安全生产标准化建设提供了坚实的基础保障。

◆安全隐患排查治理体系是安全生产标准化工作的重要内容。安全生产标准化建设工作是我国安全生产领域当前的重点工作，其实施的主要依据是《企业安全生产标准化基本规范》及各行业的安全生产标准化评定标准。《企业安全生产标准化基本规范》第八项要素即为隐患排查和治理，对隐患排查、排查范围与方法、隐患治理和预测预警四个方面提出了基本要求和原则性规定。安全隐患排查治理体系作为一个具有依据明确、结构完整、内容充实和可操作性强的独立运行的系统，为企业提供了隐患排查治理标准，指导企业开展隐患排查治理工作，是安全生产标准化的进一步细化和深化。

◆安全隐患排查治理体系反映了安全生产标准建设的动态过程。建立安全隐患排查治理体系可以更好地促进企业全面、深入地做好隐患排查治理工作，使政府有关监管部门能及时、准确地掌握其安全生产状况，为政府及其有关部门为企业做好服务工作提供了保证。安全生产标准化工作通常要求企业每年至少进行一次自评，安全生产标准化企业证书和牌匾有效期为3年，到期时企业可按有关规定申请延期，换发证书、牌匾。

（4）政府监管工作

企业是安全生产的责任主体。搞好安全生产管理工作，必须逐步解决企业自律问题，让企业主体责任的落实有载体。在建立隐患排查治理体系过程中，要明确政府与企业的职责定位，各级政府要充分发挥指导、监督、管理的作用，通过政府监管（管理）职责的落实推动企业隐患排查治理主体责任的落实。

4. 企业隐患排查治理工作

企业是隐患排查治理工作的主体，是隐患排查治理工作的直接实施者。企业隐患排查治理工作主要包括四个方面：自查隐患、治理隐患、自报隐患和分析趋势。自查是为了发现自身存在的隐患，保证全面而减少遗漏；治理是为了将自查中发现的隐患控制住，防止引发后果，尽可能从根本上解决问题；自报是为了将自查和治理情况报送政府有关部门，以使其了解企业在排查和治理方面的信息；分析趋势是为了建立安全生产预警指数系统，对安全生产状况做出科学、综合、定量的判断，为合理分配安全监管资源和加强安全管理提供依据。

（1）企业自查隐患

企业自查隐患就是在政府及其部门的统一安排和指导下，确定自身分类分级的定位，采用其适用的隐患排查治理标准，通过准备、组织机构建设、建立健全制度、全面培训、实施排查、分析改进等步骤形成完整、系统的企业自查机制。尤其是大型企业集团，应在企业内部形成联结所有管理层级和各个生产单位，以及当地安全监管部门的隐患排查治理体系。

◆准备工作。为保证隐患自查工作能够打下坚实的基础，企业必须做好与之相关的准备工作。隐患排查治理是涉及企业所有部门、所有生产流程、所有人员的一项系统工程，如果不做好全面的准备，那么所建立的隐患排查治理机制将缺乏系统性和可操作性，结果必然是“一阵风”式地开展一次“运动”，不能做到深入和持久地开展自查工作。准备工作主要包括：①收集信息。由企业安全生产主管部门和有关专业人员，对现行的有关隐患排查治理工作的各种信息、文件、资料等通过多种行之有效的方式进行收集。此项工作也可以委托与企业有合作关系的服务方来实施。②辅助决策。将收集信息形成的有关材料向企业管理层汇报，并说明有关情况，使企业管理层的领导能够全面、正确理解和认识隐患排查治理工作，对企业建设隐患排查治理工作做出正确决策。③领导决策。高、中层领导需要从思想意识中真正解决为什么要实施隐患排查治理工作的问题，并为此项工作提供充分的各类资源，隐患排查治理工作才会在企业得到有效和完全地实施。

◆组织机构建设。由企业一把手担任隐患排查治理工作的总负责人，以安全生产委员会或领导班子为总决策管理机构，以安全生产管理部门为办事机构，以基层安全管理人员为骨干，以全体员工为基础，形成从上至下的组织保证，形成从主要负责人到一线员工的隐患排查治理工作网络，确定各个层级的隐患排查治理职责。

领导层：主要负责人是隐患排查治理工作的第一责任人，通过安委会、领导办公会等形式，将隐患排查治理工作纳入其日常工作的范围中，亲自定期组织和参与检查，及时准确把握情况，发出明确的指令。主管负责人要在其职责中明确有关隐患排查治理的内容，将有关情况上传下达，做好主要负责人的帮手。其他有关领导也要在各自管辖范围内做好隐患排查治理工作，至少要知道、过问、督促、确认。

管理层：安全生产管理机构和专职安全管理人员是隐患排查治理工作的骨干力量，编制有关制度、培训各类人员、组织检查排查、下达整改指令、验证整改效果等是主要的工作内容。还要通过监督方式对各部门和下属单位及所有员工在隐患排查治理工作方面的履职情况进行了解，纳入考核，全力推动隐患排查治理工作的全方位和全员化。

操作层：按照责任制、相关规章制度和操作规程中明确的隐患排查治理责任，在日常的各项工作中，员工要有高度的隐患意识，随时发现和处理各种隐患和事故苗头，自己不能解决的及时上报，同时采取临时性的控制措施，并注意做好记录，为统计分析隐患留下资料。

◆建立健全规章制度。制度是企业管理的基本依据，需要企业将法律法规和标准规范以及上级和外部的其他要求全面掌握，将其各项具体的规定结合自身的实际情况，通过编制工作将外部的规定转化为企业内部的各项规章制度，再经过全面地执行和落实，变成企业的管理行动。隐患排查治理工作也不例外，也基本按这一思路展开。企业需要建立的制度主要有：隐患排查治理和监控责任制、事故隐患排查治理制度、隐患排查治理资金使用专项制度、事故隐患建档监控制度（事故隐患信息档案）、事故隐患报告和举报奖励制度等。

◆隐患排查治理标准的细化。企业应根据其适用的政府部门制定颁布的隐患排查治理标准，结合自身的实际情况，对标准的内容和要求进行细化，例如，对企业主要负责人的安全生产职责中规定“督促、检查安全生产工作，及时消除生产安全事故隐患”的内容，企业就应当提出更具体的要求：明确督促的方式方法、检查的方式方法（对矿山等企业领导来说可能就要与下井带班作业相结合）、检查的频率（是每周还是每月参加一次）等。

（2）人员全面培训

在全面铺开工作之前，应对有关人员进行初步的培训，使其掌握“谁来干、干什么、如何干、工作质量有什么要求”等内容。企业隐患排查治理体系建设的初期培训对象分为两种，一是对领导（高层与中层）人员进行背景培训，二是对承担推进工作的骨干人员进行全面培训。对领导（高层与中层）进行背景培训，通过培训，使相关领导充分认识到企业实施隐患排查治理体系的重要意义、作用，让他们了解整个实施过程，知道自己在整个过程中的工作职责，以及应该给予隐患排查治理工作的支持和保障。对承担推进工作的骨干人员进行全面培训，主要内容包括：背景（可与领导层培训合并进行）、相关政策法规、隐患排查标准内容详解、制度编写、隐患排查治理过程等方面。

隐患排查的主体是企业的所有人员，包括从领导到一线员工直到在企业工作范围内的外部人员，以保证排查的全面性和有效性。在颁布隐患排查治理制度文件之后，组织全体员工，按照不同层次、不同岗位的要求，学习相应的隐患排查治理制度文件内容。所有人员能不能或者会不会隐患排查是关键，必须对其进行有针对性和有效果的教育培训。在各种安全生产教育培训工作中要将隐患排查的内容纳入，并根据需要做专门的培训，还要确认培训的效果，以保证所有人员有意识、有能力地开展隐患排查。

（3）实施排查

排查的实施是一个涉及企业所有管理范围的工作，需要有计划、按部就班地开展。

◆排查计划。排查工作涉及面广、时间较长，需要制订一个比较详细可行的实施计划，确定参加人员、排查内容、排查时间、排查安排、排查记录等内容。为提高效率，也可以与日常安全检查、安全生产标准化的自评工作或管理体系中的合规性评价和内审工作相结合。

◆隐患排查的种类。隐患排查种类包括：①专项排查。专项排查是指采用特定的、专门的排查方法，这种类别的方法具有周期性、技术性和投入性。主要有按隐患排查治理标准进行的全面自查、对重大危险源的定期评价、对危险化学品的定期现状安全评价等。②日常排查。指与安全生产检查工作的结合，具有日常性、及时性、全面性和群众性。主要有企业全面的安全大检查、主管部门的专业安全检查、专业管理部门的专项安全检查、各管理层级的日常安全检查、操作岗位的现场安全检查等。

◆排查的实施。以专项排查为例，企业组织隐患排查组，根据排查计划到各部门和各所属单位进行全面的排查，流程及关键点如图5—1所示。排查时，必须及时、准确和全面地记录排查情况和发现的问题，并随时与被检查单位的人员做好沟通。

◆排查结果的分析总结。一是评价本次隐患排查是否覆盖了计划中的范围和相关隐患类别；二是评价本次隐患排查是否做到了“全面、抽样”，是否做到了重点部门、高风险和重大危险源适当突出；三是确定本次隐患排查发现，包括确定隐患清单、隐患级别及分析隐患的分布（包括隐患所在单位和地点的分布、种类）等；四是做出本次隐患排查治理工

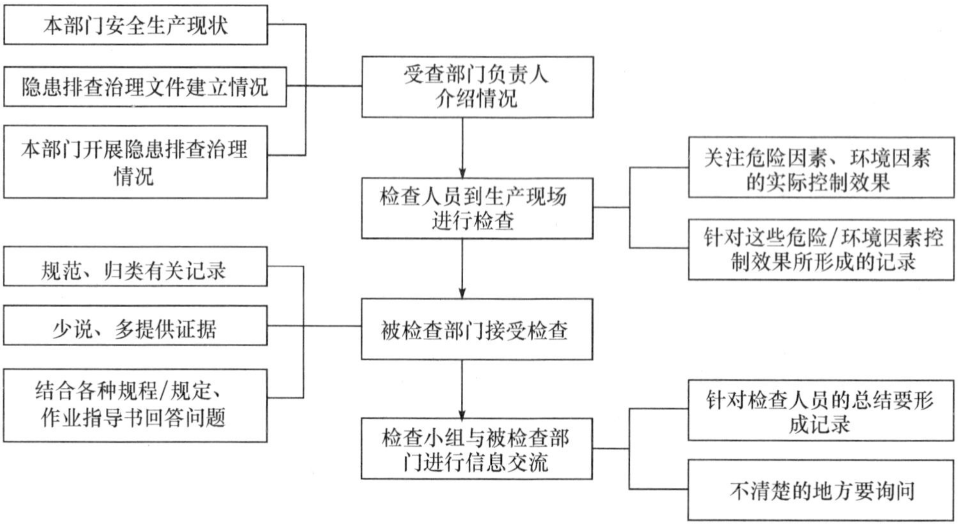

图 5—1　在各部门的排查流程及关键点

作的结论，填写隐患排查治理标准表格。

（4）纳入考核和持续改进

为了确保隐患排查治理工作顺利进行，领导必须责成有关部门以考核手段为基本的保障。必须规定上至一把手、下至普通的员工及所有的检查人员的职责、权利和义务，特别是必须明确规定企业中、高层领导在此项工作中的义务与职责。因为，企业的中、高层领导是实施与开展隐患排查治理工作的重要保障力量。

隐患排查治理机制的各个方面都不是一成不变的，也要随着安全生产管理水平的提高而与时俱进，借助安全生产标准化的自评和评审、职业健康安全管理体系的合规性评价、内部审核与认证审核等外力的作用，实现企业在此工作方面的持续改进。另外，隐患排查治理也为整体安全生产管理提供了持续改进的信息资源，通过对隐患排查治理情况的统计、分析，能够为预测预警输入必要的信息，为管理的改进提供方向性的资料。

5. 企业隐患治理

只有对隐患排查所发现的各种隐患进行治理，才能真正解决企业生产经营过程中的问题，降低风险，提高安全管理水平。

（1）一般隐患治理

◆一般隐患分级。一般隐患是指危害和整改难度较小，发现后能够立即整改排除的隐患。为更好地、有针对性地治理在企业生产和管理工作中存在的一般隐患，要对一般隐患进行进一步的细化分级。事故隐患的分级是以隐患的整改、治理和排除的难度及其影响范围为标准的。根据这个分级标准，在企业中通常将隐患分为班组级、车间级、分厂级直至厂（公司）级，其含义是能够在相应级别的组织（单位）中整改、治理和排除。其中，如果厂（公司）级隐患中的某些隐患属于应当全部或者局部停产停业，并经过一定时间整改治理方能排除的隐患，或者因外部因素影响致使企业自身难以排除的隐患应当列为重大事故隐患。

◆现场立即整改。有些隐患，如明显的违反操作规程和劳动纪律的行为，属于人的不安全行为式的一般隐患，一旦发现，排查人员应当要求立即整改，并如实记录，以备对此类行为统计分析，确定是否为习惯性或群体性隐患。有些设备设施方面的简单的不安全状态如安全装置没有启用、现场混乱等物的不安全状态等一般隐患，也可以要求现场立即整改。

◆限期整改。有些隐患难以做到立即整改，但也属于一般隐患，则应限期整改。限期整改通常由排查人员或排查主管部门对隐患所属单位发出“隐患整改通知”，内容中需要明确列出隐患情况的排查发现时间和地点、隐患情况的详细描述、隐患发生原因的分析、隐患整改责任的认定、隐患整改负责人、隐患整改的方法和要求、隐患整改完毕的时间要求等。限期整改需要全过程监督管理，除对整改结果进行“闭环”确认外，也要在整改工作实施期间进行监督，以发现和解决可能临时出现的问题，防止拖延。

（2）重大隐患治理

针对重大隐患，就需要“量身定做”，为每个重大隐患制定专门的治理方案。由于重大隐患治理的复杂性和较长的周期性，在没有完成治理前，还要有临时性的措施和应急预案。治理完成后，还有书面申请及接受审查等工作。

◆制定重大事故隐患治理方案。重大事故隐患由生产经营单位主要负责人组织制定并实施事故隐患治理方案。重大事故隐患治理方案应当包括以下内容：①治理的目标和任务；②采取的方法和措施；③经费和物资的落实；④负责治理的机构和人员；⑤治理的时限和要求；⑥安全措施和应急预案。根据相关规定，企业在制定重大事故隐患治理方案时还必须考虑安全监管监察部门或其他有关部门所下达的“整改指令书”和政府挂牌督办的有关内容的指示，也要将这些指示的要求体现在治理方案里。

◆重大事故隐患治理过程中的安全防范措施。在事故隐患治理过程中，生产经营单位应当采取相应的安全防范措施，防止事故发生。事故隐患排除前或者排除过程中无法保证安全的，应当从危险区域内撤出作业人员，并疏散可能危及的其他人员，设置警戒标志，暂时停产停业或者停止使用；对暂时难以停产或者停止使用的相关生产储存装置、设施、设备，应当加强维护和保养，防止事故发生。

◆重大事故隐患的治理过程。在重大事故隐患治理过程中，企业还要随时接受和配合安全监管部门的重点监督检查。如果企业的重大事故隐患属于重点行业领域的安全专项整治的范围，就更应落实相应的整改、治理的主体责任。

◆重大事故隐患治理情况评估。地方人民政府或者安全监管监察部门及有关部门挂牌督办并责令全部或者局部停产停业治理的重大事故隐患，治理工作结束后，有条件的生产经营单位应当组织本单位的技术人员和专家对重大事故隐患的治理情况进行评估；其他生产经营单位应当委托具备相应资质的安全评价机构对重大事故隐患的治理情况进行评估。这种评估主要针对治理结果的效果进行，确认其措施的合理性和有效性，确认对隐患及其可能导致的事故的预防效果。评估需要有一定条件和资质的技术人员和专家或有相应资质的安全评价机构实施，以保证评估本身的权威性和有效性。

◆重大事故隐患治理后的工作。重大事故隐患治理后并经过评估，符合安全生产条件的，生产经营单位应当向安全监管监察部门和有关部门提出恢复生产的书面申请，经安全监管监察部门和有关部门审查同意后，方可恢复生产经营。申请报告应当包括治理方案的内容、项目和安全评价机构出具的评价报告等。对挂牌督办并采取全部或者局部停产停业治理的重大事故隐患，安全监管监察部门收到生产经营单位恢复生产的申请报告后，应当在 10 日内进行现场审查。审查合格的，对事故隐患进行核销，同意恢复生产经营；审查不合格的，依法责令改正或者下达停产整改指令。对整改无望或者生产经营单位拒不执行整改指令的，依法实施行政处罚；不具备安全生产条件的，依法提请县级以上人民政府按照国务院规定的权限予以关闭。

（3）隐患治理措施

隐患治理及其方案的核心都是通过具体的治理措施来实现的，这些措施大体上分为工程技术措施和管理措施，再加上对重大隐患需要做的临时性防护和应急措施。

◆治理措施的基本要求。基本要求主要包括：①能消除或减弱生产过程中产生的危险、有害因素；②处置危险和有害物，并降低到国家规定的限值内；③预防生产装置失灵和操作失误产生的危险、有害因素；④能有效地预防重大事故和职业危害的发生；⑤发生意外事故时，能为遇险人员提供自救和互救条件。

隐患治理的方式方法是多种多样的，因为企业必须考虑成本投入，需要以最小代价取得最适当（不一定是最好）的结果。有时候隐患治理很难彻底消除隐患，这就必须在遵守法律法规和标准规范的前提下，将其风险降低到企业可以接受的程度。可以这样说：“最好”的方法不一定是最适当的，而最适当的方法一定是“最好”的。

◆工程技术措施。工程技术措施的实施等级顺序是直接安全技术措施、间接安全技术措施、指示性安全技术措施等；根据等级顺序的要求应遵循的具体原则应按消除、预防、减弱、隔离、连锁、警告的等级顺序选择安全技术措施；应具有针对性、可操作性和经济合理性并符合国家有关法规、标准和设计规范的规定。

◆安全管理措施。安全管理措施往往在隐患治理工作中被忽视，即使有也是老生常谈式的提高安全意识、加强培训教育和加强安全检查等几种。其实管理措施往往能系统性地解决很多普遍和长期存在的隐患，这就需要在实施隐患治理时，主动地和有意识地研究分析隐患产生原因中的管理因素，发现和掌握其管理规律，通过修订有关规章制度和操作规程并贯彻执行来从根本上解决问题。

（4）闭环管理

“闭环管理”是现代安全生产管理中的基本要求，对任何一个过程的管理最终都要通过“闭环”才能最后结束。隐患治理工作的收尾工作也是“闭环”管理，要求治理措施完成后，企业主管部门和人员对其结果进行验证和效果评估。验证就是检查措施的实现情况，是否按方案和计划的要求一一落实了；效果评估是对完成的措施是否起到了隐患治理和整改的作用，是彻底解决了问题还是部分的、达到某种可接受程度的解决，是否能真正做到“预防为主”。当然，不可忽略的还有隐患的治理措施是否会带来或产生新的风险也需要特别关注。

第二节　道路运输企业安全生产管理与事故隐患治理相关制度

《安全生产法》第四条规定：生产经营单位必须遵守本法和其他有关安全生产的法律、法规，加强安全生产管理，建立、健全安全生产责任制度，完善安全生产条件，确保安全生产。《安全生产法》所说的“生产经营单位”，也包括道路客运企业和货运企业。道路运输企业应依照法律、法规的有关规定，根据本企业的实际情况，制定安全管理制度，如安全责任制度、安全检查制度、机动车辆安全管理制度、机动车驾驶员安全管理制度等，用规章制度的方式规范员工的行为，防范和减少事故的发生，使规章制度成为安全的重要保障。在这里，选择部分企业所制定的安全管理规章制度，供相关企业和管理人员参考。

一、道路运输企业安全生产检查实施办法

第一条　为加强本企业安全源头管理，促进安全生产检查的规范化、制度化，有效预防和减少事故的发生，根据有关法律、法规的规定，结合企业实际，制定本办法。

第二条　安全检查坚持以下原则：

（1）分级负责原则。集团公司主要负责对各分公司的检查，各分公司负责对所属单位的检查。

（2）重点监督原则。集团公司按有关规定或根据工作需要，可重点对分公司所属单位及基层单位或生产作业现场进行安全检查或督察。

（3）注重实效、狠抓落实原则。安全检查应深入生产一线和作业现场，针对一个阶段的工作重点和薄弱环节进行认真、细致的检查，切忌走过场，搞形式主义。

第三条　集团公司所属各单位及其从业人员，应积极配合各级组织的安全检查活动，任何单位和个人不得妨碍和干扰正常的安全检查。

第四条　本办法适用于集团公司组织的安全检查活动。各分公司对所属单位的安全检

查可参照此办法。

第五条　安全检查分为安全岗位责任人自查、单位自查、集团公司组织的季度检查和专题性检查。

第六条　各分公司应建立健全群众性的安全监督网络，发挥其作用，把安全岗位责任人的自查落到实处。

第七条　各单位安全自查应做到经常化、制度化，做到季季查、月月查、天天查，确保安全生产。

第八条　安全岗位责任人自查和单位自查的检查办法，由各单位根据岗位和单位特点自行制定。

第九条　集团公司季度性安全检查，是指每年结合重大节假日或重要时期定期组织的检查活动，每季度组织一次。

（1）第一季度安全检查与春运检查等工作同时部署，同时进行。

（2）第二季度安全检查与“安全生产月”和“反三违月”等工作同时部署，同时进行。

（3）第三季度安全检查与“国庆节”黄金周运输等工作同时部署，同时进行。

（4）第四季度安全检查与“安全警示月”、冬季安全生产等工作同时部署，同时进行。

必要时，每季度检查也可另行部署进行。

第十条　集团公司专题性检查，是指根据有关主管部门部署不定期组织的重要节假日、重点时段、重要期间、重大事件前后开展的专项检查活动。

第十一条　季度性检查与专题性检查在时间上接近或重合时，应避免重复，要相互兼顾、相互结合进行。

第十二条　第一季度、第三季度日常性安全检查由集团公司领导带队，集团公司有关职能部门派员参加。

第二季度、第四季度安全检查由集团公司领导带队，由各分公司领导及分公司安全科（处）长或安办主任参加。

第十三条　专题性安全检查由集团公司安委会办公室组织，各分公司安全科（处）长或安办主任参加。

第十四条　安全检查内容分为一般内容和特殊内容。

第十五条　安全检查一般内容是查思想、查管理、查制度、查现场、查隐患、查整改、查事故处理。

（1）查思想：检查各级领导是否对安全生产管理工作有正确的认识，是否真正关心职工的安全和健康，是否认真贯彻落实党和国家的安全生产管理方针、政策和各项安全劳动卫生法规。

（2）查管理：检查各级领导是否把安全生产管理工作提到重要议事日程，同时计划、布置、检查、总结、评比安全工作；新建、扩建、改建工程和引进工程项目的劳动保护设施是否与主体工程同时设计、同时施工、同时投产；搞好设计审查和竣工验收工作；领导对安全生产管理工作是否分工负责、落实了各级安全生产管理责任制；安全机构是否健全；职工群众是否参与安全生产管理活动；职工群众安全组织网络是否建立并真正发挥作用。

（3）查制度：检查各项安全生产管理制度是否建立健全并得到贯彻落实，安全生产责任制是否按要求签订，奖罚兑现；安全工作经费是否有保证；各级领导和安全管理人员是否经过培训、考核等；特殊作业人员是否经过培训，做到持证上岗。

（4）查现场：主要是深入生产现场，检查企业的劳动条件、作业环境、生产设备及相应的安全卫生设施和人员的操作行为等是否符合安全文明生产的要求。

（5）查隐患：查找可能导致人身伤亡或较大经济损失等安全生产事故的因素，并下达整改通知书，明确整改措施和完成期限。

（6）查整改：在贯彻边查边改原则的同时，检查以前查出的事故隐患是否按当时登记的项目、整改措施和完成期限进行整改。

（7）查事故处理：检查各类事故是否按规定及时报告、认真调查、严肃处理，并做到“四不放过”。

第十六条　在按上述一般内容进行检查的同时，还应根据季节、行业等特点进行特殊内容的检查。

（1）第一季度安全检查还包括年度安全工作部署、春节安全运输、冬春安全生产等情况。

（2）第二季度安全检查还包括“五一”期间安全生产、“安全生产活动月”及“反三违月”活动，夏季安全生产等情况。

（3）第三季度安全检查还包括汛期安全生产、“十一”黄金周安全生产等情况。

（4）第四季度安全检查还包括“安全警示月”和“安全活动日”活动、“元旦”节日安全生产、秋冬季安全生产等情况。

（5）其他专题性检查部署的事项等内容。

第十七条　安全检查采取“听、看、问、查、议、评”等方法进行。

（1）“听”就是听取单位领导关于安全工作情况的汇报。

（2）“看”就是检查人员到现场实地检查安全生产情况和各种安全隐患。

（3）“问”就是检查人员向被检查单位的有关人员询问有关的安全情况，召开座谈会，听取职工的有关反映。

（4）“查”就是查看各种安全内部管理资料、报表台账等基础工作。

（5）“议”就是检查人员对听、看、问、查的情况进行汇报、评议，形成评价结论、要求和意见。

（6）“评”就是对被检查单位的安全工作进行评价，反馈意见，提出要求。

第十八条　安全检查要坚持日常与专题、综合与专项、明查与暗访“三结合”的检查形式。

第十九条　检查工作结束后，检查组应向被检查单位下达反馈意见书、隐患整改通知书并于结束后5日内，写出书面总结，连同被检查单位安全汇报（总结）及下达的反馈意见书、隐患整改通知书和汇总后的检查总结等完整资料整理后阅卷归档。

第二十条　本办法由集团公司安全管理部门负责解释。

第二十一条　本办法自公布之日起执行。

二、道路运输企业安全事故隐患监控整改实施办法

第一条　为贯彻“安全第一、预防为主”的方针，进一步加强对企业事故隐患的监控整改，预防和减少各类事故的发生，切实保障安全生产，根据国家有关法律、法规、规章和政策，结合本企业实际情况，制定本办法。

第二条　凡可能导致人身伤亡或经济损失等事故发生的因素，均称为安全事故隐患。

第三条　安全事故隐患监控整改坚持“谁主管谁负责”“法人代表负第一位责任”“谁存在事故隐患谁负责监控整改和实施责任追究”的原则，切实保障事故隐患监控整改的各项措施落到实处。

第四条　本办法适用于集团公司所属各分公司及相关企事业单位。

第五条　安全事故隐患监控分为主动监控与被动监控。

（1）主动监控是指各单位在日常生产管理中自查出来，并实施监控整改的安全事故隐患。

（2）被动监控是指各单位在接受上级安全检查中被查出来的事故隐患，并实施监控整改的安全事故隐患。

第六条　主动监控发现的重大安全事故隐患和整改情况要及时报集团公司安委会办公室（安全管理部门）备案。被动监控发现的安全事故隐患，能立即整改的必须立即整改；难以立即整改的要采取防范、监控措施，由检查单位填写“安全生产事故隐患监控整改通知书”（以下简称“通知书”），报集团公司安委会办公室备案。

第七条　“通知书”主要包括：事故隐患类别，事故隐患具体部位及主要内容，整改要求及期限，保障措施、监控整改责任单位及责任人，安全检查组成员等。

第八条　安全事故隐患整改资金，原则上由存在事故隐患的单位自行筹措解决。

第九条　存在重大事故隐患的单位应成立监控整改小组，责任人为该单位行政正职或法定代表人。

第十条　安全事故隐患监控整改小组职责：

（1）负责安全事故隐患的现场管理，掌握其动态变化；

（2）制订应急计划和紧急处置措施；

（3）落实“通知书”的各项要求，把监控整改工作落到实处；

（4）保持各种救援、处置设施设备和救护用品等完好、有效。

第十一条　集团公司安委会办公室监督和检查所属单位对“通知书”的贯彻落实情况；督促、协调所属单位在安全事故隐患监控整改中的重大问题；必要时报经集团公司安委会批准，对存在事故隐患的所属单位下达暂时停产停业命令书。

第十二条　存有安全事故隐患的单位按“通知书”要求完成事故隐患监控整改后，应及时向集团公司安委会办公室提交报告，申请验收。集团公司安委会办公室组织安全专家及专业技术人员进行审查验收，验收合格后，形成结论报告。

第十三条　安全事故隐患监控整改情况要由事故隐患单位与集团公司安委会办公室分别立档。

第十四条　安全事故隐患档案主要包括以下内容：

（1）存在事故隐患的单位监控整改的有关资料；

（2）存在事故隐患的单位申请审查验收的报告；

（3）有关部门审查验收的结论报告。

第十五条　安全事故隐患监控整改的档案要做到专人（兼职）管理，及时准确，完整成套，长期保存。

第十六条　将安全事故隐患监控整改工作，纳入集团公司年度安全工作考评，与安全生产管理责任书经济奖罚挂钩。

第十七条　有下列情况之一的，给予集团公司所属单位和个人责令改正、通报批评、经济处罚、政纪及党纪处分，直至按规定追究刑事责任。

（1）主动监控不够，未发现隐患而酿成事故的，或主动监控已发现但整改不力而酿成事故的；

（2）对被动监控的隐患隐瞒不报酿成事故的；

（3）被动监控的隐患不按“通知书”要求整改而酿成事故的；

（4）不积极配合集团公司或有关部门进行复查或评估、分析、研究的；

（5）不执行集团公司下达的暂时停产停业整改命令书的。

第十八条　本办法由集团公司安委会负责解释。

第十九条　集团公司所属各单位可参照本办法，对本单位安全事故隐患监控整改责任研究制定具体管理办法。

第二十条　本办法自公布之日起施行。

三、道路运输企业机动车辆安全管理规定

本规定适用于道路运输企业所属机动车辆为完成指派任务在道路及厂区内、作业现场行驶过程中的安全管理。

第一条　道路运输企业应根据实际情况在本企业设置机动车辆交通安全科（岗）；二级

单位应设置机动车辆交通安全岗；基层单位应设立专职或兼职安全员。

第二条　交通安全管理机构（岗位）职责：

（1）贯彻国家有关交通安全管理的法律、法规、条例及集团公司有关机动车辆交通安全管理的各项规章制度；

（2）制定、修改、完善本企业机动车辆交通安全管理的有关规定并贯彻落实；

（3）组织并参加企业内交通安全检查，制止违章指挥、违章操作、违反劳动纪律行为；

（4）组织或会同有关部门开展各项安全活动，开展对驾、乘人员的安全培训、教育工作；

（5）负责本单位自有机动车及驾驶员的管理，组织本单位车辆和驾驶员的定期检审，负责本企业内部机动车辆及专职驾驶员保险；

（6）组织机动车驾驶员的技术考核和评聘工作；

（7）建立健全交通安全管理的各项档案资料；

（8）参加并协助地方交警部门进行交通事故调查、处理，负责事故的统计和上报工作；

（9）表彰交通安全先进集体和个人，对违反各种法规、规章制度、道路交通事故的责任人进行处理、处罚；

（10）及时总结、发现、推广交通安全管理先进经验做法。

第三条　专（兼）职安全员职责：

（1）贯彻上级有关交通安全的各项规章制度；

（2）模范遵守安全技术操作规程、劳动纪律及各项规章制度，坚持原则，制止违章行为；

（3）参与制定、修订本单位有关交通安全管理制度和安全技术操作规程，并检查执行情况；

（4）负责安排并检查指导班组安全活动；

（5）搞好员工的岗位安全教育；

（6）组织开展进出场安全检查等日常安全检查，发现隐患及时消除，不能消除应采取防范措施，并及时向领导汇报；

（7）督促、检查职工对机动车辆进行日常维护、保养工作；

（8）负责机动车辆、驾驶证、机动车辆准驾证的定期检审及车辆保险工作；

（9）参与事故调查、处理，负责统计分析，按时上报；

（10）建立健全交通安全管理基础资料。

第四条　道路运输企业应开展机动车辆交通安全专项检查，安全专项检查要求如下：

（1）直属企业安全专项检查每半年组织一次，二级单位每季度组织一次，基层单位每月组织一次。

（2）直属企业每月路检、场查或夜查应不少于一次；二级单位每月应不少于两次；基层单位每月应不少于四次。

(3) 安全检查应建立完整的档案，隐患整改应有记录。

第五条　道路运输企业应建立并实行以下制度：

(1) 路检路查制度。

(2) 内部机动车辆准驾证（以下简称准驾证）制度。准驾证管理制度至少应明确申请领证的范围和准驾证的申领种类、准驾证的审验办法和对违反准驾证管理规定的处理办法。

(3) 出车路单（派车单）和长途车辆审批制度。

(4) 法定节假日期间无工作（公务）任务车辆的“二交一封一定”制度。

(5) 车辆进出（停车）场、车库安全管理制度。

(6) 恶劣天气下的车辆行驶规定。

(7) 长期在基层值班的车辆安全管理制度。

(8) 租用外部车辆的安全管理制度。

(9) 驻外单位的机动车辆交通安全管理制度。

(10) 汽车修理安全管理规定。

(11) 厂区机动车辆交通安全管理制度。

(12) 水陆联运、大型搬迁、吊装等联合作业的企业应根据作业特点制定联合作业的机动车辆交通安全管理规定。

第六条　厂区和生活区内应设立禁行、禁停、限速等交通安全标志，停车场配备相应的消防设施和器材。

第七条　直属企业、二级单位、基层单位应建立以下机动车辆交通安全管理档案：

(1) 机动车辆档案；

(2) 机动车驾驶员档案；

(3) 道路交通事故档案；

(4) 驾驶员安全行驶公里数统计档案；

(5) 安全检查记录、隐患整改记录；

(6) 机动车辆保险档案。

第八条　机动车辆驾驶人员应具备良好的职业道德和身体条件，作风正派，遵纪守法，并取得国家政府主管部门颁发的机动车辆驾驶证。

经直属企业或二级单位安全监督管理部门考核其驾驶技能、交通安全法规知识等科目合格后，颁发企业内部机动车辆准驾证方可驾驶。

第九条　驾驶大型、重型、危险货物及特种专用车的驾驶员应具备相应资质，并具有5年以上驾车经历和连续安全行车100 000 km以上驾车资历，对所驾车辆的基本性能及装载的特种设备性能、施工工艺流程有一定的了解；驾驶运输危险货物车辆的驾驶员应经过相关安全知识培训，掌握危险货物性能和一般的安全规程，持有效的相关证件方可上岗。

第十条　道路运输企业应通过安全教育，使驾驶员做到：

(1) 模范遵守国家法律、法规和集团公司规章制度。

(2) 爱护车辆、服从调度、接受安全检查；车辆出车前、行驶途中、收车回场后应按规定进行车辆检查，及时做好车辆的维护保养工作，保证车辆处于良好状态；如实汇报机动车辆出车情况。

(3) 参加本单位组织的各种安全活动和学习，提高自身的安全意识和安全行车技能。

(4) 对违章指挥拒绝执行。

第十一条　机动车辆应经当地公安机关交通管理部门登记后，方准上路行驶；尚未登记的机动车在临时上道路行驶时，应申领临时通行证，按规定行驶。

第十二条　机动车辆严禁带病上路行驶，具体要求是：

(1) 制动器、转向器、喇叭、刮水器、后视镜和灯光装置，应保持齐全有效；

(2) 机动车辆应按规定配备随车工具、灭火器和故障车警告标志牌等；

(3) 大型货车、大型特种车、大型矿山专用车（带裙边的车辆除外）等机动车辆应按照 GB 11567《汽车和挂车侧面及后下部防护装置要求》的有关技术要求安装侧下部安全防护装置；

(4) 小型客车、大型客车、客货两用车前排应配备安全带，安全带性能和安装应符合有关规定要求；

(5) 行驶在山区、冰雪、泥泞道路上的车辆，应配备防滑链和溜木；

(6) 起重车、轮式专用机械车，不准拖带挂车或牵引车辆；

(7) 车辆所有的装置应符合 GB 7258《机动车辆运行安全技术条件》的要求。

第十三条　机动车应按车辆管理机关规定的期限接受检验，未按规定检验、检验不合格或达到报废标准的机动车辆，不准继续行驶。

第十四条　机动车辆应投保有效行驶期内的第三者责任险。

第十五条　严禁机动车辆客货混装，机动车辆载人（物）不准超过行驶证核定的载质量（人），运输“四超”物件（超长、超宽、超高、超重）应按规定办理手续。

第十六条　企业专用车在施工作业过程中应严格按照保证安全、利于健康、保护环境的原则进行，不应妨碍其他车辆通行。需要驾驶人员配合的作业项目，在工作时，驾驶员应坚守岗位，严格遵守相关安全操作规程。

第十七条　乘员在乘坐机动车辆时应遵守国家有关要求，不应有妨碍驾驶员安全驾驶的行为。乘员有协助驾驶员瞭望的义务，有制止驾驶员违章行为的权利。乘员应按规定系好安全带。

第十八条　乘员乘坐车辆时应听从指挥，车未停稳不准上下车，不准跳车。中途上车时，不准强行拦车、扒车和搭车。乘车时先下后上，不准将身体任何部分伸出车外。

第十九条　乘坐货运机动车、吊车等专用车辆时，除驾驶室外，一律不准坐人。

第二十条　不准携带易燃、易爆物品乘坐车辆。

第二十一条　汽车驾驶员应对车辆进行回场安全检查，主要包括：

（1）对机动车辆进行安全状况检验，每月检查次数不应少于四次；

（2）修保车辆应经检验合格后方可投入运行。

第二十二条　汽车驾驶员应参与机动车辆的一、二、三级保养工作。

四、道路运输企业旅客运输安全管理规定

道路旅客运输直接关系到旅客生命财产的安全，因此各级管理人员、安全管理人员、司乘人员必须认真贯彻“安全第一、预防为主”的方针，提高安全意识，遵章守纪，确保旅客运输安全。

1. 客运车辆安全管理要求

（1）客运车辆必须符合国家《机动车运行安全技术条件》GB 7258—2004 规定的标准，并经国家车辆交通管理部门进行安全技术检验合格。

（2）客运车辆必须参加省交通安全统筹（保险），即按规定办理“车上乘客和机手、车损（含挡风玻璃）及第三者责任”等项安全统筹（保险）。

（3）客运车辆必须在车身上（车厢乘客上下车门适当位置）漆喷核载人数和“严禁超员”字样。

（4）客运经营单位必须按客车实际行驶里程编制车辆各级维护保养计划，并按计划强制安排客车进厂二级维护保养。对于脱保客车，集团公司技术质量管理部应在三日内通知车属单位，车辆经营管属单位接到通知后不得继续排班参运。否则，谁违规谁承担一切后果。

（5）客运车辆必须定点到有客车维护保养资格的修理厂进行定期维护保养。客车修理厂必须加强安全和技术管理，严格按照国家规定的汽车检修作业项目组织生产，认真做全作业项目，严格执行“三检”制度，并保证做到按各级维护规定的质量和时间出厂。有关客车的安全部件（主要指转向、制动、传动、灯光、雨刷等零部件）的检查维修，质检人员认定不能使用的部件，必须更换新件，任何人不得以任何借口拒绝换件作业。否则，质检人员有权向车属单位和有关管理部门报告，不予签章出厂。如果驾驶员将客车强行开出修理厂，修理厂和质检部门必须在当日通知车属单位监督该车履行出厂检验规定，谁失职违规、谁承担一切后果。凡涉及客车安全部件的小修作业，也同样坚持报修进厂和“三检”制度及签章出厂规定。

（6）客运经营单位必须落实专人负责客车发车前的安全例保检查工作，要求一律进行检查，并坚持安全例保检查员及客车驾驶员双方签字认可制度，凡是没有安全例保检查员签单的客车，一律不准报班发车；担任长途的客运班车（含夜行班车、中巴车），在运行途中必须到省交通厅指定的例保检查站进行例保检查，无例保检查站的地方，驾驶员要自行

检查，保证车辆技术状况良好，防止机械事故发生。

2. 客运驾驶员安全管理要求

（1）客车驾驶员上岗前，必须接受本单位安全管理人员和集团公司安全管理部进行的资质关、年龄关、技术关、身体素质关、思想品德关等项考核审查。

（2）大型客车驾驶员必须具有 5 年以上驾车经历和连续安全行车 100 000 km 以上驾车资历，并持有国家交通管理部门核发准驾 A 类车型有效驾驶证。

（3）持有国家交通管理部门核发准驾 B、C 类车型有效驾驶证的人员，驾驶 9 座以上旅行车经营客运或从事出租车旅客运输的，必须具有 3 年以上驾驶 B、C 类车型的安全驾驶经历。

（4）客运单位和安全主管部门要把客运安全工作列为重中之重，从严加强安全管理，对客车驾驶员（车主）重点加强安全意识、法律法规、职业道德和公司安全管理规章制度宣传教育。

（5）客车驾驶员每月必须至少参加一次单位安全学习活动（全年不得少于 12 次，累计学习时间 24 h 以上），每次安全学习活动要求单位安全员认真做好签到考勤记录，并按规定报送安全管理部作为年终考核的依据。

（6）客车驾驶员或车主必须服从隶属单位管理，保证做到定线、定班、定站运行，并按规定时间发车。如遇特殊情况影响按规定发车或中途不能完成本趟班线行驶任务，必须提前 2 h 向隶属单位主管领导报告，以便安排其他客车顶班或调整运行班次，较好地维护公司的社会信誉。

（7）大型客车白天连续行驶在 400 km 以上者或驾驶员连续驾车 8 h 以上的，夜间连续行程在 200 km 以上者或驾驶员连续驾车 5 h 以上的，必须有相同准驾车型的驾驶员换班驾驶。夜班车在凌晨 4—6 时必须强行停车休息。

（8）客运车辆更换驾驶员和驾驶员（车主）变换客运车辆的，必须到集团公司安全管理部和技术质量管理部重新注册登记，并对驾驶员及车辆资质进行审查，经审查合格后，方准驾车上路营运。

（9）客运单位或车主聘用客车驾驶员，必须健全聘用驾驶员安全管理制度，落实安全责任。解聘驾驶员必须收回集团公司安全管理部核发的准驾证、客运资质合格证。

（10）客运车辆产权归属人及合资购车（车主）聘用经主管部门审查合格的驾驶员驾车经营，在车辆未投入营运以前，公司、分公司及各客运单位安全科（监督办）必须负责认真落实安全责任，包括车辆发生道路交通事故后产生的经济损失，除安全统筹（保险）按规定理赔外，剩余经济损失应明确分担责任，要形成责任书签章各执一份，单位安全科（监督办）必须收存一份归档备案。

3. 高快、直快客车驾驶员安全管理要求

（1）驾驶员应具备的条件：

1）公司、分公司及各客运单位在聘用高快、直快客车驾驶员时，公司、分公司及各客运单位安全、保卫、劳工部门应严格审核其安全技能和思想政治条件，报集团公司安全管理部核准。

2）20座（含20座）以上高快、直快大客车驾驶员，除持有“A”型机动车有效驾驶证外，还应有连续驾驶大型客车5年以上和安全行驶150 000 km以上的驾车经历。

3）经公安交通管理机关查验合格，取得省道路交通安全查验卡。

4）取得交通运政部门核发的从业资格证。

5）取得集团公司安全管理部门核发的与所驾客车符合的准驾证和客运资质合格证，每年接受驾驶员适应性检测或身体检查，身体健康，年龄在50周岁以下。

（2）经集团公司安全管理部核准的高快、直快客车驾驶员，在上岗前必须与单位签订劳动合同及安全责任书，同时一次性向单位交纳安全风险金，即：高快、直快客车驾驶员人均按所驾客车的车型价款交20 000～40 000元。驾驶员的安全风险金，交集团公司安全管理部专项建账管理，严禁挪作他用。驾驶员因调离或其他原因不再任高快、直快客车驾驶员，除按规定扣除违规和责任事故扣赔款外，其余部分如数退还。

（3）高快、直快客车驾驶员必须服从隶属单位管理，自觉增强法制观念，接受安全教育（每月参加不少于两次的安全学习活动），牢固树立“安全第一”的思想和良好的职业道德，努力搞好优质服务工作。

（4）随时做到保持客车符合《机动车运行客运安全技术条件》GB 7258—2004要求，确保客车技术状况良好，严格坚持客车安全例保检查及发班实行站务员和驾驶员签字制度。

（5）做到着装上岗，车容整洁，按规定时间发班及定班、定线、定站运行。

（6）禁止在运行途中随意停车或上下旅客；禁止超员、超速或强超抢会、占线行驶，保证做到“文明礼貌”安全行车。

（7）高快、直快客车驾驶员在完成指派任务的行车过程中发生交通事故或违反集团公司安全管理规章制度，按规定执行的肇事扣款或罚款，在本人交纳的安全风险金中扣除。事后，如驾驶员还须继续上岗，必须补交足集团公司规定的应交安全风险金数额，否则一律不准上岗。对发生交通事故负有责任的（含非承包车）驾驶员，均按有关规定执行扣赔款。扣赔款统一交集团公司资产财务部安全基金账户管理。

（8）高快、直快客车发生交通事故，驾驶员必须立即停车，保护好事故现场，及时抢救伤员或财产，并立即报告当地公安交警及单位领导和集团公司安全管理部，听候处理。

（9）待班的高快、直快客车，必须按照单位指定的场地停放，并交停车场或门卫保安人员看守。否则，凡是驾驶员随意乱停车发生的损失，均由驾驶员自己赔偿。

4. 县、乡道路客运安全管理要求

（1）各客运单位和安全管理部应按规定对从事营运的客车驾驶员资质进行认真清查整顿，驾驶员必须符合旅客运输经营条件，严把准入关，严禁不具备条件的驾驶员从事客运经营活动。

(2) 各客运单位和安全管理部应加强客车驾驶员的管理，搞好宣传动员工作，定期集中组织安全学习及宣传教育，提高驾驶员对安全重要性的认识。使驾驶员认识到安全是运输管理的重要工作，是关系到自己切身利益的根本保证，最重要的是关系到旅客的生命财产安全，对社会有极大影响，要主动配合管理部门，共同努力搞好安全运输工作。

(3) 各客运单位必须对违章上路、违规的驾驶员停班整顿，组织学习，提高业务技术素质，增强安全运输责任感。

(4) 各客运单位和安全管理部门应加大监督力度，定期或不定期地进行路检路查，严肃查处无证经营车辆，打击非法经营活动。

(5) 安全管理部门应组织各客运单位安全员进行安全交叉大检查，除交通主干线外，应深入县乡道路进行检查，查问题、查隐患、查措施、查落实。对工作未落实、问题未解决的，要给予通报批评并明确责任单位和责任人，令其限期整改。

(6) 切实加强源头管理，充实安全管理人员，督促汽车客运站建立健全安全运行管理制度，对客运经营者应提出具体要求，将安全管理工作落到实处，并要求驾驶员签订安全责任保证书，必须携带从业资格证、准驾证和客运资质合格证方可从事道路旅客运输。

(7) 车站对客车必须严格执行“车辆二级维护”的规定，坚持发车前的安全例保检查，不合格车辆不准出站，不准发生脱保失修、以修代保的现象，确保车辆技术状况良好。

(8) 从事营运的中型客车必须按国家规定的行驶标准执行，超过标准的车辆要坚决淘汰并收回线路牌。

(9) 在道路因发生坍塌、泥石流、水毁、雪封、冰凌等而受阻的情况下，不得盲目发车，必须停班，待清障抢修畅通后，方可恢复营运。

(10) 中巴车必须安排在短途路线营运，不得经营长途班线。

(11) 严禁客货混装或以客车代替货车等违章行为，特别是车厢顶部超高超宽载货等车辆，不得放行，必须调派客车和货车分别接驳旅客和货物，调车费及运费等均由违章驾驶员负责承担，同时按有关规定予以处罚，对屡犯者应取消其经营资格。

(12) 汽车客运站和驾乘人员应认真搞好禁运物品和危险物品的查堵宣传工作，严禁禁运物品和危险物品上车。

(13) 驾驶员要文明驾车，遵章守纪，安全运行，禁止违章行为，确保安全运送旅客。

(14) 对不符合规定、无证营运、脱管脱保等违章违规行为者，必须按相关行政处罚规定给予严厉处罚。情节严重的，应终止其经营活动，取消其经营资格。

5. 汽车客运站站场管理要求

为了加强客运站站场内的交通管理，维护交通秩序，保障场内安全和畅通，以适应规范客运市场，实现封闭式管理的需要，特作以下规定：

(1) 凡进站车辆限速 10 km/h，并按导向车道安全行驶。

（2）凡车门、行李仓门未关或行李架上有人的，不准行驶。

（3）凡载客进站车辆，必须到乘客下车区停车位置停稳后，方可开门让乘客下车。

（4）凡待班客车或其他车辆，必须按停车位置停放整齐，不得任意停放车辆。

（5）凡进站车辆必须保持车容、车貌卫生整洁，严禁随意在场内修车、清扫及乱倒车内垃圾；洗车必须到指定地点清洗。

（6）凡进站车辆驾驶员，必须服从车场管理人员的管理和指挥，同时车场管理人员应做到文明执勤、优质服务。

（7）违规者视情节处以50～200元罚款或停班学习一天。

6. 其他客运安全管理要求

（1）客运生产经营单位要加强行业管理力度，规范客运市场，严格实施“车进站、客归点、站管车、服务好”的客运生产经营方针，为道路客运安全打下良好的基础。

（2）客运生产经营单位要加强车站治安保卫工作，严禁旅客携带易燃易爆危险物品进站乘车，严厉打击危害客运安全的各种犯罪活动，保障旅客乘车安全。

（3）未领取“道路运输证”“客运线路标志牌”和“客车进站通知书”的客运车辆，一律不准发车（不准参加营运）。

（4）各客运站点站务人员必须坚持查验客车例保检查单及驾驶员准驾证签字发车制度，如该客车没有例保检查员在例保检查单上签字，以及驾驶员无集团公司准驾证和驾驶证与准驾车型不一致时，一律不准发车。否则，责任人必须承担一切后果。

（5）普快班车，在途中站上客，一律不允许超载、超员。

（6）在高速公路上行驶的客车，不允许增载，不允许任意停车上下旅客。

（7）禁止客运车辆售超员票和超装行包。

（8）新出厂客车顶部未装行李架的，不得加装行李架。所有客运车辆、禁止客厢内人货混装。

（9）客运车辆驾驶员或车主必须自觉接受公安交警、运政管理人员和隶属单位的监督检查，并接受乘车旅客的监督。

（10）客运车辆违法违规营运和驾驶员违章行车被有关部门处罚，凡株连到企业利益的，必须由驾驶员（车主）全部承担。必要时，集团公司有权取消其经营资格，依法维护集团公司的合法权益。

（11）驾驶员驾驶客运车辆行至高寒地区，因雨雾视线不清或通过泥泞、冰凌、危险路段，要认真做好防冻、防滑工作，严格遵守特殊道路驾驶车辆的安全操作规程，不准冒险或侥幸通过，以确保旅客运输安全。

（12）客运生产经营单位（含有客车过往的站点）要安排人员24 h轮流值班，以便处理突发事故。

五、道路运输企业机动车驾驶员安全管理规定

1. 对公司驾驶员的基本要求

（1）驾驶员经考核录用后，凭劳动人事部门的介绍信文，经劳资处审核后，办理注册登记，并经安全管理部门进行培训考核合格后，办理好有关手续，方准上岗。

（2）驾驶员必须具备以下条件：①思想进步，作风正派，遵纪守法，安全意识强。②年龄在50周岁以下，身体健康，具有初中以上文化程度，持有机动车正式驾驶证、上岗证，并经安全管理部门考核验收合格。③凡符合以上条件的驾驶员，须上交安全管理部门身份证、驾驶证、运管机关上岗证复印件各1份，1寸照片3张，办理好公司上岗证，签订安全公约、安全责任书后方准上岗。

2. 机动车驾驶员安全工作职责

（1）严格遵守《道路交通安全法》《道路交通管理条例》和安全操作规程及公司安全生产管理规章制度。

（2）积极参加单位安全学习和按规定参加安全活动，自觉增强安全意识和职业道德，认真掌握事故预防知识。

（3）认真做好车辆安全例保检查及定期二级维护保养工作，随时保持车辆技术状况良好，并按规定配置消防灭火器和三角垫块，杜绝机械事故发生。

3. 严格遵守公司驾驶员行车的“安全禁令”

（1）严禁饮酒后开车。

（2）严禁人工直流供油。

（3）严禁将车辆交给无驾驶证（含驾驶证准驾车型与所驾车辆类型不相符及无集团公司准驾证）的人驾驶。

（4）严禁盲目超限速行驶。

（5）严禁强行超车和抢道会车。

（6）严禁弯道超车和弯道占线行驶。

（7）严禁车门未关好开车和车未停稳打开车门。

（8）严禁在陡坡、傍山险路、雨天路滑等危险路段脱挡滑行或超限速行驶，无防滑设施盲目通过冰雪、冰凌、泥泞路段。

（9）严禁超员超载和车厢内人、货混装；车辆承运危险物品或超高、超宽、超长、超重货物（载质量超过公路桥涵限制通行标志）时必须到有关部门办理准运手续，方可行驶；或车辆行经铁路道口、渡口时，必须服从管理人员指挥，确认安全后，低速通行或上下渡船。

（10）严禁车辆带病行车（开凑合车）及驾驶员疲劳驾车。

4. 公司驾驶员还应遵守下列规定

(1) 跟车培训的驾驶员未经公司考核批准，不准单独驾车。

(2) 按规定由 2 名驾驶员共同完成的任务、班次、不得由 1 名驾驶员单独完成。

(3) 发生交通事故后，应主动帮助抢救伤员，保护现场，不得擅自闯入肇事现场或挪动现场内的车、物等，并及时向公司及辖区交警部门报告情况。

(4) 技术员试车时，必须在规定范围内进行，非驾驶员不得擅自驾车。

(5) 驾驶车辆时，须携带有效驾驶证、工作证、上岗证。

(6) 不准驾驶与准驾车型不相符的车辆。

(7) 未按规定进行年度审验或审验不合格的，不准继续驾驶车辆。

(8) 不准驾驶不符合装载规定的车辆。

(9) 患有妨碍安全行车的疾病或过度疲劳时，不准驾驶车辆。

(10) 不准在驾驶车辆时饮食或有其他妨碍安全行车的行为。

(11) 坚持“安全第一、预防为主”的方针，做好出车前、行驶中、收车后的日常检查及维护工作，每天收车后必须对车辆的重要安全部位如方向、制动、灯光等装置进行检修，消除事故隐患。

(12) 出车时，车辆须配备消防器材（灭火器必须有效）。

(13) 同一线路上行驶的车辆不得相互压点、抢客，不得有妨碍安全行车的其他行为。

(14) 严格执行停、靠站制度，小公共汽车不准低速待客。

(15) 驾驶室严禁载客，驾驶员驾驶车辆时不准穿背心、拖鞋、高跟鞋，行车时不准拨打手机。

(16) 驾驶员不得无故不参加安全例会、安全活动，非营运性驾驶员每月必须参加一次安全学习。

机动车辆和驾驶员必须参加安全统筹（保险），并按规定自觉缴纳统筹（保险）费及安全保证金。

从事汽车驾驶培训的教练员（驾驶员）除严格履行本条所述职责外，还须做到严格要求自己，以身作则，为人师表，严禁违章违规教学，认真监护学员安全操作，确保教学培训安全。

机动车驾驶员必须有较强的安全意识和良好的职业道德，对国家和人民生命财产有高度负责的责任感，并保证做到文明行车，礼貌行车，礼让三先（先慢、先让、先停），做到安全运输生产经营。

第三节　道路交通运输企业安全生产事故隐患治理新做法

事故隐患是指作业场所、设备设施的不安全状态，人的不安全行为和管理上的缺陷。事故隐患往往是引发安全事故的直接原因。加强对事故隐患的控制管理，对于预防事故的发生有重要的意义。就机动车而言，事故隐患往往处于不同的状态，有的事故隐患属于外露性的，很容易就能够发现，例如车胎气压不足、车辆超员等；有的事故隐患属于内涵性的，要透过现象才能分析判定，或者通过检查检测才能够发现。不论哪种事故隐患，最重要的是不能麻痹大意、掉以轻心，要及时发现事故隐患、及时整改事故隐患，把事故消灭于萌芽状态，从而保证行车安全。

一、安塞油田及时排查隐患强化道路车辆安全管理新做法

安塞油田隶属于长庆油田公司，地处我国西北地区黄土高原的北部，主要地貌特征为山区，沟壑纵横，自然环境为温带气候，全年四季分明，年平均气温 11.2℃，最低气温 −26℃，最高气温 38℃，属干旱气候，夏、秋季降雨时有水害、山体塌方滑坡，冬季有下雪、结冰现象。安塞油田所辖范围横跨陕西、山西的 2 市 13 县，生产现场点多、面广，辖区内道路状况较为复杂，车辆配属种类较多，因此交通安全管理难度很大，交通风险也非常大。

面对各种不利因素，安塞油田认真贯彻执行“安全第一、预防为主”的方针，针对油田交通安全管理的现状，吸取以往交通事故的教训，在道路风险辨识的基础上，及时排查事故隐患，强化安全管理，从人、机、物、管理四个方面着手，控制可能存在的风险，建立并实施了以“道路分级、车辆分类、准许通行、优化配置、实时监控”为主要管理举措的交通安全受控管理，从而保证行车安全。

安塞油田及时排查隐患强化道路车辆安全管理新做法主要是：

1. 对道路分级和确认危险点

对道路运输的安全管理，主要是人、机、物三个要素，人主要是指驾驶人员，机主要是指各类车辆，物主要是指道路。

在道路方面，安塞油田辖区内共有各类道路总里程约 4 100 km，其中：沥青路面道路约 200 km，约占总里程的 5%；砂石路面道路约 650 km，约占总里程的 19%；黄土路面道路约 3 250 km，约占总里程的 76%。

道路的好坏，直接影响驾驶人员的安全行驶，也直接关系到驾驶人员对事故隐患的认识。为此，安塞油田对道路进行分级并确认道路存在的危险点。

（1）道路分级原则。道路分级原则主要是：

◆根据道路整体状况。如道路路面的宽度、路面的铺设物、路面的平整情况，道路的弯道、坡道及道路的周边环境。

◆根据道路安全设施的设置情况。如道路弯道、坡道等危险路段有无交通安全警示牌、指示牌，急转弯道有无水泥防护墩，桥梁有无护栏等。

◆根据车辆行驶的风险程度。如道路上的车流量、行人的数量、经过的人口居住区等。

◆根据道路通行受雨、雪天等特殊天气的影响程度。

（2）道路分级的结果。按照道路分级的原则对全厂道路进行风险评价，并结合当前管理的实际，具体将道路分为A、B、C、D四级：A级（较好的道路）是指沥青公路；B级（一般道路）是指砂石道路；C级（较差道路）是指土路；D级（危险道路）是指存在于以上A、B、C三类道路其中任何一类中的某一段危险路段或危险点，以及非油区正式道路的乡间小道。

（3）危险道路存在的事故隐患。危险道路又可以细分为以下几种情况：

◆按照危险道路的特征和长度，危险道路可分为危险路段及危险点。危险路段是指道路中存在连续弯道（3个弯道以上，弯距在100 m以内）、长距离的坡道（坡长150 m以上）、长距离的坡道下端为急弯道的路段、路面狭窄的路段（有效行车宽度小于3 m）。危险点则是指道路路基或路边山体的某处存在塌方隐患、某一处狭窄的路面、曾经发生过交通事故的某一处道路。

◆按照危险道路的风险程度，危险道路又可分为一般风险危险道路（D1级）、较大风险危险道路（D2级）、非油区正式道路的乡间小道（D3级）。一般风险道路是指车辆运行风险较小的危险道路，例如：有安全防护设施的连续弯道、长距离的坡道、路面狭窄但车辆可以通过的路段。较大风险道路是指车辆运行风险较大的危险道路，例如：坡道并伴有连续弯道的路段、无安全防护设施的连续弯道、长距离坡道下端为弯道的路段、路面狭窄车辆通过可能发生交通事故的路段、曾经发生过交通事故的危险点。非油区正式道路的乡间小道是指连接油区内农村之间的小路，该道路的特点是整体路况差，道路狭窄，车辆通过时危险性大，易发生交通事故。

经过道路分级和实际道路勘察，确认安塞油田的A级道路约200 km，约占总里程的5%，存在危险路段（点）42处；B级道路约650 km，约占总里程的19%，存在危险路段（点）88处；C级道路约3 250 km，约占总里程的76%，存在危险路段（点）315处；D级道路的危险路段（点）约445处。这种对道路的细致划分，为安全管理奠定了基础，使安全管理更具有针对性。

2. 对车辆分类和确认危险点

在车辆方面，目前安塞油田共有各类在用车辆731辆，其中厂属车辆166辆，外雇车辆565辆。厂属车辆车型包括皮卡、越野车、锅炉车、热洗车、压风车、收油车、测井车、消防车等。外雇车辆车型包括皮卡、越野车、卡车、罐车、油田工程车、中型及大型载客车辆、特车等。

不同的车辆有不同的用途，同时，也存在着不同的危险。为了细化安全管理，对车辆进行了分类。

（1）车辆分类的原则。车辆分类原则主要是：

◆根据车辆功能的不同分类，如载客车辆、特种车辆。

◆根绝车辆载客的数量分类。

◆根据车辆在油区各类道路上行驶的风险程度分类。

◆根据车辆发生事故后可能导致人员伤害和财产损失的严重程度分类。

（2）车辆分类结果。根据车辆分类原则，将在用车辆分为A、B、C、D四类：A类：载客9人以上的中型及大型载客车辆，共16辆。B类：载客5～9人的车辆（消防车、测井车、油田工程车、微型面包），共47辆。C类：卡车、罐车、特车等，共221辆。D类：载客5人以下的车辆（皮卡、越野车、卧车），共425辆。

3. 制定车辆准许通行规定和优化配置

（1）车辆通行区域的划分及限速规定。不同气候情况下车辆通行区域及限速规定，其中，A级、B级为车辆的“准许通行区”，即准许车辆在该区域内通行；D级为车辆的“禁止通行区”，即该区域在一般情况下禁止车辆通行；C级为车辆的“条件通行区”，即车辆及道路只有在具备安全行驶的条件或采取相应的安全措施后方可在该区域内通行；数字为该区域相应车辆的最高行驶速度。

（2）车辆通行的相关规定。车辆通行的相关规定，必须区分对待，对于正常天气、特殊天气及紧急事件三种情况下的车辆调派和通行规定，要遵照各级单位已有的规章制度和国家法律法规执行。

（3）车辆的优化配置

◆送班交通车的配置。送班交通车的配置标准按照生产单位的交通需求来确定，原则上按照所属单位总人数的5%配置，适当考虑关联单位。

◆小型载客车辆的配置。前线单位生产指挥车辆的配置依据生产指挥人员的数量执行，生产单位根据实际工作需要配置，生产值班皮卡车的配置应按照生产单位的生产规模、区块大小、站点数量等因素综合配置。

◆大型车辆的配置。大型车辆主要是指特种车辆及卡车、罐车等，大型车辆的配置应根据生产单位的实际工作量，按照相对固定、综合调配的原则进行配置。

◆外雇车辆的配置。按照相对集中、相对固定的成建制车队管理模式，将全厂的外雇车辆管理划为4个区块，实施“集中管理，集中调派”，并按照“车队长、安全员、替班驾驶员”等基本构成的车队化管理模式，由外雇车辆单位设置15个车队，便于对外雇车辆单位进行集中管理。

4. 建立实时监控和运行管理

运用车载GPS监控系统加强车辆运行过程中的实时监控，监控人员可以随时发出指令，获取车辆的行驶时速、行驶区域，且在车辆出现超速、超区域行驶的情况下，及时自动或手动发出警报，提醒驾驶人员停止违章行为。目前，安塞油田已有526辆车安装了车辆GPS监控系统，该系统投入运行以来，对查纠交通违章行为，提升车辆通行受控管理水平起到了积极的促进作用。

在运行管理方面采取以下措施：

◆严格驾驶员准入，确保驾驶技能良好。对于拟准入的驾驶员，严把证照审查（驾驶员驾龄不得低于5年）、理论考试、实际操作考试、德育素质考核等关口，并在审查考核合格以后签发油田机动车辆驾驶员准驾证，从源头削减了由于驾驶员可能导致的“人的不安全行为”。

◆严格车辆准入，确保车辆性能良好。对于非关联单位的车辆，载人车辆投运准入的年限规定为5年，其他车辆的准入年限为7年，所有车辆整体性能必须良好，从源头削减了由于车辆可能导致的“物的不安全状态”。

◆建立动态的道路风险识别机制。一是生产单位必须加强本单位道路的日常监控，每季度对本单位所有道路的危险路段识别一次。二是每次下雨、下雪后，及时指派专人实地查看道路的毁坏情况，尽早发现道路新产生的危险路段。三是道路风险识别工作主要由生产单位的生产运行部门负责，道路风险识别完成后，生产运行部门必须将识别的结果及时告知车管人员、驾驶人员及本单位安全部门，同时应根据道路风险识别的结果建立本单位的“危险路段（D级）信息档案”及立案销案制度。道路主管部门应针对危险路段，制定整改或管理措施，分批进行整改。

◆建立交通危险预警机制。一是生产单位应将天气预报、道路状况及大型联合作业等（如新井投产作业、搬迁作业、抢险作业等）可能导致的交通风险及时向驾驶人员通报。二是生产单位应向驾驶人员详细告知本单位的危险路段（D级）所在，尤其是针对新出现的危险路段，应在第一时间向所有驾驶人员通报。三是生产单位可以通过发送手机短信、电话告知或召开交通安全会等方式，向驾驶人员通报交通危险。

◆建立道路风险及违章举报制度。一是生产单位应教育广大员工及驾驶人员积极参与交通安全管理，针对道路存在的危险因素及驾驶人员、乘车人员、车管人员的违章行为及时向单位职能部门通报。二是生产单位设置举报电话，并将电话号码告知全体员工及驾驶人员。三是对于道路风险及违章举报人员，单位及时给予适当的奖励。

安塞油田自建立并实施以“道路分级、车辆分类、准许通行、优化配置、实时监控”为主要管理举措的交通安全受控管理以来，通过对“人、车辆、道路”三要素实施受控管理，把交通安全管理的各个方面融合为一个有机整体，大大提升了管理效率，推动交通安全管理水平迈上新台阶，为企业各项工作提供了有力的交通安全保障，实现了交通安全平稳运行。

二、长庆油田公司排查安全隐患加强车辆安全管理新做法

长庆油田公司隶属于中国石油天然气公司，地处鄂尔多斯盆地，横跨陕、甘、宁、内蒙古、晋五省（区），承担着向北京、天津等十多个大中城市安全稳定供气的重任，资产总额1 012亿元，员工人数达到7万多人，其中专业技术人员占员工总数的15.8%。

近几年，长庆油田公司牢固树立“安全生产是头等大事”的思想，把安全工作摆到第一位，坚持以安全生产为重点，实施安全管理新举措，狠抓落实重实效，逐步构建了“以人为本”的安全管理新格局，在抓好生产安全的同时，采取多种措施、多方努力，使车辆安全管理保持了良性运行态势，管理水平也有大幅提升。

长庆油田公司排查事故隐患加强车辆安全管理新做法主要是：

1. 油田作业区存在的安全隐患

长庆油田公司下设的作业区，由于作业性质的原因，存在着大量安全隐患，例如：采油单位多，生产区域广，车辆使用数量大，而且车型多、管理分散、路途远。在这样不利的情况下，车辆安全管理成为安全管理工作的重要方面。

作业区车辆管理存在的主要隐患是：

（1）道路状况差，地理环境复杂。由于油田开发企业的特殊性，生产现场大多在野外，地面沟壑纵横，梁峁交错，山路崎岖，地势险要，油区道路多为砂石路面和土路。生产区域的地理环境和道路状况直接影响着车辆的安全出行，是导致车辆事故的客观因素。

（2）车辆混杂行驶。由于油区大多处在农村，各种各样的汽车、摩托车、农用车、拖拉机、畜力车和行人混行在一条公路上，交通管理的难度很大。

（3）驾驶员技术差，安全素质低，安全意识存在很大差距。通过对近几年的事故分析表明，由于驾驶员的违章行为造成的车辆事故占90%左右，是车辆肇事的主体。

（4）制度落实不到位，致使车辆管理出现空档，一些已经出现的安全隐患没有得到及时排除，给事故留下了祸根。

（5）生产区域点多、面广、线长，长途行驶，发生事故的概率增大。

（6）用于生产的特车（如原油拉运车、修井车、压风车等）车况性能已经赶不上现代车辆管理的要求，车辆机械故障是出现突发事故的重要原因。

然而，车辆事故本质上又不完全等同于安全生产事故，很大一部分车辆事故具有偶发性，同时还具有一定的规律性和可预防性，经过努力，完全可以有效地预防和减少车辆事故。

2. 车辆安全管理的思路与做法

近年来，长庆油田公司作业区结合生产现场实际，在抓好生产建设的同时，始终将车辆安全管理作为安全生产的重中之重，坚持“以人为本，预防为主，持续改进”的工作方

针，紧紧围绕 HSE 管理体系，积极培育、树立“一切事故都是可以避免的”安全管理理念，创新监管方法，加大监督力度，深化体系运行，细化安全管理，初步形成全方位的安全监管格局，运行规范的 HSE 体系，特性突出的车辆安全监督网络，打造了平稳运行的生产安全平台。

车辆安全管理的主要做法是：

(1) 落实管理责任，健全管理网络，构建“三全”管理新格局。摆正车辆安全与生产经营的关系，树立车辆安全与生产同等重要的思想，做到领导重视，措施得力，及时建立车辆安全管理体系，做到两个到位。一是管理责任到位，落实车辆管理责任体系。建立起由“一把手”负总责、主管领导负管责的车辆管理责任网络，强化责任意识，将车辆管理责任重心层层下移，使全区形成了以作业区主管领导、井区主管领导及班站长为主线的三级车辆管理体系。二是监督体系到位，落实车辆安全监督体系。建立了以作业区安全监督、井区及班站三级安全员为主线的专业车辆安全监督体系；两套体系相互协调，相互促进，层层落实，形成了一把手全面抓、主管领导重点抓、基层干部合力抓、岗位员工共同抓的“全员、全过程、全方位”的“三全”管理格局。

(2) 在作业区推行“2467”管理模式。以作业区安全委员会为中心，强化 2 个管理体系（安全监督、安全管理），落实 4 大组室责任（综合办事组抓安全文化建设，机安组抓安全监督管理，运行组抓生产安全管理，经营组抓安全质量投入），坚持 6 项管理措施（超前预防措施、严格监控措施、精细操作措施、监管分离措施、严反三违措施、事故分析措施），形成 7 个分支动态监管网络（以 5 个采油井区、综合服务队、区机关 7 个基层安全监管分支体系形成合力）。

(3) 以车辆安全文化建设为前提，强化司乘人员安全意识，转变观念，营造车辆安全氛围。

◆加强驾驶人员安全培训，提高安全素质。坚持每月一次的驾驶员安全培训，通过下发文件，印发宣传材料，组织交通法规、操作技能学习培训，开展车辆安全警示教育，针对特殊事故、近期事故、内部违章行为，开展有针对性的警示教育，强化驾驶员对车辆检查、保养、路面判断、紧急避险能力教育和模拟训练，提高安全技能。

◆加强员工乘车安全意识教育，组织员工学习关于交通安全的文件及规定，使员工了解乘车规定、带车责任、用车原则。在员工培训时，培训车辆安全知识，使员工树立自我保护意识，不乘私车，不私自驾车。

◆加强车管人员教育培训，提高管理能力，转变管理观念，树立超前预防意识，正确处理好车辆管理的“三个关系”。一是处理好“有事”与“没事”的关系。在车辆管理实践中，“没事”常常是希望达到的一种良好控制状态，“有事”则是谁也不愿意看到的结果。只有把“没事”当“有事”来对待，主动防范，坚持安全工作“想在前、抓在前、防患于未然”，始终以强烈的忧患意识和“如履薄冰”的心态去抓车辆安全，才能创造条件使“有事”向“没事”转化。二是处理好“大事”与“小事”的关系。在抓车辆安全的时候，要立足于防微杜渐，抓小防大，在一些平时看似微不足道的安全小问题上下功夫，堵塞安全漏洞，使每位员工克服麻痹思想，时刻保持警觉性，主动做好防范工作。对工作中发现的“三违”行为，绝不能大事化小，小事化了，要进行揭短亮丑，严肃处理，让每位员工吸取教训。三是处理好“别人的事”与“自己的事”的关系。坚持树立“邻里失火、自查炉灶”的意识，把事故通报当作教育全体司乘人员的警示教材，及时做好传达教育工作，把别人的问题与自己单位的实际相结合，进行认真分析和对照检查，以发现自身问题和隐患，并制定相应的预防措施，从而使自己少付出代价，使全区安全工作平稳、有序、协调发展。

3. 构建静态车辆管理格局，实行路、人、车的“三位一体”管理

（1）积极做好道路安全管理。坚持“重养轻修”的原则，强化道路养护工作。投入大量的人力、物力进行油区道路维护，在危险路段、紧急弯道设立安全行车警示牌，强化特殊天气环境下的道路管理，在汛期、雨雪天气，动员全体员工将油区道路维护作为工作的重要内容，进行全面养护，确保路况良好，并将道路维护工作作为一项工作考核内容，奖罚兑现。与此同时，做好路况的检查和信息反馈工作，为车辆出行创造良好的运行条件。

（2）积极做好人员管理。建立约束机制，强制管理。为适应车辆安全管理机制，必须建立起配套的制度约束体系，以确保管理机制的有效运行。为此，作业区制定了自上而下的系统车辆安全管理规定及制度，结合实践加以完善。为进一步加强驾驶员管理，制定下发了“作业区驾驶员管理规定”，要求所有驾驶员必须做到“五遵守、五禁止”（遵守车辆调派，禁止私自出车；遵守限速规定，禁止超速行驶；遵守作息时间，禁止疲劳驾驶；遵守培训制度，禁止无故缺课；遵守安全承诺，禁止酒后驾车）。同时，坚持“谁带车，谁负责”的原则，强化带车人的安全意识与责任，理顺关系，严禁超载。

（3）积极做好车辆管理。建立车辆管理登记台账，实行车辆“病历卡”制度，对每辆配属车辆的车况性能、行驶里程、易出现故障进行详细登记，形成车辆状况一览表，加强车辆的日常管理、保养和维修等工作，严格做到车辆“不检验不出车、不保养不出车、不例行安全检查不出车、隐患不整改不出车”，同时对车辆服务进行绩效考核，费用兑现，确保行车安全。

4. 实施车辆动态监控机制，随时制止和控制违章行为

（1）成立车辆安全路查小组，由安全总监任组长，坚持不定期突击路查。同时，把路查的权力下放到各机关组室，每位机关干部对发现的车辆违章行为都有权制止和纠正，形成全员监控车辆安全的良好格局。

（2）强化四个重点监控：

一是重点时段监控。针对冬季大雪封山，路面状况恶劣的特殊环境，实行报常发车的措施；交通事故高发期，预先制定监控措施；每年的元旦、春节、“五一”和“十一”等节假日期间，实施车辆“三交一封”，并对正常生产的运营车辆进行跟踪监控；在春乏、夏困、冬寒及政策性原因导致驾驶员心态不稳、身体不适的特殊时期，适时调整行车任务；周末、月尾强化对驾驶员的安全意识和操作技能教育。

二是重点车型监控。强化对客车、大卡车、特车的监控力度，坚持实行驾驶员年度全面考核制度、月度检查制度、每日车辆检验制度，强调静态管理与动态管理相结合，根据每个驾驶员的身体、思想变化，及时调整教育方法，并持续不断，保持连续性。

三是重点人员监控。经分析，18～27岁、40～52岁年龄段，3～5年及20年以上驾龄段的现职驾驶员易发生交通事故，将这些驾驶员列入重点监控范围，每月进行一次思想动态、技术操作、安全意识及职业道德方面的综合分析，确定和调整监控措施，指定专人帮促并落实监控措施。

四是重点车辆监控。将全区车辆划分为专业运输、生产配属、工作用车3个板块，有重点地进行监控。例如：担负井区生产用车的车辆，重点落实井区干部及班站长带队、住井员工监督举报等管理措施；对担负原油拉运的车辆，加大跟踪检查，加强驾驶员防火防爆常识教育和路段危险点的分析、交底；对共用小型客车，侧重于对车速的控制；对小车的管理，重点落实各项交通安全制度的执行情况，动态地监控无证驾车、酒后驾车等违章现象。

随着油田生产建设规模的不断扩大，车辆保有量的增加和道路里程的延伸，车辆交通安全工作成为企业安全管理的重要环节。公司通过采取一系列车辆安全新举措，使全区在车辆安全管理上形成了较为完备的车辆管理新模式，推动了全区安全生产的高效运行。

三、佛山汽车运输集团坚持预防为主落实联动机制新做法

广东省佛山市汽车运输集团有限公司是一家综合性民营运输企业，主要业务范围包括公路运输、公共汽车运输、出租车运输、货运、物流、汽车制造和汽车维修等。公司现有员工2 300人，营运车辆723辆，全年营运车辆行驶里程为8 693万车千米，总资产近5亿元，车营业额4亿多元。近年来，公司把安全生产放在企业各项工作的首位，坚持预防和控制的工作思路，使企业的道路行车事故得到了控制，为公司的发展提供了有力的保障。

佛山汽车运输集团坚持预防为主落实联动机制新做法主要是：

1. 认真落实联动机制，预防为主抓住源头

随着经济的发展，机动车辆的增多，道路交通事故日益成为突出问题。解决道路交通安全问题，关键是三个因素，第一是人，第二是车，第三是路。抓住这三个要素，就能从根本上解决问题。人是道路交通事故预防中的决定性因素，驾驶员的素质直接影响运输安全。公司狠抓准入关，通过严格审查、统一考核和岗前培训，筛选优良的驾驶员。狠抓后续教育关，通过多种方式的培训教育，提高驾乘人员的综合素质。狠抓淘汰关，对违规超速行驶的驾驶员，公司每次给予批评教育并扣罚款200元；一年内累计违章超速行驶3次的，先停班整顿，待递交书面检讨和保证后才能继续上岗驾驶；一年内累计违章超速行驶5

次的，作解聘处理。

车辆设备安全技术性能差是导致道路运输事故的一个重要因素。公司积极运用先进的科技设备，提高行车安全管理的针对性和实效性。一是应用行车记录仪，确保车辆不超速行驶。公司根据不同线路情况确定适当的行车记录仪参数，行车过程中如果车速超过该行驶路段的最高限速，行车记录仪会发出超速提示音，提示驾驶员及时降低车速。如果驾驶员连续超速行驶时间超过 1 min，则被认定为违章超速行驶。车队管理人员在车辆完成运行任务后采集数据，通过计算机分析驾驶员是否超速行驶等违规行为。目前，公司在近 6 成的客车上试装了行车记录仪，这些客车已基本杜绝了违章超速现象，达到了加强车速监控、防止违章超速的目的。由于车速得到控制，使车速经常处于经济车速范围内，也使得这些客车的燃油经济性较安装行车记录仪前有了较大的提高。发生交通事故后，也能从行车记录仪中提取有关数据，协助有关部门进行事故的分析。二是应用 GPS 车辆监控系统，确保车辆按规定线路行驶。2003 年 8 月，公司开始 GPS 车辆监控系统的筹备和试运行工作，至今已在 70 多辆客货车上安装了 GPS 车载设备。通过 GPS 技术，企业可以对运输生产进行及时的管理，还能够对车辆安全运行进行有效的监督。具体表现为：及时对车辆进行动态调度，以最少的车辆满足运输生产需求；无须驾驶员自行报告，随时掌握营运车辆的行踪；通过轨迹回放，有效地进行安全监督。

路况环境恶劣是导致道路运输事故的另一个重要因素。通过联动机制，公司向有关部门反映了一些事故多发地带的隐患问题后，道路交通安全联席会议立即召集有关部门实地考察、研究解决方案，形成会议纪要，由牵头及相关部门负责督促落实。

2. 积极开展安全评估，科学管理确保安全

公路运输业是一个特殊行业，每个流动的车辆就是一个流动的危险源，尤其是公司的营运车辆大部分为客运车辆，更是直接关系到人民群众的生命安全。为了提高企业安全生产的本质水平，公司积极参与了试点工作中的一项重要任务，就是落实“重点行业企业安全生产状况评估工作”。公司成立了安全生产状况评查领导小组，通过企业自我评估、注册安全主任监评等形式对总公司及所有下属公司的安全生产状况进行评查打分，从而更加明确了道路交通企业安全生产的具体范围、内容及标准，知道自己具备了什么，还欠缺什么，还有哪些地方需要补充和完善。在评估的基础上，公司主要做了以下工作：

一是落实安全生产责任制。为进一步明确安全责任，在与下属分公司签订年度安全生产责任书的基础上，要求各分公司将责任书中的考核指标分解到各相关部门、班组和驾驶员，层层签订安全目标责任书，并通过考核各项安全指标，对安全达标单位的有关人员进行奖励，对未达标单位的相关人员进行处罚。

二是充实安全管理机构。为进一步强化安全管理，公司聘用了 4 名中级安全主任、16 名初级安全主任和 28 名专职安全管理人员负责整个企业的安全管理工作，公司工会还聘请了 34 名义务安全监督员。这些安全管理人员在日常工作中要求员工自觉遵守各项安全管理的规章制度和操作规程，及时发现安全隐患，认真督促整改，有效地防止了各种事故的发生。

三是完善安全管理制度。为了使安全管理制度化、规范化、科学化，对照评估标准，公司重新修订了“佛山市汽车运输集团有限公司汽车运输安全生产管理规定”，对安全管理机构、安全管理人员和驾驶员等的安全职责做出了具体规定，补充完善了安全档案管理制度、安全培训制度、回场必检制度、行车记录仪管理制度、驾驶员出车前问讯告知制度、安全生产统计制度等。

四是健全安全生产档案。公司高度重视安全生产档案的形成、积累、归档和利用，建立健全了基础资料档案、驾驶员档案、车辆档案和行车事故档案，实行驾驶员档案一人一档和行车事故档案一事一档。

五是形成企业安全文化。为强化员工的安全生产意识，车队管理人员坚持在每天早上、每班车发车前，把天气变化、路面情况等影响安全行车的因素以“一句话”的形式当面对驾驶员进行安全教育，提醒驾驶员当天、当班应注意的情况。“班前一句话”被市安委会作为安全生产管理的典型经验在试点工作中向全市推广后，公司又进一步提炼、提升，增加了“在现场观察驾驶员是否有情绪不稳定、过度疲劳等不适合驾驶的表征，及时更换有问题的驾驶员，确保行车安全”的内容，现已被正式命名为“驾驶员出车前问讯告知制度”，在广东省道路运输行业内推行。公司还与驾驶员家属签订助教责任书，充分发挥亲情教育的特有效果，使广大驾驶员牢记家庭责任，时刻做好安全行车工作。通过狠抓人性化教育，逐步在公司内形成了“以人为本”的安全文化。

由于对安全生产的重视，近年来公司事故频率、伤人率、死亡率等指标都远远低于上级考核标准，并且安全生产的好形势促进了企业的经济发展，公司的经济增长率连续多年超过15%，出现了经济效益增长、发生交通事故概率低的好形势，同时也提高了企业的声誉，增强了企业的竞争力，目前已成为佛山市规模最大的综合性民营运输企业。

第六章　道路运输企业常见事故分析与预防措施

道路运输企业是道路交通的主要参与者，企业安全管理的好与坏，直接影响道路交通的安全。因此，企业必须按照“管生产必须管安全”原则，负起搞好安全生产的重任。在安全管理中，要注意运用事故案例做好驾驶人员的安全教育，吸取事故教训，提高员工的安全意识，强化安全观念。事故也是一面镜子，事故的发生原因、涉及因素，能够反映出安全管理上存在的漏洞，事故的发生能反映出安全管理工作的薄弱环节。事故又是宝贵的“财富”，通过对事故的调查分析，可以摸索事故发生的客观规律，找出预防事故的对策，指导安全管理工作。

第一节　道路旅客运输常见事故分析与预防措施

道路旅客运输是道路运输的重要组成部分。从保障旅客安全的角度讲，旅客运输过程的安全与否，直接关系到旅客的生命和财产安全，因此对车辆、道路、交通条件、驾驶人员技术技能等有更高的要求。道路旅客运输企业需要合理组织道路客运，不断提高客运服务质量，为旅客提供安全、迅速、及时、方便、舒适的运送条件，同时进行周密的安排、严格的安全管理，以保证旅客的安全。

一、道路旅客运输常见事故分析与安全措施

1. 企业对道路客运的安全管理职责

企业对道路客运的安全管理的职责主要是：

（1）加强领导。道路客运企业应当加强对安全生产的领导，建立安全生产管理机构，制定有关安全生产管理制度和措施，加强对驾驶员及其他有关从业人员的安全教育，推行安全生产责任制。

（2）加强驾驶员的安全管理。企业应当遵守国家法律、法规对营运客车驾驶员的条件规定，不符合规定的驾驶人员，不得从事道路客运工作。

（3）出站车辆的门检管理。客运车站应当建立和完善门检工作制度，配备合格的门检工作人员。客运车站必须对出站车辆进行安全检查，发现车辆有机械事故隐患、人员超载等不安全因素的，应当制止其出站，待不安全因素消除后方可放行。

（4）车辆营运过程中的安全管理。道路旅客运输经营者和驾乘人员，应当在客运途中维护旅客人身及财产安全，完善旅客运输安全防范措施，进行必要的安全常识宣传，维护车内秩序。当发生危及旅客人身和财产安全的特殊情况时，根据具体情况，采取制止、呼救、报警、停车和组织旅客疏散等措施；发生旅客受伤情况时，应当设法及时抢救；对已经发生的事故，要设法保护现场。

（5）车辆客运安全管理有关规定。在道路客运车辆营运过程中，客运企业及其从业人员应当遵守下列规定：营运车辆不得超速行驶；营运车辆上的行李、物品应当按规定装载，不得超载；营运车辆不得超过核定的载客人数载客；不得使用威胁手段或纠缠方法强行揽客。

（6）报废车辆的管理。凡达到国家汽车报废标准的客运车辆，应当按时办理报废、注销登记，并按规定予以解体，不得继续行驶。

（7）协助维护客运治安秩序。道路客运企业及其从业人员应当协助公安机关维护客运治安秩序，在客运过程中发现违法犯罪行为的，应当予以制止或者控制，并及时向公安机关报告。在必要情况下，驾乘人员应见义勇为，保护旅客的人身安全，绝不能放任不法行为的发生。

2. 道路旅客运输禁用车辆和禁止行为

（1）禁用车辆。禁止使用货车、摩托车、拖拉机、残疾人专车、农用车、未经主管部门批准的拼装客车、未经主管部门批准擅自改装或者改型的客车和已达到报废标准的客车从事道路客运经营业务。

（2）禁止行为。在道路客运过程中，禁止一切个人、单位从事下列行为：一是携带、运载、使用易燃、易爆、剧毒、放射性等危险物品和各类违禁品；二是进行赌博、诈骗、敲诈勒索等违法活动；三是其他违反治安管理法律的行为。

（3）乘客及客运企业从业人员还应当遵守下列规定：一是不得在交通繁忙地点随意拦车；二是不得向车窗外抛掷物品；三是车辆行驶中，不得擅自开门或者跳车。

3. 高速公路旅客运输的安全要求

高速公路客运是指主要通过高速公路网，进行中长途汽车客运的经营行为。高速公路客运的安全管理，除执行普通公路客运的安全管理外，还须执行以下安全管理：

（1）车辆定期检测。高速公路客运经营业户应严格执行车辆定期检测和定期维护制度，保持车辆技术状况良好，以防止事故的发生。

（2）严禁车辆超速、超载。高速公路客运企业应坚持“安全第一”的方针，严禁车辆超速、超载运行。车辆在高速公路上载人行驶，乘载人数不得超过固定座位数，乘车人不准站立。当超过固定座位数时，必有一部分乘员需在车内站立，一旦车辆遇到情况进行紧急制动，特别是发生碰撞事故时，将增加伤亡人数，而首当其冲的是站立者。鉴于上述原因，乘坐人员在车辆行驶中不允许随意站立。

（3）驾驶员不得长时间驾驶。高速公路客运驾驶员不得长时间连续驾驶，每行驶 2～3 h应在服务区内短暂休息。

（4）不准向车外抛物。在车辆行驶中，乘运人员不准向车外抛弃物品。向车外抛弃物品将对其他高速行驶车辆产生严重干扰，因驾驶员无法在远距离判断路上的物品是硬物（硬物可能会改变车辆行驶轨道）还是软物，为免车辆碾压，一般采取躲避措施而变更方向，进而又可能对后续车辆产生干扰，因此是非常危险的。

（5）驾驶员和前排乘坐人员须系安全带。高速公路上发生碰撞事故，人员伤亡的直接原因多是在车内的二次碰撞，统计资料表明，系安全带后，人员伤亡，尤其是死亡率大大降低。即使在正常的行驶中，系上安全带后，在随时可能的紧急制动中人员受伤概率也将降低。

4. 出租汽车旅客运输的安全要求

出租汽车旅客运输是指依照国家或当地交通行政主管部门的相关规定取得出租汽车客运经营权的客运轿车，根据乘客要求的时间和地点行驶、上下车及等待，并按里程或时间计费的一种客运方式。目前出租汽车旅客运输已经成为城市交通运输的一种重要方式，对缓解公交运输压力，满足人们出行要求起到了积极的作用。

在营运中，出租汽车客运经营企业必须按照有关交通法律、法规的规定，严格遵守有关安全的规定和要求。

（1）严格遵守国家法律、法规规定，接受道路运政机构和有关部门的管理、监督、检查和业务指导。

（2）必须有一位领导人负责安全管理工作，并根据车辆数量相应设置保卫和行车安全管理机构，或配备专（兼）职保卫和行车安全管理人员，建立治安保卫和交通安全组织，做好本单位出租汽车的治安保卫和交通安全工作。

（3）建立健全安全责任制度和治安防范措施。

（4）加强内部管理，经常对从业人员进行遵纪守法、职业道德和安全教育，搞好专业培训，不断提高从业人员素质和服务质量。

（5）坚决执行政府下达的战备、抢险救灾和外事等各项应急任务。

（6）保持车辆良好的安全技术状态和车容整洁，保证安全防护设施和消防设备齐全有效，并安装必要的安全技术防范装置。

（7）优先采用安全性能高的环保节能车辆，逐步建立和完善先进的指挥调度和监督管理系统。

（8）出租汽车投入使用后达到国家规定的车辆使用年限或行驶里程的，经营者必须更新车辆。提前更新的，原车辆符合安全技术有关标准的，允许转为非营运车辆。

（9）出租汽车经营者对被管理的从业人员违反营运、安全管理规定的，依法承担相应责任。

二、道路旅客运输常见事故案例分析

◆驾驶员在冰雪路面疲劳驾驶处置不当卧铺大客车翻下山坡事故

2004 年 1 月 2 日早 6 时，昆明汽车运输经贸总公司东川分公司一辆卧铺大客车，在冰雪路面行驶，因驾驶员疲劳驾驶，客车翻下 72 m 深的山坡，造成 5 人当场死亡、8 人受伤，车辆严重受损的特大道路交通事故。

1. 事故经过

1 月 2 日早 6 时，元旦刚过，喜庆气氛还依然浓厚。昆明汽车运输经贸总公司东川分公司驾驶员刘某某和王某，驾驶卧铺大客车，从昆明市东菊客运站驶往巧家县小河镇。1 月 2 日早 6 时 7 分，刘某某驾车来到大（麦地）巧（家）公路 53 km＋600 m 处。此处道路系下坡转右弯，由于天气严寒，路面结冰，不易驾驶。但此时刘某某已连续驾车长达 9 h，因过度疲劳，在驾车行驶中打起了瞌睡。车辆在转弯过程中未能采取恰当的安全措施，导致车辆向左跑偏，在连续撞翻道路左侧三个防护墩后，翻下 72 m 深的山坡，造成 5 人当场死亡、8 人受伤，车辆严重受损的特大道路交通事故。

2. 事故原因分析

事故发生后，通过现场勘查及调查取证，认定驾驶员刘某某在驾驶车辆行驶过程中，因过度疲劳，车辆在转弯过程中未采取安全措施，导致车辆向左跑偏，翻下山坡，造成人员重大伤亡。其行为违反了《中华人民共和国道路交通管理条例》第二十六条第（九）项之规定，根据《道路交通事故处理办法》有关规定，认定刘某某负此事故的全部责任，并据此对刘某某采取了刑事拘留的强制措施。

3. 事故教训与防范措施

事故发生后，司机刘某某在看守所对民警说："我由于一时疏忽大意，未严格遵守交通法规，疲劳驾驶车辆，造成了特大事故，对不起死者、伤者及他们的家属，也对不起自己的父母、妻子和孩子。要过年了，不能与家人团聚。我的小孩现在正是长身体、长知识的时候，我在看守所不能照顾孩子，心里很痛苦。现在我很后悔，当初疲劳的时候就应该及时休息或是换王某驾驶，但现在说什么都晚了，希望其他的驾驶员以我为鉴，行车时要注意休息，不要疲劳驾驶，要保持车况良好。"

从科学的角度讲，人的精力是有限的，超出人的精力范围，必然导致体力下降、感觉迟钝、反应迟缓，甚至全身松懈、思维不敏、视线模糊、瞌睡打盹，工作效率低下等。作为一名机动车驾驶员，必须注意和重视这个问题，因为驾驶机动车的工作既是体力劳动，也是脑力劳动，是二者的有机结合。若在疲劳时驾驶车辆，就很容易发生交通事故。这起事故用血的代价再次告诫我们：疲劳驾驶，祸之所依。

◆驾驶员高速公路疲劳驾驶大客车撞车导致的车毁人亡事故

2004 年 1 月 5 日凌晨 3 时 50 分，一辆长途大客车在从广州驶往湖南省大悟县的途中，发生撞车事故，造成 6 人死亡、21 人受伤的重大交通事故。

1. 事故经过

1 月 4 日下午 15 时，车主刘某某（副驾驶）驾驶大客车从广州青平站出发，驶往湖北省大悟县。客车载有 26 人，在粤北收费站加油后继续行驶，当晚 23 时中途停车吃饭。这期间，刘某某与聘用司机李某某（男，49 岁）曾交换开车，但司机李某某一直没有利用行车间隙睡觉休息。1 月 5 日零时刚过，当车开到湖南境内时，刘某某再次将车交给了李某某驾驶，至凌晨 3 时，李某某已感精神十分疲惫，困意袭来，使他眼前时而模糊，然而他仍然强打精神继续驾驶。3 时 50 分，大客车行驶至京珠高速公路湖南段 159 km＋300 m 处时，睡眼蒙胧的李某某，竟没有看到前方路边正停靠着的一辆因故障不能正常行驶的大货车，驾驶大客车高速向前冲了过去，随即重重地撞在了大货车尾部。由于出事前李某某没能采取任何刹车制动措施，两车猛烈的撞击导致车辆严重受损，造成 6 名乘客死亡、21 人严重受伤，两车、货物及公路设施直接损失达 10 余万元。

2. 事故原因分析

事故发生后，经交管部门勘查事故现场后认定：大客车驾驶员李某某疲劳驾驶且超速行驶（鉴定速度为 110 km/h，《高速公路交通管理办法》规定：大型客车在高速路行驶最高时速限定在 90 km/h 内），是造成这起交通事故的主要原因，负事故主要责任。大货车驾驶员徐某，因机械故障停车后，未设置故障警告标志，是造成这起事故的次要原因，负事故次要责任。

3. 事故教训与防范措施

这起交通事故给死伤者家庭造成的巨大损失是无法弥补的。在这起事故中，乘客大多是在广东省东莞市打工的大悟县农村青年，辛劳一年，携带收获，就要返回阔别已久的家乡与家人团聚共度佳节了，结果却发生如此惨重的悲剧。死伤人员的年龄绝大部分在 20～30 岁，他们有的是家庭中的主要劳动力，有的是家中的独生子女，背井离乡，勤工俭用，从年头熬到年尾，好不容易等到过年回家喘口气，家里人也眼巴巴地等着他们带钱回去买年货，谁知等到的却是殡仪馆的认尸通知或到医院的护理通知，许多家庭从此遭受灭顶之灾。在事故中，有半数以上的伤员是腰腹部及下肢严重受损，大小便失禁，生活完全不能自理，有的可能终生残疾，从此部分或全部丧失劳动能力。同样，车主刘某某也深受其害，他贷款二十多万元购买此车，今年才跑第一趟春运，却车毁人伤。

这起事故教训极其深刻。为了防止疲劳驾车，国家有关部门规定：长途客车必须配备 2 名驾驶员，驾驶员每天累计驾车不得超过 8 h，从事公路客运的驾驶员一次连续驾驶不得超过 3 h。但是，大客车驾驶员李某某和车主刘某某，为了追求经济利益，从白天到晚上 10

多个小时都在忙于接人、加油、修车，而没有休息。司机李某某从晚上12时接车至凌晨3时50分出事，连续驾驶超过3 h，已属过度疲劳。疲劳驾驶导致了事故的发生。

◆驾驶员冰雪路面高速行驶处置不当造成的侧滑翻车事故

2004年1月6日下午，黑龙江春秋旅行有限公司一辆大客车载客从亚布力滑雪场返回哈尔滨市的路上，因车速过快发生车祸，造成5人死亡、8人受伤的特大交通事故。

1. 事故经过

1月6日早晨8时许，黑龙江春秋旅行有限公司驾驶员李某某，驾驶38座金龙牌大客车缓缓驶出哈尔滨市，前往亚布力滑雪场。车上载有26名游客。16时许，见天色转暗，李某某急忙召唤兴致未减的游客，发动车驶上返回的公路。车内，“亚布力一日游”的游客们纷纷谈论着滑雪趣事，对清新沁人的空气、银装素裹的群山恋恋不舍；车外，宽7 m的柏油公路视线良好，冰雪路面平直，前后无任何车辆、行人。李某某挂挡提速，放心地朝哈尔滨急驶，这时天色逐渐暗下来，前方视线开始不清，可他仍凭经验高速行驶。16时20分，车行到亚布力雪场路19 km＋600 m处时，因路上出现情况，李某某慌忙打方向盘欲扭转车向，但为时已晚，客车冲出路肩，翻入公路右侧沟内，造成5人死亡、8人受伤的特大交通事故。

2. 事故原因分析

事故发生后，经调查确认，造成事故的主要原因，是司机李某某在冰雪路面上行车速度过快，遇到情况处理不当，致使客车冲出路肩，翻入沟内。李某某对此应负全部责任。

3. 事故教训与防范措施

这起事故发生的主要原因，就是司机麻痹大意，在冰雪路面上行车速度过快。众所周知，冰雪路的主要特点是滑溜。用汽车的专用术语，则称为路面的附着系数小。一般干燥的水泥或沥青路面的附着系数在0.7～0.8，而在冰雪路面上，附着系数为0.1～0.2，这就意味着，在同等条件下，冰雪路面能给车辆提供的防滑能力只有良好路面的1/4～1/5。因此，在冰雪路面上行车速度必须要慢一些，不能按照平时的行车速度开车，否则很容易发生事故。

在冰雪路面上行车的注意事项：

(1) 行车。由于路面滑溜，行车时一是需要加大车辆间的距离，防止追尾事故；二是缓加油门，尽量保持车辆均匀中低速行驶；三是不用紧急制动，多用发动机的牵阻作用；四是转弯时要提前减速，缓打方向，严禁高速时急转弯。在这起事故中，司机李某某就在高速行驶时急转弯。

(2) 制动。冰雪路面的制动对驾驶技术要求很高。驾驶员应明白，冰雪路面上制动不仅是制动距离增长的问题，更危险的是车轮抱死而发生侧滑和甩尾的问题。因此，若遇这种情况，应采用预见性提前减速法，首先用发动机的牵阻减速。在使用脚制动器时，应使用“点刹法”，即控制强度，边踏边放的连续制动。必要时，也可辅助以手制动器。

（3）侧滑时的驾驶技术。在冰雪路上行车，完全避免侧滑是不现实的。当出现这种情况时，一是行车中若突感车身偏摆时，应即刻适当放松油门踏板，并同时顺着车尾甩滑的方向转动一点方向盘；二是若制动发生侧滑时，应即刻放松制动踏板，并同时顺车尾侧滑的方向转动方向盘。若仍控制不住车速，应设法避让，尽量减小损失。

◆卧铺客车驾驶员会车时操作不当坠入河水造成的特大事故

2001年4月20日凌晨1时03分，湖南省张家界市永定区后坪镇边岩村（省道1801线207 km+750 m处）发生一卧铺客车坠入澧水河中的特大交通事故，死亡24人（含驾驶员），受伤3人。

1. 事故经过

2001年4月19日15时40分，常德市鼎城区丁家港乡西陂堰村驾驶员熊建国（男，34岁），驾驶“扬州牌”双层卧铺大客车，从常德市桥南市场出发开往龙山县，车上载客29人（其中2名司机、1名乘务员、2名小孩）。4月20日凌晨1时30分，该车行至省道1801线207 km+750 m处（即永定区后坪镇边岩村路段），与常德市桃源县热市镇驾驶员孟胜（男，26岁）驾驶的大货车（已靠公路右边停车让行）会车时，前进22.3 m后，右后轮悬空，车辆尾部向下垂直坠入坎高20 m的澧水河中（水深25 m），造成24人死亡（含驾驶员）、3人轻伤、车辆严重受损的特大交通事故。

2. 事故原因分析

事故调查处理工作组对这起事故的原因、事故责任及对事故责任者的处理展开全面调查，并认定如下：

造成事故的直接原因，是驾驶员熊建国（已死亡）安全意识差，经验不足，临危操作不当。

造成事故的间接原因，一是交通运输等部门执法把关不严，管理不善，工作不负责，严重失职；二是张家界市公路养护段对险要路段安全防护措施不力，警示标志设置不规范等。

3. 事故教训与防范措施

这起特大交通事故，主要是驾驶员熊建国驾历浅，技术经验不足，临危操作不当而引发。同时，也与车主夏立平弄虚作假，擅自将普客改装改型，挪用牌照，伪造行驶证，违规办理车辆道路运输证上路营运，留下重大安全隐患有关。另外，公路养护部门对事故发生处（省道1801线207 km+750 m）防护墩严重损坏而没有及时维护，危险路段安全设施不齐全，警示标志不明显，从客观上增加了事故发生的危险因素。

为了深刻吸取这起特大交通事故的惨痛教训，防止和杜绝类似事故的发生，确保人民生命财产安全和社会稳定，有关企业和管理部门必须采取有效措施，切实做好安全生产工作。

（1）进一步落实安全生产责任制。要按照“谁主管、谁负责”的原则，进一步建立健全安全生产责任制度，严格落实“一票否决”制。

（2）切实加强机动车辆的安全技术管理和安全性能检测。严格把住机动车辆登记入户、转籍、改装改型、季检、年检等关口。交警交通部门要对载客营运的所有机动车辆进行安全性能检测，坚决堵住不合格的车辆上路行驶，确保全省交通运输尤其是旅客运输安全。

（3）进一步强化路检路查工作。对全省境内的国道、省道及旅游线路的道路状况及警示标志进行全面检查以摸清底子。交通公路部门要加大险要路段防护设施、警示标志建设的投入，不断改善行车安全环境。

◆卧铺车超速行驶处置不当坠入崖下河床造成的特大交通事故

2001 年 8 月 23 日，在陕西省凤县境内，一辆卧铺车由于驾驶员超速行驶，处置不当，车辆驶出路外，坠入 32.5 m 深的崖下河床，造成 32 人死亡、18 人受伤的特大交通事故。

1. 事故经过

2001 年 8 月 23 日 17 时，甘肃省陇南地区运输公司第六分公司驾驶员李某某，驾驶一辆卧铺车（以下简称肇事车）从甘肃省徽县去往西安市，车上共 50 人。21 时 50 分，当李某某驾驶卧铺车行至 316 国道 2 372 km＋120 m 处（陕西省凤县草店乡灵官峡），在道路一侧有停靠车辆的情况下，超速行驶，处置不当，车辆驶出路外，坠入 32.5 m 深的崖下河床，死亡 32 人，受伤 18 人。

2. 事故原因分析

经现场勘查和调查取证，认定造成这起事故的直接原因，是驾驶员交通安全意识淡薄，驾驶严重超员车辆在山区道路上五挡超速行驶，遇道路一侧停放车辆时处置不当。

造成事故的间接原因，一是陇南地区运输公司第六分公司未对挂靠车辆进行认真查验就代表地区运输公司与肇事车签订挂靠合同；没有落实《陇南地区道路客运交通安全管理规定》第十四条“客车车辆白天连续行程 400 km 以上，夜间行程 200 km 以上，必须有持相应准驾车型驾证经审查合格的客运驾驶员换班驾驶”的规定，使肇事车在只有一名持 A 照驾驶员的情况下长期违规运营；对司乘人员的安全教育没有具体的制度和计划；没有针对挂靠车辆点多面广的特点，制定具体的管理规定和采取有效的管理措施。二是陇南地区运输公司对安全生产重视不够，管理不力，对下属单位存在的对挂靠车辆疏于监督、管理问题失察；片面追求发展规模，在挂靠车辆管理上存在“重收费、轻管理”问题。

3. 事故教训与防范措施

这起特大交通事故给我们的教训十分深刻，肇事车驾驶员李某某素质不高，交通安全意识和法制观念淡薄。肇事驾驶员不遵守交通法规，在发车点就严重超载；夜间雨后在山路上行车，仍然超速驾驶；遇紧急情况应急处理不当，处置不力；擅自进行车辆改装；与肇事驾驶员同驾一辆车的驾驶员没有 A 型驾驶证却驾驶客车长达一年多。

事故发生之后，相关企业和管理部门采取的措施有：

（1）加强车辆和驾驶员管理，做好事故预防工作。事故预防应以人为本，进一步加强对驾驶员的培训和教育工作，提高驾驶员队伍的整体素质。

（2）严格落实交通安全责任制。要制定切实有效的措施，把责任制落实到每个岗位、每个人员。交通主管部门要加强对客运车辆停靠站点的检查，严厉查处违反行车管理规定的客运车辆，并从严查处超速行驶、违章超车、超载、疲劳和无证驾驶等交通违章行为。

（3）运输经营者要进一步加强交通安全法规学习，增强安全生产经营意识，强化安全管理。运输经营者要建立健全与企业发展规模相适应的安全管理机构，完善和落实安全生产责任制，建立安全生产经营机制。客运经营者要切实采取有效措施，督促司乘人员自觉遵守交通安全和行业管理法规，预防和减少交通事故的发生。

◆驾驶员会车时速度过快导致载客汽车相撞造成的重大交通事故

2001 年 9 月 2 日 7 时 40 分，湖南省 320 国道隆回县铜盘江路段 1 472 km＋100 m 处，由于驾驶员会车时处置不当，发生了两辆载客汽车相撞，造成两车驾驶员及乘客 12 人死亡、40 人受伤（其中重伤 12 人），两车报废的重大交通事故。

1. 事故经过

2001 年 9 月 2 日 7 时 40 分，一辆湘车牌号为 E30826 的客车，于 9 月 2 日 7 时 20 分从隆回湘运公司汽车西站发出，出站时乘客 9 人，出站后陆续上人，事故发生时车上乘客加司机共 21 人，超载 9 人。另一辆湘车牌号为 E31316 的客车，于 9 月 2 日 7 时 30 分由隆回井塘返回隆回湘运公司汽车东站，沿途陆续上下客，事故发生时车上乘客加司机共 33 人，超载 18 人。两辆载客汽车在 320 国道隆回县铜盘江路段 1 472 km＋100 m 处，由于驾驶员会车时处置不当，发生两车相撞事故，造成两车驾驶员及乘客 12 人死亡、40 人受伤（其中重伤 12 人），两车报废的重大交通事故。

2. 事故原因分析

（1）造成事故的直接原因主要为：

一是胡某某驾驶湘 E30826 农用中巴车，速度较快且超载行驶，在与湘 E31316 车会车时注意力不集中，为避让右前方 4 位相向行走的小学生，突然由右向左打方向，侵占对方行车路面，未采取制动措施，这是本次事故最主要的直接原因。

二是主要肇事车湘 E30826 限载 12 人，实载 21 人，超载 9 人，次要肇事车湘 E31316 限载 15 人，实载 33 人，超载 18 人，两车的严重超载，增大了驾驶员临危正确处置的难度，增加了事故发生的可能性，导致了事故损失的加重。

三是次要肇事车黄某某，于 2001 年 6 月考取 B 照，单独驾驶湘 E31316 车，在与湘 E30826 车会车时未减速慢行，经检验，肇事时该车以 5 排挡行驶，未采取制动等避让措施。

（2）造成事故的间接原因主要为：

一是农机部门违规办理湘 E30826 车上户手续，使得该车得以载客上路行驶，并且客观上增大了公安交警部门路面巡控等管理工作的任务量和难度，影响了正常的公路交通安全管理秩序。

二是公安交警部门忽视了对正值中小学生秋季开学期间的320国道的路面巡控，未安排警力在此期间在320国道执勤，且平常对超载违章打击不十分严厉。

三是公安交警、农机、交通客运部门对驾驶员的安全教育和管理尚未完全到位，效果欠佳。

3. 事故教训与防范措施

（1）要切实加强对驾驶员特别是客运驾驶员的培训、考核、教育和管理，促使驾驶员增强安全行车观念，提高安全行车技能，严禁无证和越证驾驶。

（2）交通客运部门要加强对安全工作的组织、领导和管理，进一步健全制度，强化教育，排查隐患，认真落实责任制。

（3）从2001年9月10日起，严禁农机部门对载客的各类客车办理入户手续，已办理落户手续的各类客车，须在2001年12月底前移交给交警部门管理。

（4）交警部门要用好和合理分配有限的警力，加大路面巡控和查处交通违章的力度，进一步严格执法。同时，要对危险路段和事故多发路段进行排查认定，及时设置或提请交通管理部门设置符合规定要求的道路交通安全设施。

第二节　道路货物运输常见事故分析与预防措施

在道路货物运输中，安全是运输企业、驾驶人员永恒的主题。要做到安全运输，道路运输企业必须牢固树立“安全第一、预防为主”的观念，采取积极有效的措施，排查事故隐患，强化安全教育，强化驾驶人员的安全意识，加强对驾驶人员的安全管理，从而保证运输安全，降低事故发生率。

一、道路货物运输常见事故分析与安全措施

1. 零担货物运输的安全管理

道路零担货物运输是指通过道路运用汽车运送零担货物的运输方式。零担货运具有定线、定班的特点。所谓零担货物，是指托运人一次托运的计费重量为3 t及3 t以下的货物。零担货物运输的特点是货物零星、批量小，批次多，品种繁多，流向分散。

零担货物运输的安全管理要求是：

（1）严格按安全资质要求承运。零担货物运输必须按有关规定承运。对以下三种性质的货物，不具备专业条件的零担货运经营业户不得受理：①易燃、易爆、剧毒及放射性等危险物品；②易破损、易污染、易腐烂及鲜活物品；③湿损、触角、利口及货物包装不符合国家规定，标志识别不明显的货物。

（2）零担贵重货物运输的安全管理。贵重货物本身价值昂贵，在运输过程中承运人须承担较大责任，如贵重金属、精密仪器、高档电器、珍贵艺术品等。这些年来，随着社会的发展和人们生活水平的提高，零担货物的品质普遍在升值。所以，必须在零担贵重货物运输过程中，加强对仓储、理货和运输的安全管理。

（3）零担危险货物运输的安全管理。在有资格受理零担危险货物运输时，其受理、仓储、搬运、装卸、运输等全过程各个环节都应严格遵守《汽车危险货物运输规则》（JT617—2004）相关规定，严禁与普通零担货物混存、混装。

（4）禁运、限运零担货物运输的安全管理。凡属法规禁运或限运的零担货物，受理时应检验有效证明，在担负经营与运输作业的相关业户在具备料理能力和经营特种货物运输资格的条件下，方可受理与承运。

（5）安全装卸设施。零担货运站应设置方便车辆装卸货物的高站台和相应的安全装卸器具。

（6）其他特种零担货物运输的安全管理。开展集装箱等特种运输的零担货运站应配备专门作业区域和专用装卸机械。

（7）长距离零担货物运输驾驶员的安全管理。零担货物运输运距超过 300 km 的，必须配备两名驾驶员，超长运距的零担货物运输，还要求保证驾驶员能离车休息。

2. 整批货物运输的安全管理

整批货物运输是指托运人一次托运货物计费重量 3 t 以上或不足 3 t，但其性质、体积、形状需要一辆汽车运输的货物。

整批货物运输，是我国城乡现阶段应用最为广泛的道路货物运输的形式，除零担货物运输、集装箱货物运输外，其余都属于整批货物运输范畴。在各种货物运输方式中，整批货物运输占据货运量的比例相当大。随着我国国民经济的发展和高等级公路网络的形成，整批货物运输的平均运输距离将越来越长，必将促进营运方式、运力结构和车辆技术的变革，是具有广阔发展前景的货物运输方式。

按照有关规定，下列货物必须按整批运输：

（1）鲜活货物：如冻肉、冻鱼、活牛、羊、猪、兔、禽、蜜蜂、鱼虾等。

（2）需要专用车辆装运的货物：如汽油、氨水等液态货物；大型特型笨重物件或价值昂贵、运输责任重大的贵重货物等。

（3）不能与其他货物并装的危险货物或轻泡货物。

（4）易于污染其他货物的污秽品，如垃圾、炭黑、湿的毛皮等。

（5）不易计件的散装货物：如煤、焦炭、矿石、砂石料等。

对整批货物运输的安全管理包括：

（1）货厢的安全管理。货车车厢是运送货物的容器，货厢安全管理直接影响货运的质量与安全。货厢必须坚固无破损。装运过有毒、易污染及危险货物、流质货物后，应对车辆进行清洗和消毒。如货物性质特殊，还需对车辆进行特殊清洗和消毒。

（2）装载安全要求：①货物要堆码整齐，捆扎牢固，关好车门，不超宽、超高、超重，保证运输全过程安全。②装载时防止货物混杂、撒漏、破损，严禁有毒、易污染物品与食品混装，危险货物与普通货物混装。③整批货物装载完毕后，敞篷车辆如需遮篷布时必须遮盖严密，绑扎牢固，关好车门，严防车辆行驶途中松动和甩物伤人。

3. 集装箱货物运输的安全管理

目前集装箱货物运输得到迅速发展，在安全管理上需要注意以下事项：

（1）集装箱汽车运输的优点。归纳起来集装箱汽车运输主要有以下优点：①减轻装卸劳动强度，提高装卸效率。②可以充分发挥甩挂运输的优势，加快货物送达速度，加速车辆和其他运输工具的周转，是疏港、疏站集散运输和公路直达运输的最佳运输方式。③节约货物包装费用，简化运输程序，方便交接手续。④保障运输安全，提高货运质量，减少货损货差，具有良好的社会效益。⑤降低货运成本，提高经济效益。

（2）集装箱货物运输车辆的安全要求。集装箱货物运输车辆应是技术状况良好，带有转锁装置，与所载集装箱要求相适应，能满足所运载集装箱总质量的要求。集装箱货物运输车辆通常采用单车型式或牵引车加半挂车的列车组合式。半挂车分为框架式、板式和自装自卸式等。

（3）装卸机械的要求。集装箱货物运输应配备集装箱专用装卸机械和装拆箱作业机械，装卸机械应有集装箱专用吊具，装卸机械的额定起重量要满足集装箱总质量的要求，装拆箱作业机械要能适应进箱作业，以保证集装箱装卸的安全作业。

二、道路货物运输常见事故案例分析

◆货运汽车运输木板未捆绑导致的木板坠落伤人事故

2001年12月9日下午，北京市某公司职工苏某在用130型货运汽车运输木板的过程中，由于麻痹大意，没有捆绑，造成木板坠落伤人事故。

1. 事故经过

2001年12月9日下午，北京市某公司职工苏某，经领导同意后，从单位拉了四块大木板回家准备装修用。由于木板长，车厢短，苏某便把木板的一端顶在车厢后面的底部，另一端则架在了车厢前面的栏杆架上。木板装完后，苏某看木板不多，路程又近，车上又没有装载其他东西，就没有用绳索将木板固定起来。下午上班后，当苏某驾车拉木板回家，行驶到昌平区水南路东面时，由于水泥板路颠簸不平，车上的一块木板掉了下来，不偏不倚正砸在一名过路女工的头上，这名女工当场受伤倒地。苏某回家后发现少了一块木板，估计是掉在路上，因没有抱找回木板的希望，也就没有沿着原路回去寻找。

昌平区交通支队指挥中心接到群众报案后，立刻派民警赶赴现场。民警到达现场时，现场除一块木板和一摊血迹以外，没有其他线索。经过进一步查询得知，这名女工送往医院后经抢救无效已死亡。正在民警展开调查之时，一位目击群众打电话向交通支队指挥中心提供了肇事车的车型和牌照。经计算机查询，查到苏某的单位。当办案人员把苏某带到事故现场，向他讲述坠落的木板造成一名女工死亡时，苏某说什么也不相信这一切是真的，但他看到现场的木板和遗留的大摊血迹时，不得不面对所发生的事实。

2. 事故原因分析

造成这起事故的主要原因，是苏某在运输木板的过程中，麻痹大意，对所运输的木板没有按规定捆绑，导致木板坠落伤人。

3. 事故教训与防范措施

在各种交通事故中，因车辆货物坠落伤人事故时有发生，因此在装载货物时要捆牢，防止货物坠落伤人。货物坠落后能否伤人，具有一定的偶然性，但是，如果对运输的货物不进行捆绑或者捆绑不牢，就容易发生事故，包括货物坠落伤人事故、引起交通事故等。所以，在货物运输过程中，千万不能麻痹大意，应注意以下事项：

（1）货物装载要均衡平稳。装载均衡平稳，是指车辆装载的质量在车厢内分布要均匀，车厢内勿偏重一边，前、后、左、右要一致。码放货物时，尽量使其重心位置降低，货物之间不留空隙，防止车辆转弯时因货物重心偏置而发生横向翻车和货物在车厢内颠簸而相互碰撞造成损坏。

（2）货物要捆扎牢固。装载时，应对容易滚动的货物进行捆扎定位或用木垫卡紧，防止因车辆转弯或颠簸而使货物散落丢失或破损。

（3）对散落、飞扬、流漏在道路上有碍卫生或安全的物品，如散落的砂土碎石，飞扬的石灰、纸屑、尘土，流漏的气体、液体及其他松软物体等，均应封盖严密。如有遗漏时，须立即停车密封，并及时清除路上遗物。

◆驾驶员驾驶冷藏车赌气行驶处理不当造成的两车相撞事故

2000 年 9 月 14 日深夜，某冷饮厂司机杜某某，驾驶着装满各种饮料的 1041 型冷藏车，在送货途中因赌气发生撞车事故，造成一死一伤。

1. 事故经过

2000 年 9 月 14 日深夜，某冷饮厂的临时工司机杜某某和装卸工刘某，驾驶着装满各种饮料的 1041 型冷藏车，以 70 km/h 的速度由东向西在公路上疾驶。由于是深夜行车，路上车少人稀，灯光视线良好，于是杜某某便开足马力，驶上了路中心的第一条快车道。3 时 45 分，当杜某某驾车行驶到某工厂门前时，发现对面 100 多米远的第三条车道内驶来一辆斯太尔大货车，大货车一直开着远光灯，晃得他两眼模糊，视线不清，杜某某便冒火地也开起远光灯，反复变换着灯光晃对方的车。但对方车辆凭借高大的车身全然不顾，两车临近 30 m 左右时，杜某某沉不住气了，慌乱之中急忙踩下刹车，但他万万没有想到，这一脚刹车踩下去，冷藏车的轮子吱吱叫着疾速向左跑偏地驶入逆行道，一直向斯太尔大货车冲去。坐在他身边的装卸工只听到“轰”的一声，两辆车猛烈相撞，车上的冷饮铺天盖地四处飞溅，两辆车的左前脸顿时面目全非，而杜某某当场被挤死在车内，斯太尔大货车司机被撞成重伤。

2. 事故原因分析

接到报警后，交通支队事故科办案人员迅速赶赴事故现场，在现场勘查发现：杜某某驾驶的冷藏车在猛烈的冲击下，反被撞出 8.6 m 远。斯太尔大货车司机赵某被撞成重伤后昏迷不醒，经送医院抢救，诊断为脑部挫裂伤、颅底骨折及上颌骨骨折；斯太尔大货车直接经济损失 64 000 元，冷藏车经济损失 58 000 元。

经办案民警现场勘查和调查取证，认定：杜某某驾驶车辆未遵守靠右侧行驶的原则，采取措施不力，突然驶入逆行道，致使两车相撞，违反了《中华人民共和国道路交通管理条例》第六条规定，根据《道路交通事故处理办法》第十九条规定，杜某某负此次事故的全部责任，并承担全部经济损失；斯太尔大货车赵某虽然有长时间开启远光灯的过失，但是属于在规定车道内行驶，故不负事故责任。

3. 事故教训与防范措施

这起事故的发生，起因于会车时对方车辆未关闭远光灯，因而致气，结果却发生撞车事故，并造成人员伤亡，其教训极其深刻。驾驶员在夜间行车过程中遇到这种情况，可采取以下方法进行处理：如果遇到对面来车没有及时关闭远光灯，可连续明灭远光灯向对方示意；如果来车仍未关闭远光灯，且直射双眼产生眩光，应及时将车速降低或靠道路右边停下，主动避让来车。切忌急躁斗气，用强光对射，或将车停于路中。这是因为，对方不关闭远光灯可能有以下几种原因：一是新驾驶员，对灯光使用还不熟练；二是驾驶员可能心情不舒畅，在开斗气车；三是灯光出现故障，无法变换；四是驾驶员职业道德较差，思想品质较为恶劣。在这种情况下，若采用相同的方法刺激对方，极易发生车祸。所以，一位有职业道德、修养良好的驾驶员，应以安全行车为基准，不与之计较，主动让其几秒钟，从而确保行车安全。

◆运输公司两辆货车运货途中行驶速度过快造成的追尾伤人事故

2002 年 11 月 8 日，山东省某运输公司两辆货车在山东临沂市太平乡路段附近发生交通事故，造成一人死亡一人重伤，运输公司的两辆货车一辆报废一辆损坏。

1. 事故经过

2002 年 11 月 8 日晚零时左右，山东省某运输公司驾驶员刘某某与王某某，各驾驶奔驰货车，按照公司安排，执行青岛至沙市运输排泥管的任务。在行驶中，两人途中违章私拉货物和人员，驾驶室超员 1 人。为躲避违章罚款，两人趁夜赶路，当汽车行驶至山东临沂太平镇路段时，前车驾驶员刘某某突然发现有一人横穿公路，急踩刹车，由于后车驾驶员王某某尾随太近，车速又快，来不及刹车，直接撞在前车的尾部，致使后车驾驶室严重变形损坏，后车司机王某某撞车后因肝脏破裂当日死亡，前车司机刘某某则受重伤。

2. 事故原因分析

这是一起追尾相撞的责任事故，其主要原因是违章行驶。造成这起事故的直接原因，是王某某违章行驶，尾随前车太近，车速又快。造成事故的间接原因：一是驾驶员违反车管制度，私自拉货拉人，造成驾驶室超员。二是驾驶员为躲避违章罚款趁夜赶行，使精神过度紧张疲劳，以至于遇到突发事件时应变不力。

3. 事故教训与防范措施

跟车过近，车速过快，特别容易导致事故，这是因为汽车速度越快，驾驶员的反应时间越长，车速慢，反应时间则短。从人的生理角度来看，车速越快，驾驶员的视野越窄，看不清视野以外的情况，情绪和中枢神经系统都处于相对紧张状态，导致反应时间变长。据测试，驾驶员在正常情况下，车速为 40 km/h 时，反应时间为 0.6 s 左右，当车速增加到 80 km/h 时，反应时间增加到 1.3 s 左右。行驶途中若遇险情，驾驶员易惊慌、犹豫，不能及时采取正确的措施。

在这起事故中，驾驶人员违反企业安全管理制度，私自拉货拉人，是造成事故的一个重要原因。因此，运输企业应结合企业实际，加强安全生产管理基础工作，建立行之有效的安全生产管理制度，加强人员和车辆的安全管理，对违章违纪的行为必须严厉查处，以警后人。

◆驾驶员无视交通法规，违章超载、逆行导致的两车相撞事故

2002 年 8 月 25 日，在北京市延庆县的京银公路上发生了一起大货车逆行相撞事故，造成 1 人死亡，3 人受伤。

1. 事故经过

2002 年 8 月 25 日上午，内蒙古某企业司机陈某某，驾驶着装载 24 t 西瓜子（核载9 t）的解放牌大货车，由北向南行驶到出事地点时，看见路面坑坑洼洼不好走，便向左打方向冲入逆行。这时，由刘某驾驶装载 14 t 面粉（核裁 5 t）的平头解放大货车迎面驶来，由于距离太近，躲闪不及，两辆车迎头相撞，酿成惨祸。事故发生后，只见两辆大货车头对头地贴在一起，驾驶室面目全非，车上的货物散落一地，交通一时中断。其中，被撞的大货车司机刘某受伤，坐在旁边的乘车人张某当场死亡。肇事的大货车里，司机陈某某和另两名乘车人都被挤在驾驶室里，伤势严重。事故发生后，延庆交通大队的数名民警及时赶到现场，指挥吊车、救护车抢救伤者，以最快的速度将伤者送往医院救治，但是，一名伤者因伤势严重，经抢救无效死亡；其他受伤人员经医院救治无生命危险。

2. 事故原因分析

按照交通法规的有关规定，道路通行的原则是靠右行驶，各行其道，大货车载物也应按照行驶证上核定的载质量装载货物，不得超载运输。这起重大交通事故发生的直接原因，就是驾驶员无视交通法规，违章超载、违章逆行，致使无辜的乘车人两死两伤，车辆报废。肇事司机陈某某，在事故发生后被依法拘留，并要承担此次事故的主要责任。

3. 事故教训与防范措施

这起事故的发生，与三个因素有关：一是双方车辆严重超载，遇到情况不便处理；二是车速快，遇到情况反应不及时；三是违章逆行直接导致了事故的发生。从心理学的角度分析，所有驾驶员都知道占了左（逆）行路线不对，因而当行车路上遇到障碍时，通常会放慢车速观察对面车辆，如果条件允许，在越过障碍后会迅速驶回自己的右行车道，因为仍继续在左（逆）行路线上行驶危险性大，容易发生事故。在这起事故中，当肇事司机看到前方的路坑洼不平不好走时，既没有放慢车速，也没有认真观察对面车辆，很轻易地就驶入逆行线，结果造成如此惨重的伤亡事故。这起事故对所有驾驶人员都是一个深刻的教训，当行驶中遇到障碍时，或者需要超车时，应注意观察，只有条件允许时，才能采取下一步行动，不能疏忽大意，否则发生事故悔之莫及。

◆驾驶拖板大货车超速行驶、处置不当造成的车辆相撞事故

2004 年 1 月 5 日中午 12 时 58 分，北京市门头沟区某运输公司司机王某某，驾驶“红岩”牌拖板大货车，因超速行驶发生相撞事故，造成 6 人死亡、1 人重伤，经济损失 100 多万元。

1. 事故经过

2004 年 1 月 5 日中午 12 时 58 分，北京市门头沟区某运输公司司机王某某，驾驶“红岩”牌拖板大货车，在丰台区南四环主路由西向东行至大红门桥东 137 号灯杆西侧时，因超速行驶，临近发现情况向左躲闪过程中，车右前部撞在前方同方向行驶的一辆“宝来”车尾部后，冲过路中心隔离绿化带驶入了逆行道。在冲过隔离绿化带驶入逆行道一瞬间，先后与毫无防备的 7 辆大小车辆相撞，造成 6 人死亡、1 人重伤，经济损失 100 多万元，给 6 个家庭在精神上造成巨大的创伤。事故现场车道上一片狼藉，5 h 中，南四环路——这条北京南城的主干道交通几近瘫痪。

2. 事故原因分析

事故发生后，经调查分析，确认造成事故的主要原因，是司机王某某驾车超速行驶，临近发现情况处理不当。按照交通法规的规定，王某某应负全部责任。

3. 事故教训与防范措施

事故发生后，面对事故现场的惨状，吓傻了的王某某弃车逃逸，然而不到 5 h，他便被警方抓获归案。他恨啊，要不是自己麻痹大意开快车，怎么会发生如此惨重的悲剧？要不是因为他，又怎会有这么多人年纪轻轻即赴黄泉，6 条生命断送了大好前程，6 个家庭遭受失去亲人的苦痛。如今，留给王某某的只有深深的懊悔。然而，这一切都已经太迟了。

驾驶员在行车过程中，需要加强动态观察，准确、迅速、及时地捕捉动态信息，这是安全驾驶的基础。动态观察比静态观察更难，这是因为动态视力比静态视力明显下降，而且在汽车运行中被观察的某些现象转瞬即逝，容易被忽略。如果车辆超速行驶，那么进行动态观察就更加不易，更容易造成事故，这就是“十次事故九次快”的道理。根据动态观

察的特点，驾驶员在驾驶过程中应注意以下问题：

（1）根据观察能力确定安全行车速度，在确定行车速度时，必须考虑交通环境对观察的要求，如果道路条件好，如封闭式道路，对观察的要求不高，可以相应提高车速。如果交通环境复杂，对驾驶员的观察力要求很高，则应严格控制车速。

（2）提高观察效率。驾驶员应自觉训练动态观察力，通过训练和体验，迅速提高观察的效率，为提高安全行车奠定基础。

（3）积累观察经验，提高观察质量。驾驶员应根据行车经历，积累自身经验，总结有规律性的东西，这样会形成观察反应定式，不仅能提高观察速度，而且还能有效地提高观察质量。

◆驾驶员驾驶大货车途经路口回头恶语相向导致的撞人事故

2002 年 10 月 15 日凌晨 3 时许，某运输公司司机李某，驾驶解放牌大货车拉了 20 多吨的沙子送往施工工地，当行驶到路口时，因回头与人相骂，导致将行人撞死。

1. 事故经过

2002 年 10 月 15 日凌晨 3 时许，某运输公司司机李某，驾驶蓝色解放牌大货车拉了 20 多吨的沙子送往施工工地，由于车辆严重超载，所以他开得不太快。当他由南向北走到海淀区闵庄路口时，刚好路口是绿灯，便打开左转向灯准备向西转弯。这时，在路中心护栏西侧有一男一女骑着自行车沿着护栏边由南而来，女的蒋某在前，男的巩某在后。蒋某看见了李某的车，紧蹬了两下抢先骑了过去，巩某也想快蹬两下骑过去。这时李某的车已到了两人的中间，巩某没有骑过去，向左拐了一下把。李某看见巩某冲他嚷了一句，于是气不过，便扭头回骂了一句。等他回过头来，发现蒋某已在他车右前方二三米远的地方，便连忙向左打方向，但还是听见右后轮“砰”的一声，李某赶紧把车停下，下车一看，蒋某已经连人带车倒在了他的车轮之下。蒋某被送往医院后，经抢救无效于当日死亡。

2. 事故原因分析

事故发生后，经调查分析，确认造成事故的主要原因，一是李某在驾驶车辆行驶中，不能全神贯注，迅速、及时地处理路面情况；二是经检测，李某的车右后轮无制动装置，李某对此解释说：“4 月份修车时拆掉后，怎么安也安不上了，只好那么凑合着，谁能想到会出事呢。”因此，在这起事故中，李某应负主要责任。

3. 事故教训与防范措施

避免交通事故，做到安全行车，这是每个司机追求的目标。但怎样才能做到行车安全，则是一个复杂的问题。为了保证行车安全，要求驾驶员既要具备基础理论知识，又要有实践经验。在思想上，要确立安全行车是可以完全做到的这种观念；在具体行驶过程中，则需要认真做好每个驾驶步骤，不可麻痹大意。

交通事故发生的原因概括起来就是两点：一是车辆、道路等物质技术条件；二是人为因素。物质技术构成事故隐患，偶然被人为原因触发时，就必然会发生交通事故。这种基本认识对于防范交通事故，做好安全行车是极为重要的，人是安全行车的决定因素。一些司机的体会和经验是，要避免交通事故，做好安全行车，必须做到两个“严”字：严格遵守交通规则，严格控制自己（不开凑合车，不开疲劳车）。同时还需要八项注意：首先精神集中，莫为轶事分心，嗜酒贪杯有害，勿将车让他人，慎勿蛇行摆尾，切忌戏弄烟尘，避免灯光眩目，别独自带儿童游玩。这些体会和经验是否有道理，在此仅供参考。在这起事故中，如果李某能想到在自己扭头骂完人，再回过头来的短短几秒钟内，就会惹出这么大的车祸，相信他无论如何不会分神，也不会在意别人怎么说，如果他不分神，这起事故就有可能避免。

◆驾驶员驾驶大货车严重超载造成连续撞车起火自焚事故

2002 年 8 月 29 日 11 时，一辆山东省寿光县大货车，在八达岭高速公路进京方向 51～55 km 一段，发生了严重的撞车事故，在连续撞了三辆车后起火自焚。

1. 事故经过

2002 年 8 月 29 日 11 时左右，山东省寿光县司机刘某某，驾驶着平头“解放”大货车和车主刚从河北张家口拉上满满一车菜，准备到北京卖个好价钱。本来只能载重 5 t 的货车，却装了 15 t，严重超载。当大货车开到了八达岭高速路进京方向 51 km 处，猛烈的下坡和急剧的胳膊肘转弯使司机刘某某措手不及，他只得连续踩刹车来控制车辆的方向和速度。可是在连续下坡的情况下，最忌讳的就是连续踩刹车，有经验的司机都知道，总踩刹车会使刹车板碳化成粉末，整个刹车系统就会失灵。果然，没一会儿，刘某某驾驶的货车刹车系统开始失灵。车身过重的货车像一匹脱了缰的野马急速向下冲去。刘某某的心一下子提到了嗓子眼，双手紧紧地握着方向盘，不停地向两边打着方向。这辆失去了制动的大货车向前行驶了两三公里后，猛地撞在前面弯道处行驶着的一辆内蒙古的大货车尾部，前车受到突然撞击后失去控制，翻向公路右侧山沟，幸好车前轮挂在了公路边的护栏上才没有掉进沟里，但车上的司机和一名乘车人都不同程度受伤。刘某某也因为这一撞而失去了知觉。这辆无遮无挡又无人控制的肇事车向前滑行了 1 200 m，划了三个“S”形曲线。在此过程中，又先后撞了两辆大货车、四次撞击护栏。在第四次撞击护栏时，司机一侧的车门被撞开，刘某某被甩出了车外。此时，大货车不再做曲线行驶，而是紧贴着左护栏继续向前冲。伴随着刺耳的摩擦声和不断闪现的火星，货车又向前滑行了 450 m，直至车轮爆胎汽车才停下来。由于车胎与变形的车前脸及护栏长时间的摩擦，车身生热起火，火势借助风力越烧越旺，本来只是受伤的车主和装卸工，由于来不及离开而被活活地烧死在车内。

2. 事故原因分析

这起事故造成 2 人死亡、3 人受伤、3 车损坏、1 车报废。办案民警称，这起严重事故现场之大、情节之奇实在罕见。造成这起事故的主要原因：一是货车严重超载，导致车辆承受能力下降；二是司机在行驶过程中连续刹车，造成车辆的刹车片过热，从而降低刹车效果，导致刹车系统失灵。

3. 事故教训与防范措施

事故的发生起因于大货车超载，超载的危害可见一斑。车辆严重超载后，如果接近或者超过车轴、车梁的承受能力，行驶中的振动、颠簸，会使大梁断裂，发生车祸。此外，一般的大货车没有防抱死装置，超载会使中心靠后，导致后轮抱死，在刹车时容易出现打滑、甩尾现象。如果车辆遇到连续下坡情况，司机为了达到正常的制动效果，会不停地踩刹车，这样会造成车辆的刹车片过热，从而降低刹车效果，导致刹车系统失灵。所以，遇到这种情况，司机应尽量避免连续踩刹车，如果实在不行，就应该及时给车辆的刹车系统降温，以防止事故的发生。

◆水泥车司机疲劳驾驶侵占对方行车路线迎面相撞伤亡事故

2000 年 7 月 26 日 5 时 10 分左右，山东省某钻井总公司一辆黄河水泥车执行完任务返回途中，由于工作时间长，司机疲劳驾驶，与迎面驶来的一辆解放挂车相撞，造成 1 人死亡、5 人受伤的重大交通事故。

1. 事故经过

7 月 26 日 5 时 10 分左右，山东省某钻井总公司驾驶员赵某（男，26 岁），驾驶一辆黄河水泥车由孤东执行完任务返回途中，沿辛河路由南向北行驶至羊栏河桥以北约 2 km 处时，由于工作时间长，疲劳驾驶，精神恍惚，在迷蒙瞌睡中所驾车辆侵占对方行车路线，与迎面驶来的一辆解放挂车相撞，造成解放挂车驾驶室内乘坐的 2 人和黄河车驾驶室内乘坐的 4 人不同程度地受伤，两车损坏严重，解放挂车 1 名乘车人因抢救无效死亡。

2. 事故原因分析

事故发生在辛河路羊栏河桥以北约 2 km 处，道路平直宽畅，视线良好，是一条淄博市辛店至东营市河口的省级主要干线，肇事时 5 时 20 分，天色渐亮。造成这起事故的主要原因，是黄河水泥车驾驶员赵某连续施工作业，工作时间长，极度疲劳，在行车中精神恍惚，处于迷蒙瞌睡状态，其他乘车人员也因疲劳均已睡着，更加重了驾驶员的睡意，车辆失去控制，驶入逆行路线，由此造成车辆相撞事故。

3. 事故教训与防范措施

疲劳驾驶是导致道路交通事故的主要原因之一，由此引发的交通事故屡见不鲜。疲劳驾驶是指驾驶员每天驾车超过 8 h 或者从事其他劳动体力消耗过大或睡眠不足，以致在行车中困倦瞌睡，四肢无力，不能及时发现和准确处理交通情况时，仍坚持驾驶车辆的违章行为。疲劳驾驶的危险性在于疲劳使驾驶员的感觉、听觉、视觉机能下降，注意范围变狭窄和不稳定，导致驾驶员不能迅速捕捉外界信息，正确判断道路上出现的各种情况，甚至产生错误判断而发生事故。在这起事故中，赵某在迷蒙瞌睡之中驾车，可见疲劳程度之深。在这种危险情况下，单位领导不应再安排赵某驾车。应采取的防范措施是：

（1）教育驾驶员在行车途中要严格遵守交通法规，不准疲劳驾驶，特别是工作量比较大、心身疲劳时，要注意调节精力，必要时靠路边停车休息一会儿；更要注意控制车速，集中精力，以防突然情况的发生。

（2）加强生产组织协调，合理科学地运行生产，保证驾驶员有充足的睡眠时间，防止疲劳驾驶。

（3）行车中坚持中速行驶、队列化行车，坚持途中定点停车检查、休息。

◆驾驶员疲劳驾驶开车睡觉致大货车撞飞护栏事故

2001 年 10 月 11 日凌晨 4 时左右，北京市某建筑机械施工中心司机曹某某，开车中竟然睡着了，失控大货车将路中间十七片隔离护栏撞飞，造成经济损失达 18 000 多元。

1. 事故经过

10 月 11 日凌晨 4 时左右，北京市门头沟区某建筑机械施工中心司机曹某某，驾驶一辆“起亚”牌大货车，由东向西行至石景山区阜石路晋元庄路口迤西时，因极度疲劳，开车中竟然睡着了，失控大货车驶向路中，将路中间十七片隔离护栏撞飞，护栏的阻力终于使汽车停了下来。值得庆幸的是，由于凌晨车少人少，肇事车辆只是撞坏了护栏，未造成人员伤亡。车停下来后，曹某某才惊醒过来，揉着惺忪的睡眼茫然不知所措。这起事故造成经济损失达 18 000 多元。

2. 事故原因分析

一辆肇事车撞飞十七片护栏，这在交通事故中极为少见，曹某某驾车睡觉睡得如此“香甜”，在交通事故中也极为少见。曹某某后来被处以 150 元罚款，吊扣 4 个月驾驶执照。交管部门提醒广大司机，凌晨三四点钟是人最困最乏之际，也是容易发生事故之时，在这个时间段驾驶汽车，一定要注意休息，不要疲劳驾驶，严防发生重大交通事故。

3. 事故教训与防范措施

夜间行车不同于白天，驾驶员的兴奋度较差，容易疲劳，尤其是午夜以后最易瞌睡，有时接近于半迷糊半清醒状态，驾驶员反应时间延长，操纵灵敏性下降。同时，由于灯光的移动、跳动及后车灯光的照射，也会影响驾驶员观察、判断路面情况的准确性。由于能见度差，不易察觉车辆状况的变化，观察仪表的工作状况等。目前许多交通路段车辆拥挤，为了避免堵车，一些运输车辆往往夜间行驶。交通法规规定：不许酒后开车；不许疲劳驾驶，驾驶时不要与人闲谈，不许打手机等。之所以制定这些规定，其目的就是要求司机在驾驶中保持精力集中，防止发生事故。如果司机疲劳驾驶，在驾驶过程中睡觉会发生什么后果呢？——肯定会发生事故。因此，夜间行车时，驾驶员一定注意不要疲劳驾驶，保持清醒的头脑，预防事故的发生。

◆驾驶员疲劳驾驶和严重超载造成的撞车事故

2000 年 7 月 23 日夜间，河北省张家口市某工厂聘用司机安某某，在送货进京途中，由于疲劳驾驶和严重超载，造成撞车事故，导致 1 人死亡，车辆严重毁坏。

1. 事故经过

安某某是一名有 20 年驾龄的老司机，2000 年 4 月 1 日受雇于河北省张家口市某工厂老板赵某，开解放大货车拉货。安某某很珍惜这份工作，老板说怎么干就怎么干，饿了困了，只要老板不说歇会儿，他就忍着。从7月21日早晨八九点钟起床，一直到7月23日夜里2点，他总共才睡了4 h。

7月21日傍晚6时，安某某和老板赵某驾车从张家口去北京送货，7月22日夜里2时到北京丰台区。夜里没有卸货的人，安某某就趴在方向盘上忍了一觉，睡了四个钟头。卸完货已经是下午了。北京城里白天不让走大货车，他们也就没敢动地方。直到下午三四点钟，安继东才吃了22日这一天里唯一的一顿饭——大碗炸酱面，老板说再吃饭休息就得到延庆县的张山营了。安某某听到这话心里当时就凉了半截，看来这碗面条不定得顶到什么时候呢。

7月22日下午5时，在货主的一再催促下，安某某和老板才偷偷摸摸地绕道门头沟，然后贴着山边兜了一大圈到了昌平，拉上了张某的货。顺着“110”国道还没走出二里地，因为超载和货物捆扎得不结实，摞得高高的一车木板子“哗啦”一声歪倒了，差点掉地上。安某某和老板赵某、货主张某连忙下车重新捆绑，折腾了三个多钟头，直到23日夜里1时30分才忙完。赵某和张某上车就开始睡觉，安某某则驾驶着解放货车继续顺着“110”国道向北行驶。到延庆县的莲花滩已是夜里2时，安某某的困劲上来了，于是停了车，想下车活动活动，吸点儿新鲜空气提提精神。车一停，车上的人就醒了，问道：“怎么了?”安某某刚想说一句，自己困极了也饿了，歇会儿行吗？可又怕老板不高兴，他就没有言语，只下车转了一圈，又开着解放货车出发了。解放货车边走，安某某的上下眼皮边使劲地往一块靠，直至闭上眼睛睡着了。这时，解放大货车还在继续行驶，无人控制的大货车独自跑了大约五里地之后，终于驶出了柏油路，刮了一棵树，接着“咚”一声巨响，又把另一棵路树撞得倾斜了40°。坐在驾驶副座上的老板赵某，右大腿被撞伤，送医院后因失血过多死亡。

7月23日夜里3时15分，延庆县公安局交通巡逻大队接到报案后，事故科办案人员立即赶到现场。现场勘查结果是：汽车应载5 t，实际装载货物10 t，严重超载。事故发生后，该车驾驶室严重变形毁坏。

2. 事故原因分析

事故发生后，经调查分析认定：安某某疲劳驾驶，不按规定装载。车辆肇事系违反《中华人民共和国道路交通管理条例》第二十六条第九项：在患有妨碍安全行车的疾病或过度疲劳时，不准驾驶车辆；第三十条第一项：不准超过行驶证上的核定的载质量。安某某负事故的全部责任。8月4日，安某某被延庆县人民检察院批准逮捕。在公安局看守所里，安某某双手抱着头，目光呆滞，他懊悔地对警察说：“怎么判我都是应该的，我害了一条命啊！当时我困极了，真该歇会儿再走。我错了!”

3. 事故教训与防范措施

在这起事故中，安某某对事故的发生应承担主要责任，这无可争议，但是，对于事故的发生，老板赵某实际上也负有重要的责任。作为一个雇主，本身应知法守法，善待员工，如果赵某能保证自己雇用的司机一日三餐又睡足了觉，可能就不会发生这起事故，他也就不会因事故而死亡。从另一个方面来讲，司机安某某听从雇主的安排是对的，但生命是自己的，法律是无情的，在面对严重违法行为时，即面对雇主不符合交通法规的安排时，应该学会说“不”，而且要坚决说“不”，不能拿自己和他人的生命去冒险。失去了这个原则，仅仅看到眼前的一点点利益，迟早是要碰壁的，并且是十分危险的。司机安某某忍来忍去就是为了一份工作，最后他不仅永远地失去了这份工作，也失去了自由，进了监狱。这样惨痛的教训值得我们认真吸取。

第三节　危险货物运输常见事故分析与预防措施

危险货物是指具有爆炸、易燃、毒害、感染、腐蚀、放射性等危险特性，在运输、储存、生产、经营、使用和处置中，容易造成人身伤亡、财产损毁或环境污染而需要特别防护的物质和物品。危险货物分为9大类，分别为：第1类爆炸品；第2类气体；第3类易燃液体；第4类易燃固体、易于自燃的物质、遇水放出易燃气体的物质；第5类氧化性物质和有机过氧化物；第6类毒害物质和感染性物质；第7类放射性物质；第8类腐蚀性物质；第9类杂项危险物质和物品，包括危害环境物质。在危险货物中，又主要是危险化学品，所以危险化学品道路运输安全管理，几乎等于危险货物安全管理。

一、危险货物运输常见事故分析与安全措施

1. 危险化学品自身危险性

危险化学品是指具有毒害、腐蚀、爆炸、燃烧、助燃等性质，对人体、设施、环境具有危害的剧毒化学品和其他化学品。危险化学品由于自身的危险性，在装卸、运输过程中若发生泄漏或交通事故，不仅车毁人亡，而且还会引发燃烧、爆炸、腐蚀、毒害等严重的灾害事故，危及公共安全和人民群众的生命财产安全，导致环境污染。

国家历来重视对危险化学品的管理，《危险化学品安全管理条例》及相关的法律、法规要求，企业应建立、完善发货和装载的查验、登记、核准等制度，要求在运输危险化学品时必须严格遵守国家有关规定。随着经济建设迅速发展，危险化学品使用的范围越来越广，危险化学品的运输也会越来越繁忙。近年来，汽车运输中多次发生事故，造成较大经济损失的同时，也污染了环境，给群众心理造成恐慌。因此，必须加强危险化学品运输的安全管理。

2. 危险化学品运输中容易引发事故的因素

（1）人的因素。从事装卸、运输危险化学品的工作人员，如装卸操作工、驾驶员、押

运员等，其中有不少人法律意识淡薄，文化素质低，安全技能差，责任心不强。从业人员对危险化学品相关法律、法规了解很少，有的根本没有这方面的知识，违章运输，甚至非法运输；对所装运的危险化学品的危险性不了解，一旦货物发生泄漏或发生火灾等事故，不能在第一时间采取有效措施。还有些驾驶员、押运员责任心和安全意识不强，对有关危险化学品的安全运输规定缺乏了解，疲劳驾驶，盲目开快车、强行会车、超车，过铁路岔口、桥梁、涵洞时不减速，还有的酒后驾车，极易引起撞车、翻车事故。

（2）设备的因素。装运危险化学品车辆的安全状况是引起事故的一个重要因素，车辆状况良好，是危险化学品装卸、运输安全的基础，车辆状况不好会严重影响安全，导致事故发生。

（3）客观因素。交通事故的发生，很多时候与一些客观因素有关，如：当汽车通过地面不平整的道路时会剧烈震动，使汽车机件损坏，还会使所载危险化学品包装容器之间发生碰撞而损坏；在泥泞的道路上，在山道、弯道较多的路段都容易发生侧滑而引发事故。此外，天气状况也直接影响危险化学品的安全运输，大雨天、大雾天或冰、雪天，因天气状况不好、视线不清、路滑，可能造成车辆碰撞或翻车而引发事故。

（4）装运条件因素。运输危险化学品的装运条件，如包装、配装货物等不合要求也能引发事故。以槽车为例，有的车主违法使用的罐体容器达不到压力容器要求，容器强度不够，可能导致容器破损，化学物料泄漏，引发事故。

3. 危险化学品运输中应注意的问题

（1）危险化学品运输单位、人员应经资质认定。国家对危险化学品运输实行资质认定制度，没有经过资质认定的单位不得运输危险化学品。通过公路运输危险化学品的托运人，只能委托具有危险化学品运输资质的运输企业承运。对于从事危险化学品运输的人员，如驾驶员、押运人员等，必须经过培训，并经政府交通管理部门考核合格，取得上岗资格证后，才能上岗作业，这实际上也是一种执业资质认定。

（2）加强从业人员培训教育，提高法律意识和业务素质。危险化学品运输容易发生事故，而事故发生与人的因素有很大的关系，所以还应注意提高从业人员的业务素质。危险化学品种类多，而且各有各的危险性，发生事故后的处置方法也不一样，所以有关企业应组织驾驶员、押运员等进行学习，使其熟练掌握经常接触的危险化学品的相关安全知识及安全运输的具体要求，万一发生事故应知道如何采取措施尽可能降低危害程度。另外，企业还应组织他们学习必要的劳动保护知识，加强自我保护意识。

（3）选择合格的包装容器，正确装运货物。不同的危险化学品具有不同的危险特性，在装运货物对，要针对其特性，选择合格的包装容器。根据相关规定，用于危险化学品运输工具的槽罐及其他容器必须由专业生产企业定点生产，并经检测，检验合格的才能使用。装运货物时，还要正确配装货物，不能混装、混运，特别是性质相抵触的、灭火方法不一致的绝对不能同车运输。

(4) 做好运输准备工作，行车时要注意安全。运输危险化学品时，稍有不慎就有可能发生事故，所以运输前一定要做好准备工作。车辆要配置明显的符合标准的“危险品”标志。还要佩戴防火罩、配备相应的灭火器材和防雨淋的器具。车辆的底板必须保持完好，周围的栏板要牢固，如果装运易燃易爆货物，车厢的底板若是铁质的，应铺垫木板或橡胶板。

(5) 注意天气状况，避免恶劣环境。要注意天气状况，恶劣的天气，如雨、雪、雾天、大风沙天，尽量避免出车。夏天运输危险化学品要特别注意气温，温度高于30℃，禁止白天运输，应改为晚上运输。夏季雷雨天气，要防止货物被雨淋湿，特别是运输金属钠、钾或碳化钙这类危险化学品，遇水会发生反应，引起燃烧、爆炸事故，运输时更应防止雨淋。

4. 发生事故后应急处置

(1) 建立健全应急预案和救援体系。要按规定制定道路运输危险化学品事故应急救援预案，并进行必要的演练。建立社会施救力量、施救物资装备器材、专业防化单位、有关专家等信息库；设立施救物资装备器材储备仓库；确定每个地市危险化学品事故报警电话号码并编制成册，建立危险化学品报警和处置网络。

(2) 尽快报警，组织人员抢救。运输危险化学品发生泄漏事故时，驾驶员、押运员或周围的人要尽快设法报警。如果在厂内发生事故，要立即启动应急预案进行救援。如果发生在道路上，要立即报告当地公安消防部门或地方公安机关，可能的情况下尽可能采取应急措施，或将危险情况告知周围群众，尽量减少损失。

(3) 杜绝一切火源，防止燃烧、爆炸。如果泄漏的危险化学品是易燃易爆物品，现场和周围一定范围内要杜绝一切火源。所有的电气设备都应关掉，一切车辆都要停下来，手机等通信工具也得关闭，防止电火花引爆可燃气体、可燃液体的蒸气或可燃粉尘。如果储罐、容器、槽车破损，要尽快设法堵塞漏洞，切断事故源。可用软橡胶、胶泥、塞子、棉纱、棉被、肥皂等材料进行漏洞封堵。

(4) 采取相应的消毒措施，减少危害。如果运输的危险化学品若具有腐蚀性、毒害性，在处理事故过程中，一定要采取积极慎重的措施，尽可能降低腐蚀性、毒害性物品对人的伤害。现场施救人员还应根据有毒物品的特征，穿戴防毒衣、防毒面具、防毒手套、防毒靴，防止身体暴露部分与有毒物质接触，减少伤害。

(5) 加强对现场外泄物品监测。在危险化学品泄漏处置过程中，还应监测现场物品泄漏情况，特别是加强对剧毒或易燃易爆化学物品的泄漏监测。有关部门应组织专业检测技术人员和检验设备到场进行迅速检测，测定泄漏化学物料的性质、危害程度、危害范围，有时还需要通过检测来判明是哪种化学物质泄漏，为安全处置决策提供可靠的数据依据。

二、危险货物运输常见事故案例分析

◆驾驶员疲劳驾驶导致载有 7 t 溶剂油的油罐车侧翻泄漏事故

2002 年 9 月 13 日 1 时，山东省某化工企业一辆载有 7 t 溶剂油的油罐车，在行驶中发生侧翻事故，溶剂油大量外漏，由于救援及时，未造成人员伤亡。

1. 事故经过

9 月 13 日 1 时，山东省某化工企业驾驶员李某，驾驶一辆载有 7 t 溶剂油的油罐车，运送到货主单位。当行驶到日照市岚山省道上，由于下雨路滑，加之李某夜间行车疲劳驾驶，遇到突然情况处理不当，造成油罐车发生侧翻，装载的溶剂油通过呼吸阀和安全阀大量外漏。由于溶剂油自身的化学特性，溶剂蒸气遇明火、高热极易燃烧和爆炸，所以泄漏的溶剂油随时都有爆炸的危险，情况十分危急。岚山公安消防中队接警后迅速出动，进行抢险救援。到达现场后，消防官兵在交警、110 干警的协助下，首先划定了危险保护范围，对事故点附近的道路交通实行了管制，切断了事故点附近的明火危险源。接着，消防官兵利用特勤器材进行破拆、堵漏。经过近 1 h 的奋战，将驾驶室的被困人员救出，并且成功地对泄漏点进行了彻底的封堵，利用水枪将泄漏的溶剂油和油蒸气进行稀释，防止了燃烧爆炸事故的发生。

2. 事故原因分析

据了解，当时泄漏的溶剂油主要成分为正己烷、环己烷等化学物质，为无色液体，不溶于水，容易积聚在低凹处的地沟、地坑里，溶剂蒸气遇明火、高热极易燃烧和爆炸。其蒸气比空气重，能在较低处扩散到相当远的地方，遇火源会着火回燃。

事故发生后，经调查分析，确认造成这起事故的主要原因，是驾驶员连续长时间行车，导致疲劳驾驶，精力不集中，同时雨天路面湿滑，遇到情况处理不当，发生车辆侧翻。

3. 事故教训与防范措施

这起事故由于救援及时，没有引起火灾爆炸，实属侥幸。企业应认识到，并不是所有事故都能这样侥幸，一旦发生火灾爆炸，将会造成极大的损失。企业应采取积极的防范措施，预防类似事故的再次发生。

（1）严格执行规章制度，坚决纠正违章作业、有章不循的现象，明确管理人员和作业人员的职责，尤其应明确企业领导和安全管理人员的职责，切实对安全管理负责。

（2）企业要加强安全教育和安全培训工作，对驾驶人员、押运人员进行安全培训与考核。企业应制定严格的规章制度，加强对运输化学品车辆的检查、保养维修，防止有故障的运输车辆上路。

（3）督促、检查执行安全规定和制度的情况，对有章不循、明知故犯的有关人员，要依法从重惩处，达到教育和警戒的效果。

◆运送黄磷途中车速过快、转向过急造成事故而引起的燃烧事故

2002 年 9 月 19 日凌晨 1 时左右，湖北某化工集团公司汽运公司的一辆东风汽车，在运送 45 桶黄磷的途中发生交通事故，致使黄磷自燃而引起燃烧，造成直接经济损失约 4 万元。

1. 事故经过

9 月 19 日凌晨 1 时左右，湖北某化工集团公司汽运公司的一辆东风汽车，由驾驶员李某驾驶，满载 45 桶黄磷，由宜昌方向行驶至宣秭线嘲天吼电站附近时，为避让横穿公路的行人紧急刹车，因车速较快，加上转向过急，使右侧车箱板脱落，造成 18 桶黄磷散落到车外，并造成 1 名行人前额受伤。事故发生后，李某立即拦车将伤员送往医院进行抢救，并与汽运公司取得联系。公司随即派人前往事故地点，因没有对散落黄磷进行仔细查看，而急于前往医院，致使一黄磷桶因落地时被撞破，桶内的水流尽后于 3 时左右发生黄磷自燃，引起大火。接到报警后，当地消防大队迅速出动，于 7 时 30 分左右将大火扑灭。该事故造成黄磷损失达 3.86 t，18 个包装桶报废，车辆严重受损，直接经济损失约 4 万元。

2. 事故原因分析

造成这起事故的直接原因，是运送黄磷的东风汽车夜间行驶时速度较快，遇到情况处理不及时。事故发生后，虽然对紧急情况的处理方法及事故发生后先救死扶伤的行为是正确的，但是抢救人员缺乏对黄磷化学危险性的了解，没有对事故现场的黄磷桶进行细致的检查，最终导致黄磷自燃。造成事故的间接原因，是该公司本有 20 辆车通过了市交通部门培训，并取得危险化学品运输证，却安排没有危险化学品运输证的东风车运输黄磷，属于管理上的失误。

3. 事故教训与防范措施

黄磷是一种危险化学品，具有自燃性。自燃是指可燃物在空气中没有外来火源的作用，靠自热和外热而发生的燃烧现象。根据热的来源不同，自燃又可分为本身自燃和受热自燃。本身自燃是指由于物质内部自行发热而发生的燃烧现象；受热自燃是指物质被加热到一定温度时发生的燃烧现象。使可燃物发生自燃的最低温度叫自燃点。物质的自燃点越低，发生火灾的危险性越大。黄磷的自燃点为 34～35℃，必须放在水中保存，否则就会自燃起火。在这起事故中，事故救援人员到达现场后，一是救人，二是对散落的黄磷进行处置，防止黄磷自燃起火。这两项工作都很重要，但从结果来看，明显忽视了第二项工作，驾驶员和救援人员都应承担责任，尤其是驾驶员应承担主要责任。

这起事故后，该化工集团公司对驾驶员李某进行处理，同时还对汽运公司派往事故现场处理事故的安全员孙某和小车司机彭某，分别处以罚款，并对孙某给予行政警告处分；对汽运公司有关领导也作了处罚。化工集团公司要求汽运公司对全体驾驶员进行危险化学物品知识培训，严格按照《危险化学品安全管理条例》的规定从事危化物品的运输活动，不得安排无危险化学品运输证的车辆运输危险化学物品，今后凡发现无危险化学品运输证的车辆运输危险化学物品的，一律直接追究汽运公司负责人的责任。同时，要求公司安全环保处牵头，组织汽运公司等单位制定交通事故施救与处理管理的有关规定，并列入公司安全生产管理制度之中，以便操作和执行。

◆驾驶员驾驶甲醛槽车与火车相撞造成的有毒物质泄漏事故

2001 年 5 月 8 日凌晨 1 时 25 分，1 辆满载 40 t 甲醛（有毒气体）的大型槽车，在黎湛铁路石角段与一列火车相撞，造成 1 人死亡，2 人受伤，列车 9 节车厢出轨，铁路中断 7 个多小时，甲醛大量泄漏。

1. 事故经过

5 月 8 日凌晨 1 时 25 分，出事的 23009 次列车由广西黎塘开往广东廉江方向，行经廉江市石角镇丹兜村丹兜道口时，与一辆运载有 40 t 甲醛，由湛江开往广西方向的槽车相撞，坐在槽车上的车主（遂溪县岭北镇人）当场死亡，槽车司机和火车司机受伤。火车与槽车相撞时，火车继续前行约 2 000 m 才停下来，车头与车厢脱节，5 节油罐颠覆，4 节油罐出轨，装满甲醛的槽车被撞断两节，车头面目全非。所幸的是，列车运输的油罐均是空罐，否则将酿成重大事故。

2. 事故原因分析

这起事故的发生地点丹兜道口，是一个无人看管的道口，自 2000 年至今已发生过多起汽车与列车相撞事故。另外，丹兜道口的汽车道较窄且呈“S”形，铁路从“S”形中间横穿而过。事故发生时，当满载甲醛的槽车行至道口中间时，司机才发现前面有一辆拖卡汽车已行驶到道口边，此时，23009 次列车正呼啸而来，运载甲醛的槽车司机连忙鸣喇叭要求拖卡汽车后退让其先过铁路。同时，随行的另一名司机急忙跳下车，指挥拖卡汽车后退。由于对方是拖卡汽车，加上是在“S”形的路上，很难后退，就在列车即将迎面撞来之际，下来指挥倒车的司机迅速闪开，紧接着是“轰隆”一声巨响，灾难发生了。事故发生后，由于有毒气体不断外泄，人站在附近时间稍长，就出现双眼流泪，皮肤发痒，头晕恶心的现象。解放军某部防化应急分队及公安消防等出动 200 多名官兵，及时赶到现场进行清理，并运来石灰，把外泄的甲醛全部覆盖起来，直至第二天上午全面恢复通车。

3. 事故教训与防范措施

这起事故的发生具有一定的偶然因素，如同其他交通事故一样，是道路的因素、驾驶人员的因素、处理紧急情况的能力因素，以及其他因素共同作用的结果。从驾驶人员的因素、处理紧急情况的能力因素来讲，这起事故的发生也有其必然性，那就是驾驶员处理紧急情况不当。事故发生前，驾驶员通过铁路道口时不注意观察，发现火车后，驾驶员要求对方车辆让路，不如自己倒退，因为自己的情况自己更加熟悉，处理起来也更加得当。从副驾驶员有时间指挥对方车辆倒退的情况看，如果自己采取倒退的处理方式，这起事故有可能避免。化工生产企业和运输企业，一定要重视驾驶人员的安全教育和安全培训，重视驾驶人员技术水平的提高。

◆液化气运输车转盘卡头螺栓断裂造成的液化气罐翻倒泄漏事故

2000 年 11 月 22 日清晨，一辆运载 25 t 液化气的运输车，由于拖挂气罐的转盘卡头螺栓突然断裂，造成气罐侧翻倒地。事故发生后，由于救援及时，这一重大危险被及时排除，未造成人员伤亡和财产损失。

1. 事故经过

11 月 22 日清晨 5 时许，珠海某货运公司的一辆运输车，运载 25 t 液化气前往番禺，行驶至中山城区起湾道与中山四路交汇处时，由于拖挂气罐的转盘卡头螺栓突然断裂，25 t 液化气气罐侧翻倒地，滑行 15 m 后横在路口的绿化带上，卡车车头则栽倒在中山四路右转弯道上。液化气气罐翻倒后，因受撞击，气罐内的液化气发生泄漏。此时，如果遇火燃烧则会发生爆炸，其威力相当于 67 t 左右的炸药，足以使附近地区受到沉重打击。接到警报后，中山市政府迅速组织公安、武警、交警、供电、燃气公司等部门人员赶赴现场排险。由于气罐的顶部安全阀有气体泄漏，中山市消防支队用 3 辆消防车不停地向气罐喷水驱散气体。因气罐上方有高压线，供电部门对该路段做出断电处理。下午 3 时左右，佛山市运输公司车辆赶到现场支援。消防队员先用补漏胶封堵气罐漏气处，消防水龙头不停射水，两辆 50 t 的吊车将总重 40 t 的气罐车平衡吊起，平稳放置到大型平板运输车上。下午 5 时左右，气罐车被运到中山市某燃气公司气库，罐内液化气被安全转移到气库内，这一重大危险得以及时消除。

2. 事故原因分析

从事故发生情况来看，造成事故主要有两个方面的原因：一是运输车辆清晨行驶，车辆稀少，路段空旷，车速较快，当行驶到路口停车或转弯时，在惯性推力的作用下发生转盘卡头螺栓断裂。二是拖挂气罐的转盘卡头螺栓强度不够，存在质量问题，或者长期使用检查保养不够，未能及时发现问题，消除隐患。

3. 事故教训与防范措施

这起事故发生后，由于救援及时未造成人员伤亡和财产损失，可以说十分幸运，如果液化气罐车翻倒后引起火灾爆炸，必将酿成重大事故，后果不堪设想。对于运输企业和驾驶人员来讲，应吸取事故教训，采取措施，防范类似事故的重复发生。在所采取的各项措施中，应特别注意加强安全检查，尤其是运输车辆的安全检查，严格执行有关规定，存在事故隐患的车辆坚决不能出车，必须定期对运输车辆进行全面检查，从而保证车辆的安全、可靠。

◆运送电石卡车途中缺乏防范遇雨遮盖不严突然起火燃烧事故

2004 年 1 月 16 日上午，山西省某化工公司一辆装有 20 t 电石的卡车，在运送途中遇雨突然起火燃烧，因抢救及时，未造成人员伤亡。

1. 事故经过

1 月 16 日上午，山西省某化工公司一辆装有 20 t 电石的卡车，运送到江苏省无锡市某企业。一路上平安无事，进入江苏省境内后，开始下雨。上午 11 时，运货卡车开进位于无锡市锡澄路的某企业，当驾驶员打开遮盖布时，一团火苗突然蹿出，见状驾驶员连忙把卡车开到厂外，停稳后，立即把车头卸下开走，整车电石在雨中燃烧，火势较大，阵阵浓烟冲天而上，弥漫在阴雨连绵的空中。消防人员接到报警后，迅速到达事故现场并利用水泥和沙土对电石进行遮盖，使卡车处于稳定燃烧中，不至于引起更大的爆炸。由于驾驶员和消防人员处理及时，未造成人员伤亡。

2. 事故原因分析

电石属于危险化学品，遇水、遇湿后极易产生乙炔气体，而乙炔气体又极易引起燃烧和爆炸。造成这起事故的主要原因，是电石遮盖不严，或者长途运输造成遮盖棚布破损，遇雨渗漏，导致自燃事故。

3. 事故教训与防范措施

根据电石的燃烧危险性分析，电石在使用和运输中应注意下列安全要求：

（1）禁止雨天搬运电石，以防止起火燃烧和爆炸事故。

（2）搬运电石桶时，应使用小车，轻装轻卸，不得从滑板滑下或在地面滚动，防止撞击、摩擦产生火花引起爆炸起火。

（3）遗洒在地面等处的电石粉末，应及时清扫，并分批倒入电石渣坑进行处理，避免电石吸潮气分解，形成乙炔与空气爆炸性混合气。在乙炔站、焊接车间等处，不得存放堆积超过乙炔发生器两天用量的电石，并且要采取防潮措施。

（4）汽车在运输电石时，必须做好防水、防潮工作，预防雨水渗漏引起火灾和爆炸。当运输车辆遇雨时，应及时停车避雨，而不应冒雨行驶，以防火灾爆炸事故的发生。

◆驾驶员驾驶甲醇罐车因处置不当追尾碰撞造成的泄漏事故

2003 年 11 月 23 日，山东省淄博某运输有限公司的一辆挂槽罐车，满载着 45 t 甲醇，在行驶中追尾碰撞造成事故，导致 3 人死亡、1 人受伤，甲醇外泄。

1. 事故经过

11 月 23 日，山东省淄博某运输有限公司驾驶员刘某，驾驶一辆挂槽罐车，满载着 45 t 甲醇，由河南前往广东番禺。当日 6 时许，当满载 45 t 甲醇的大型货车行驶至京珠高速公路粤境北段南行 50 km＋600 m 处时，追尾撞上一辆河北籍大货车，造成满载甲醇的大型货车翻倒在南行车道上，同时打横堵塞整个路面，槽车内的甲醇不停外泄，随时都有可能燃烧爆炸。韶关市交警支队接到报警后，迅速调集 40 多名交通警察赶往事发现场，设置警戒线，防止火源，同时在乳源县大桥和梅花地段采取封路措施，分流南来北往的汽车。消防部门经过 4 个多小时的稀释和排泄，将 45 t 易燃易爆的甲醇成功处理，有效防止了一起极有可能因甲醇燃烧而引发的特大爆炸事故。这起车祸造成 3 人死亡，1 人受伤，运载甲醇的大货车严重损坏。

2. 事故原因分析

甲醇属于中闪点易燃液体，主要用于制造甲醛、香精、染料、医药、火药、防冻剂等。甲醇具有易燃易爆的特性，其蒸气与空气可形成爆炸性混合物，遇明火、高热能引起燃烧爆炸。从这起追尾相撞事故，造成 3 人死亡、1 人受伤、大货车严重损坏的结果看，导致事故的原因主要是车速过快，驾驶员遇到情况处置不当。因此，造成事故的主要原因，应是驾驶员违反运输危险化学品车辆行驶速度的规定，超速行驶。

3. 事故教训与防范措施

危险化学品的运输，由于责任重大，必须坚决贯彻“安全第一、预防为主”的方针，严格执行《危险化学品安全管理条例》《道路危险货物运输管理规定》等法规规章，保障安全运输。在这些法规中，对危险化学品运输提出了明确要求。如《危险化学品安全管理条例》第三十七条规定：危险化学品运输企业，应当对其驾驶员、押运人员进行有关安全知识培训；驾驶员、押运人员必须掌握危险化学品运输的安全知识，并经所在地设区的市级人民政府交通部门考核合格，取得上岗资格证，方可上岗作业。运输危险化学品的驾驶员、押运人员必须了解所运载的危险化学品的性质、危害特性、包装容器的使用特性和发生意外时的应急措施。有关法规规章之所以做这样的规定，其目的就是为了保障安全。因此，对于危险化学品运输企业和驾驶人员、押运人员来讲，一定要以保障安全为上，不论车辆装载，还是车辆行驶，要时时刻刻注意安全，在车辆行驶上“宁让三分，不抢一秒”，宁可慢一点保证安全，也不能追求经济效益超速抢行，否则造成事故，既害他人又害自己，悔之晚矣。

◆汽车槽车装卸甲苯因没有静电接地装置引起的爆炸起火事故

2003 年 7 月 22 日 9 时 50 分左右，广西某物资总公司桂林分公司正在执行甲苯装卸任务的汽车槽车突然发生爆炸起火，将整辆汽车槽车包括车上约 1.5 t 的甲苯全部烧毁，造成直接经济损失约 17 万元，所幸无人伤亡。

1. 事故经过

7 月 22 日上午，桂林分公司租用某运输公司一辆汽车槽车，到铁路专线上装卸外购的 46.5 t 甲苯，并指派仓库副主任、公司安全员及 2 名装卸工执行卸车任务。约 7 时 20 分，开始装卸第一车。由于火车与汽车槽车约有 4 m 高的位差，装卸直接采用自流方式，即用 4 条塑料管（两头套橡胶管），分别插入火车和汽车罐体，依靠高度差，使甲苯从火车罐车经塑料管流入汽车罐车。约 8 时 30 分，第一车甲苯约 13.5 t 平安地拉回公司仓库。约 9 时 50 分，开始装卸第二车。汽车司机将汽车停放在预定位置后与安全员到离装卸点约 20 m 的站台上休息，1 名装卸工爬上汽车槽车，接过地上装卸工递上来的装卸管，打开汽车槽车前后 2 个装卸孔盖，随即在每个装卸孔内放入 2 根自流式装卸管，待 4 根自流式装卸管全部放进汽车槽罐后，槽车顶上的装卸工因天气太热，便爬下汽车去喝水。人刚走出离汽车约 20 m，汽车槽车靠近尾部的装卸孔突然发生爆炸起火。爆炸冲击波将 2 根塑料管抛出罐外，喷洒出来的甲苯致使汽车槽车周边燃起一片大火。约 10 min 后，消防车赶到。经 10 多分钟的扑救，大火全部扑灭，阻止了事故进一步的扩大，火车槽车基本未受损害，但汽车已被全部烧毁。

2. 事故原因分析

经调查，造成这起事故的直接原因，是装卸作业没有按规定装设静电接地装置，使装卸产生的静电无法及时导出，造成静电积聚过高产生静电火花，引发事故。另外，高温作业未采取必要的安全措施是引发爆炸事故的重要原因。据调查，事发时，气温超过 35℃。当汽车完成第一车装卸任务并返回火车装卸站台时，汽车槽罐内残留的甲苯经途中 30 min 的太阳暴晒，已挥发到相当高的浓度，但却未采取必要的安全措施，直接灌装甲苯。据装卸工回忆，当其打开罐盖准备装卸第二车甲苯时，明显感到罐内气体猛烈喷出，可是没有给予足够重视。如果严格执行易燃、易爆气体灌装操作规程，灌装前槽车通地导线接地，并检测罐内温度，就能避免事故的发生。

3. 事故教训与防范措施

事故发生后，公司吸取教训，对有关责任人员进行处罚，并采取积极的预防措施，防止事故的再次发生。

（1）立即开展接地静电装置设施的检查和维护，加强安全防范，严防类似事故的发生。

（2）完善全公司安全规章制度。事故发生后，针对高温天气，公司明确要求，灌装易燃、易爆危险化学品，除做好静电设施接地外，开始第二车装卸任务前，必须静置汽车槽车 5 min 以上或采取罐外水冷却等方式，方可灌装。

（3）进一步健全公司安全管理体系，充实安全管理力量，落实安全责任制，强化安全管理手段和措施，突出安全检查考核力度。

◆驾驶员缺乏知识导致的人员伤害事故

2000 年 5 月 19 日，吉林吉运公司一辆载有 50 t 丙酮氰醇的罐车，在途经宁河县境内 205 国道大北开发区路段时发生相撞事故，罐阀被撞断，在处理时因缺乏有关化学品知识，造成 4 人中毒，其中 1 人死亡。

1. 事故经过

5 月 19 日，吉林吉运公司 4 名司机驾驶载有 50 t 丙酮氰醇的罐车，在途经宁河县境内 205 国道大北开发区路段时，与从唐山方向开出的大货车相撞，罐阀被撞断，丙酮氰醇喷洒地面和河沟。4 名司机在未采用任何防护用品的情况下进行堵漏，在堵漏的过程中，2 名司机的衣服和鞋被溅湿。在堵严罐口后，4 人到附近旅店冲洗，其中 1 名司机冲洗不彻底，又没有及时更换衣服和鞋，于次日凌晨发生头晕、手抽搐、呕吐现象，经抢救无效死亡。其余 3 人也有相同症状，经治疗好转。

2. 事故原因分析

丙酮氰醇属于丙酮类化学物质，是基本的有机原料和低沸点溶剂，可以通过吸入、食入、皮肤吸收方式中毒，对眼、鼻、喉有刺激性。急性中毒主要表现为对中枢神经系统的麻醉作用，出现乏力、恶心、头痛、头晕、易激动，重者发生呕吐、气急、痉挛，甚至昏迷。接触者应迅速脱去被污染的衣物，用肥皂水和清水彻底冲洗皮肤，同时用流动的清水或生理盐水冲洗眼睛，严重者应尽快就医。造成这起事故的主要原因，是驾驶员缺乏有关化学品知识，安全意识不强，事故发生后清洗不彻底，又未更换衣服和鞋。

3. 事故教训与防范措施

这起事故发生后，如果4名驾驶员具有相应的化学品知识，了解这种化学品的“厉害”，及时并彻底清洗，就不会发生人员伤亡，可以说，出现这种结果，与缺乏知识有直接的关系。

化工企业和危险货物运输企业应吸取这起事故的惨痛教训，加强相应的安全防范措施：一是企业应加强对有关人员的安全教育和安全管理。在安全教育上，应为运输化学品的驾驶员讲解有关化学品知识、安全防护知识，以及应急处理知识。从这起事故人员中毒后的处理情况看，企业没有进行认真的安全教育。在安全管理上，运输化学品的车辆应配备抢救器材，如果没有配备，就是安全管理部门的失职。二是强化个人安全意识。事故发生后，4名驾驶员的衣服和鞋袜都沾上化学品，自己也接触了化学品，如果有化学品方面的知识，就不会麻痹大意，就会细致地进行处理，从而消除危害。

◆驾驶员因缺乏知识对原油罐车违章焊接作业导致的爆炸事故

2001年1月7日，山东某汽运公司一辆原油运输罐车，在改造油罐车上部的蒸汽加热阀时发生爆炸，造成2人死亡的重大事故。

1. 事故经过

1月7日，山东某汽运公司原油运输车驾驶员王某某，准备改造油罐车上部的一蒸汽加热阀。王某某首先将罐体用蒸汽吹扫，然后把油罐车开回汽运公司院内，请2个人帮助将罐体上的管线用钢锯锯断，随后又请人另外安装一个新阀门。当焊工在油罐车上部焊接作业时，引燃油蒸汽，发生爆炸，造成2人从罐体上摔下死亡。

2. 事故原因分析

按照爆炸机理分析，油罐内部清洗、吹扫不彻底，油气挥发与空气混合形成爆炸性混合气，当可燃气体浓度达到1%～15%时，遇到明火即可发生爆炸。因此，造成这起事故的主要原因，是驾驶员麻痹大意、违章操作，对油罐动火缺乏认识，油罐内部清洗不彻底；加上焊接人员未按正常手续办理火票，认为油罐已经清洗、吹扫，可能不会出问题，因此未采取检测措施。造成事故的间接原因：一是运输企业安全管理不严格，对于油罐车改装没有制定相关措施；二是企业对驾驶员和焊接作业人员安全教育不够。

3. 事故教训与防范措施

从事故发生的经过可以看出，驾驶员具有一定的安全常识，知道在改装前需要对油罐进行清洗、吹扫处理，拆除原有管线应用钢锯锯，减少明火发生等，但却麻痹大意，对油罐动火焊接作业前没有进行化验分析，也没有采取特殊防护措施，由此导致事故就不足为怪。如果在动火焊接前通过正常程序办理油罐检修手续；油罐检修按照规定程序清洗；按照规定分析可燃气体浓度；油罐动火采取内部充满惰性气体或液体防止形成爆炸混合物措施；焊工按照操作规程办理操作票；管理人员及时发现并制止违章作业等，那么事故就可以避免。

在市场经济迅速发展的今天，不能只讲效益，而把安全作业、安全施工摆在次要的位置。事实教育了我们，谁忽视了安全，事故就会随之降临。事故和安全是一对矛盾，只有摆正安全和事故的关系，把安全放在经济建设的首位，效益才有保障。

◆驾驶员运送燃油途中违章维修油罐车导致的爆炸事故

2004年2月24日10时许，重庆某燃油公司的一辆东风加长油罐车，在前往贵州省某企业运送燃油途中，驾驶员发现油格中间有隔离挡板出现渗漏，便请修理工补漏，结果发生剧烈爆炸，造成1人死亡，车辆被毁。

1. **事故经过**

2月24日10时许，重庆某燃油公司驾驶员罗某，驾驶公司东风加长油罐车，前往贵州省某企业运送燃油。在经过贵州习水县东皇镇休息时，发现3个油格中间有隔离挡板出现渗漏，罗某便将车开到一家焊接维修店前，请修理工张某为油罐车补漏。张某最初不同意补焊，但驾驶员罗某要张某放心操作，并称油罐里已经没有油，而且被他放水冲洗过了。在罗某的再三要求下，张某便找来一架梯子，顺着油罐车顶部的进油口进入油罐内部。大约10时30分，就在张某打开焊枪的一瞬间，油罐车突然发生剧烈爆炸。爆炸产生的巨大冲击力将罐内的楼梯从油罐顶部入口处炸飞起5 m多高，击中附近的输电线路后造成电线短路，焊工张某也被炸得血肉模糊，当场死亡，油罐车被毁。

2. **事故原因分析**

造成这起事故的主要原因，在于油罐车驾驶员和焊工缺乏安全知识，同时又麻痹大意，违章进行焊接作业。油罐车不仅在运输燃油时会产生可燃气体，而且在运输后仍然会存有可燃气体，在油罐的密闭作用下不易扩散，当可燃气体（蒸气）与空气进行混合，达到一定的浓度，遇到火源就会发生爆炸。因此，在油罐车驾驶与焊工知识中，都特别注明存放过易燃物质的油罐，必须经过清洗、置换、检测后，才能进行焊接作业或者其他明火作业。

3. **事故教训与防范措施**

这起事故的发生，其原因是驾驶员既缺乏知识，又违反有关危险化学品安全管理规定。事故的发生，从反面折射出企业安全教育培训的不足和执行规章制度的不严格。企业制定安全管理规章制度，一方面需要驾驶人员、押运人员遵守，按照规章制度去做；另一方面需要加强监督管理，严格执法，对违法行为进行处罚。在这两个方面中，更重要的是严格执法，通过对违法行为的严厉处罚，迫使驾驶人员、押运人员遵章守纪。从事故发生、发展的过程来看，驾驶员罗某如此轻率地做出修理决定，完全不知道危险，可见企业在安全教育培训和安全监督管理上存在着严重问题。所以，企业必须加强安全教育培训和安全监督管理，才能杜绝类似事故的再次发生。

对电焊工来讲，在对受压容器、密闭容器、各种油桶、管道、沾有可燃气体和溶液的工件进行操作前，必须先进行检查，冲洗掉有毒有害、易燃易爆物质，解除容器及管道压力，消除容器密闭状态（敞开口、旋开盖），动火前半小时进行采样安全分析，合格后才能进行工作，而不能不顾安全，盲目进行焊接作业。

第七章　道路运输企业事故防范新做法

近年来，我国道路交通运输业有了很大发展，在道路交通运输业快速发展的同时，一些影响交通运输安全的问题也凸显出来，例如疲劳驾驶、违章操作、超载运输、车辆失保失修、安全管理失控等，造成大量的安全隐患以及直接引发重大人员伤亡事故。一些道路运输企业针对所存在的问题，采取有针对性的措施，选择有效的管理方式方法，对各种车辆和设施设备存在的事故隐患进行排查治理，坚持对驾驶人员进行安全教育，不断提升安全管理水平，从而保证安全运输。这些企业的做法值得参考借鉴。

第一节　道路运输企业安全管理与事故预防新做法

安全是永恒的主题。道路运输企业在安全管理与事故预防上，领导重视是做好交通安全管理工作的关键，交通安全管理工作是否落实，取决于主要领导的观念、决心和行动。各级领导，特别是行政正职要高度重视并以身作则，带头执行规章制度，重视安全管理工作，坚持严格管理，强化过程控制，严厉查处违章行为，严格落实各项管理制度，提高对车辆和人员的管控能力。

一、辽河油田公司创新管理提升交通安全保障水平新做法

辽河油田地跨辽宁省、内蒙古自治区的 13 个市（地）、35 个县（旗），年生产原油 1 000 万 t、天然气 8 亿 m^3，油品以稠油、超稠油和高凝油为主。重组整合后，辽河油田公司现有各类用工 11.4 万人，下设油气生产、工程技术、矿区服务等 54 个二级单位和 9 个直属公司，共有 82 个建制车队，拥有客车、危化品运输车、油田特种专用车等 9 大类车辆共 11 000 台，驾驶员 8 700 余人。

几年来，交通安全管理工作坚持“安全第一、预防为主”的方针，认真贯彻集团公司总体部署，严格按照 HSE 体系文件要求，从基层基础工作入手，突出风险识别与控制，不断提高认识，开阔思路，创新方法，强化责任落实和制度执行，取得了较好的效果。重组整合以来没有发生一起 A 类以上交通安全责任事故，特别是近年没有发生任何交通事故，有力地保障了油田公司生产经营工作的顺利进行和企业的和谐稳定发展。

辽河油田公司创新管理提升交通安全保障水平新做法主要有：

1. 增强对交通安全工作重要性认识，持续加强组织领导

油田公司各级领导，特别是主要领导，高度重视交通安全管理工作，谢文彦总经理身体力行，带头践行有感领导，多次强调："各级领导干部要带头严格执行交通安全管理制度，要从上车系安全带做起，管住身边人，管好家里人，消除管理漏洞和死角。"公司上下不断强化"安全为天，生命至上""安全生产是企业核心价值"的理念，将交通安全与生产安全放在同等重要的位置，树立"一切事故都是可以预防的"思想，充分认识安全、生产与效益的辩证统一关系；充分认识事故的偶然性与必然性及其相互转化的关系；充分认识"人、车、路、环境"内在联系和辽河油田 11 000 台车辆，就是一万多个流动的危险点源的客观现实；充分认识交通安全对辽河油田建设"四大基地"、实现"三大目标"的重要保障作用。认真分析交通安全的形势，正确把握规律性，提高预见性，克服"头疼医头、脚疼医脚"的局部思维定式，树立系统化思维，从战略和全局的高度，防控各类可能的风险，"以一万的努力，防止万一的发生"。

油田公司不断加强对交通安全管理工作的组织领导，按照《HSE 管理原则》和"有感领导、直线责任、属地管理"的刚性要求，明确各级班子的行政正职为交通安全第一责任人，层层签订交通安全目标责任书；将安全目标纳入业绩合同，督促主要领导将交通安全与生产经营同步筹划、同步推进、同步考核。

油田公司千方百计保证交通管理所需资源，在机构人员编制都十分紧张的情况下，成立了安委会领导下的油田公司交通管理中心，配备 10 名敢于负责、精于管理的同志，从事交通安全监管工作。各二级单位也都成立交通安全管理部门，配备 156 名专职交通安全管理干部。公司每年从单位操作成本中提取 0.05%的交通安全措施费，用于交通设备设施的更新，配备车辆维护检修设备、安全检查和教育培训工具，为所有车辆配齐了安全带，建立了油田公司 GPS 监控系统。

2. 积极开展"标准化车队"建设，有效夯实基层基础工作

交通事故个案的发生，凸显的是人、车、路、环境中某一个"局部缺陷"，但究其规律和深层次原因，都存在事故隐患的"综合病症"。因此，预防交通事故，必须建立综合性、系统性、全方位、全过程的标准化管理体系。

油田公司为了牢牢抓住基层车队这个交通安全管理的基本单元，从 2008 年起开展了"标准化车队"创建工作。创建工作以"规范管理，确保安全"为目标，提出"制定创建标准、抓实标志性载体、明确检查考核标尺、选树典型示范标杆"的思路。从指导思想、机构建设、理念宣贯、教育培训、人员、车辆管理和安全管理、道路和设备管理、风险防控管理、专项整治、奖惩考评 10 个方面，制定了涵盖 6 大要素、26 个小要素、43 条具体内容的《交通安全标准化车队建设标准》，配套制定了考核办法。实行千分制考核，每半年对基层车队进行一次考核，对获得 950 分以上的车队授予"标准化优秀车队"的称号。目前已有50个车队获得了这一称号。在“标准化车队”创建工作中突出“四个注重”：

（1）注重制度统一性。油田公司统一制定了“八大”制度，涵盖了交通安全管理的各个方面，实现了交通安全“无缝隙”管理。特别是按照直线责任和属地管理的要求，完善了《交通安全责任连带制度》和《车辆回场告知制度》。明确了车辆管理单位、使用单位和带车人在车辆使用过程中的安全责任，形成合力，及时制止各种不安全行为，确保安全行驶。

（2）注重风险预见性。认真执行HSE体系规范，落实风险识别和控制措施。一是驾驶员风险识别，从驾驶员健康状况、婚姻家庭情况、性格特点等方面，查找影响安全行驶的因素，制定针对性措施。二是车辆技术状况风险识别，重点查找车辆转向、刹车、传动、灯光等方面存在的问题，及时排除隐患。三是行车路线风险识别，确定危险点源，制定防范措施，做到“一患一案一牌”。同时，建立恶劣天气预警机制，利用短信平台，对所有驾驶员、车管干部进行预警，落实相应措施。

（3）注重车辆受控性。坚持车辆调派制度、回场告知制度、路单签字制度和值班干部带车制度，规范车辆的调派、运行、回场签字管理。节假日期间，实施交通安全升级管理，严格实行“三交一封”制度，加大违章违纪处罚力度。落实车辆定期检测制度，保证车况完好，杜绝“带病”运行。

（4）注重教育针对性。坚持因人而异，因材施教，对症下药。对AB类驾驶员，实行“师带徒”“一对一”跟踪培训指导；对个别“特殊人员”，进行重点帮助、重点监控，随时掌握他们的思想动态、身体状况；对七座以上客车、危化品运输车、长途车驾驶员经常“开小灶”“吃加餐”，着重进行安全理念和技能培训。开展事故案例和“未遂事件”教育，进行安全经验分享，做到举一反三，警钟长鸣。

辽河油田公司“标准化车队”建设做法，得到了辽宁省交通安全系统的肯定和高度评价。在全省标准化示范运输车队评比中，辽河油田公司有3个车队被评为省“标准化示范车队”，占全省“标准化示范车队”总数的7%。

3. 围绕防控重大交通安全风险，不断强化监管措施

在强化基层基础工作的同时，油田公司采取各种有力措施，不断强化道路交通安全监控，收到较好效果。

（1）专项整治法。针对不同时期形势和特点，油田公司与公安交警部门协同配合，先后组织开展“迎奥运，文明出行”百日交通安全专项整治；“迎国庆、保平安”交通安全专项整治；大、中型客车、危化品运输车、长途车等重点车辆专项整治以及矿区道路专项整治。重点查处无证驾车、超速驾车、酒后驾车等“十大不安全违法违规行为”。在2012年，先后组织专项检查23次，检查车辆1 900余台次，查处违法违规车辆112台次。通过专项整治，驾驶员违法、违章、违纪现象持续减少，交通事故数量逐年下降。

（2）GPS监控法。建立了覆盖全油田公司的GPS监控系统，设立公司级监控中心1

个，基层监控室 76 个，对所有危化品运输车、送班大客车、油田特种作业车、生产指挥车实施三级 24 小时监控，定期通报监控情况，有效控制和减少了违法违规行为。

(3) 氛围营造法。制度管理管住人，文化管理管住魂。油田公司通过不断探索实践，形成“‘1+1’亲情助安全活动、路单提示、阵地熏陶、技术比武”等生动载体，营造交通安全文化氛围，强化司乘人员主动安全意识，培养良好行为习惯，推动员工从“要我安全”到“我要安全”的转变。

(4) 情感关爱法。建立驾驶员休息室，保证驾驶员充分休息；建立完善阅览室，配备各类书籍、报刊供驾驶员学习；建立员工活动室，配备健身器材，定期开展文体活动，丰富和活跃驾驶员业余文化生活；将交通安全的触角延伸到私家车驾驶员，通过组织私家车俱乐部等方式，对私家车驾驶员进行交通法规和安全常识教育，提升私家车驾驶员珍爱生命、平安出行的安全意识。

经过公司领导与员工的共同努力，交通安全管理工作收到明显效果，基层基础工作得到夯实，交通事故率逐年下降，保证了运输安全。

二、大连石化公司强化管理职能确保车辆运输安全新做法

大连石化公司隶属于中国石油天然气公司，现有炼油生产装置 48 套，化工生产装置 7 套，年原油一次加工能力 2 050 万 t，能生产汽油、煤油、柴油等石化产品 200 多种，员工总数 6 900 余人。公司下设建筑安装工程总公司、运输公司、港务公司等十几个具有法人资格的专业公司，现有货运车辆、特种车辆等各种机动车辆 595 台，驾驶员 600 余名，主要承担着各种货物运输、场内运输任务。

近年来，大连石油化工公司把保证机动车辆运输安全作为首要任务，健全管理机构，完善管理制度，强化管理职能，保证了运输安全。

大连石化公司强化管理职能确保车辆运输安全新做法主要有：

1. 强化管理，建立三级运输安全管理机构

建立运输管理机构是搞好运输安全的基础。公司为加强运输工作的管理，建立了三级运输管理机构。一是成立了公司级运输管理委员会，主要任务是根据集团公司和地方政府的工作要求，抓公司运输安全动态，研究、布置公司的运输管理工作。二是根据二级单位分布情况及经营范围，成立二级运输管理委员会。二级运输管理委员会在公司运输管理委员会的直接领导下，负责本单位的运输安全工作，做到分级管理，各负其责。三是成立了基层运输安全活动小组。根据各单位的分布情况，把全厂所有驾驶员分成 10 个运输安全活动小组，每个小组 50 人左右，从中推选一名责任心比较强的同志担任组长，根据公司运输管理委员会的安排，定期组织驾驶员进行安全活动。

为了强化管理，建立了运输安全例会制度。公司运输管理委员会每月组织两次运输安全组长会议；每月组织两次驾驶员安全活动日。公司每个驾驶员都必须在各自的运输安全

活动小组参加学习。因出车任务不能参加的，回来后要补课，把公司布置的运输安全工作直接落实到驾驶员。这样使全公司的运输安全管理工作形成三级管理网络，横向到边，竖向到底，为搞好运输安全管理工作奠定了基础。

2. 吸取事故教训，健全运输安全管理制度

几年来，在运输安全管理工作的实践中，公司根据以往的事故教训不断总结经验，建立和完善各种运输安全管理规章制度。

（1）吸取教训，强化管理，逐步建立健全规章制度。由于公司地处沿海丘陵地带，进入公司大门就是一处15%坡度的下坡路，有300余米长。过去，每到上班时间，机动车、自行车进了大门顺大坡往下快速滑行。因车速快，曾发生过自行车撞人，造成重伤；运输车辆刹车失灵，最后越过铁路，撞在房屋墙上，造成车辆严重受损的事故。针对这些问题，经过调查研究，公司制定了《厂内道路交通管理规定》，规定中明确提出：企业内机动车辆最高限速每小时25 km，坡路自行车不准骑行。规定出台后，受到很多冷嘲热讽的攻击，但在领导的支持下，坚持严格执行规章制度，组织交通管理人员配备测速仪，坚持检查、抽查，发现违章问题不仅批评教育，而且进行罚款处理，机动车超速最高一次罚款300元。同时，对企业内行驶的车辆，参照国家交通管理办法，在厂区主要道路上画出了交通标线，明确机动车、非机动车、行人的通行路线，实现各行其道，通行有序；并且还按国家标准，设置了百余面指示、禁令、警告等交通标志，提醒驾驶员遵章行车，并坚持经常性的检查，强化管理，使厂内各种车辆各行其道，井然有序。通过事故教训，建立健全规章制度，使企业内交通运输安全管理工作收到明显效果。

（2）适应新形势，研究新问题，不断完善规章制度。随着改革形势的不断深入，各二级法人单位有了用工自主权，各单位用工形式出现了多元化的趋势。部分有车单位，根据工作需要，在社会上聘用机动车驾驶员，这些人如何用，如何管理，给运输安全管理工作带来了新问题。本单位驾驶员都按规定及时参加公司组织的安全活动，出现违章及事故等问题，可以采取经济处罚、给予行政处分等方法，对外聘驾驶员怎么管理？弄不好一旦出现交通事故，人跑了却把责任留给企业怎么办？针对这些情况，公司及时修订下发了《外聘机动车驾驶员管理规定》，对外聘驾驶员的资质、驾车年限、安全行车公里数等均做了明确的要求，在履行规定的考核、审批手续时，还采取需要有一名在职职工做“担保人”，并要求交纳一定的风险“抵押金”的措施。这个办法出台以后的实施过程中，受到各二级法人单位领导的赞同及支持，保证了在机动车驾驶员的管理上不留死角，使外聘驾驶员“管得住、管得好”。

几年来，公司在交通运输安全管理工作实践中，不断总结经验教训，逐步完善规章制度，先后制定了《交通安全管理办法》《办公用车管理规定》《节假日出勤车辆管理规定》《长途车辆管理规定》等规章制度，使公司交通运输安全管理工作有章可循。

3. 抓住交通安全的关键，搞好驾驶员队伍建设

搞好交通安全的关键，在于驾驶员队伍的建设和管理。为了建设一支好的驾驶员队伍，公司采取的主要做法是：

（1）抓教育，提高安全意识。对驾驶员的安全教育历年来都作为首要工作，驾驶员每月两次安全活动为规定时间，人人都要参加；利用安全活动时间对驾驶员进行安全行车教育、职业道德教育、交通法规学习，努力提高驾驶员的整体素质；同时还结合一些典型的事故案例，吸取教训，举一反三，提高驾驶员水平。除此以外，还进行一些有针对性的特殊教育，比如冬季雨、雪天气的行车教育，高速公路行车教育，事故现场教育等。每年年初，公司还要求每个驾驶员签订一份交通安全保证书。通过这些形式的教育，逐步增加了驾驶员的安全行车经验，提高了驾驶员遵章守法的自觉性，为交通运输安全打下基础。

（2）抓练兵，提高技术素质。目前公司的新驾驶员比较多，这部分人的技术水平比较低，为提高他们的技术素质，分批对他们进行技术培训，通过培训，来提高他们的技术水平，特别是安全驾驶的水平。2002 年以来，公司配合地方交通、消防管理部门，组织货运驾驶员从业资格培训、驾驶员职业技能培训及危险品驾驶员消防安全培训等培训班三期，培训驾驶员 520 余人次，收到了较好的效果。为提高全体驾驶员岗位练兵、学习专业技术的积极性，公司每年第四季度都组织一次全体驾驶员参加的技术大比武活动。经各基层单位的层层选拔，选出十名优胜者参加公司级大比武，最后评出技术状元 1 名，奖励 1 000 元；技术标兵 2 名，各奖励 400 元；技术能手 3 名，各奖励 200 元。在这些活动中，广大驾驶员都能积极地报名参加，调动了学习技术的热情。

（3）抓考核，合理使用驾驶员。对全公司的驾驶员，实行了“综合考核，统一管理，分类使用”的措施。为全公司 600 余名驾驶员建立了档案，对技术素质、违章情况、事故情况等均记录在案，实行动态管理。根据其综合情况分为三类：一类是放心驾驶员，他们可以从事长途及危险品货物运输，可以驾驶大型客车以及从事一些比较重要的工作；二类是一般驾驶员，这些人可以从事普通货物运输；三类为重点驾驶员，由于这些人的驾驶水平所限，实行控制使用，给他们指定行驶范围和行驶时间，经常进行一些技术指导，对因生理和技术原因不适于驾驶工作的，坚决调离驾驶员岗位。如公司有位驾驶员，几年中因为同一种原因，几次发生同一种性质的交通事故，虽然限制在一定范围使用，但仍不能保证安全行车，为确保交通运输安全，认定此人不能继续驾车，当机立断调离驾驶岗位，取消其驾车资格，另行安排工作。

（4）坚持考核、培训、放开原则，加强对新驾驶员的管理。对新启用驾驶员的使用，必须在履行审批程序的基础上，坚持“一考、二训、三放开”的原则。“一考”就是对所有新启用驾驶员，不管是在部队或地方取得的驾驶证，必须经公司运输安全管理部门组织进行逐项考核，达不到标准的不允许使用；“二训”就是对达到了上岗条件的驾驶员，必须进行为期三个月的“以运代训”，选择有经验的老驾驶员作陪教，培训期满须再次考核，合格

后方能独立驾驶；“三放开”就是对考核合格的驾驶员在上岗时，指定驾车行驶范围，先厂内、后厂外，先近后远，逐步放开。由于采取了这种做法，三年来新起用的驾驶员未发生一起交通事故，既保证了交通安全，也圆满地完成了各项生产任务。

(5) 抓纪律，提高遵章守纪自觉性。为了最大限度地减少非生产用车，降低事故概率，杜绝出私车现象，公司各二级单位都制定了办公用车管理制度，由专人负责车辆安排。各有车单位均建立出车台账，每次出车都要填写出车单（证)，公司运输管理部门还经常到各单位检查执行情况。除此之外，还不定期到路面检查出车纪律，凡无出车单（证）的视为出私车，对驾驶员按出私车进行处理。同时，对节日出勤车辆进行严格控制。节日放假期间，确因工作需要出勤的车辆，首先由用车单位提出申请，公司运输管理部门根据生产的实际情况审批；对与生产无关的车辆，则坚决不准出车，确实需要的办公用车也尽量压缩到最低限度。另外，对节日出勤的车辆进行严格检查，对驾驶员进行安全教育，绝不允许节日期间利用公车走亲访友，特别是驾驶员绝对不能酒后驾车。公司还制定了《出私车处罚规定》，对于出私车的驾驶员，一经发现吊扣驾驶证三个月，如果发生交通事故除吊销驾驶证外，还要赔偿全部经济损失。

4. 强化车辆管理，是保障交通安全的根本

车辆状况好与坏直接影响行车安全，抓好车辆状况的检验和车辆更新，是交通管理的重要工作。多年来，在车辆状况检验中，主要采取三种方法。

(1) 坚持定期检验，即月检、季检、年检。每次检车时，每台车的检验情况由检车人员填写检验单，记录存档。凡是在检验中发现有不合格的车辆立即收缴行驶证，停车修理，待复检合格后才准予行驶，不放带病车上路。对检车不合格的，根据具体情况，对驾驶员还要相应地进行处罚。为了保证车检的质量，还培训了一批检车员，他们在车检中都能做到按要求严格检查，不漏项，在车辆管理中发挥了积极的作用。

(2) 坚持车辆检验制度。对于运输车辆，坚持定期检验，据不完全统计，每年进行的车检都在 8 000 台次左右。正是由于坚持在车辆检验上下功夫，多年来全公司没有一起因车辆技术状况而引发的交通事故。

(3) 加大投入，更新车辆，从根本上解决车辆运输中存在的隐患。重组改制前，由于车辆更新投入不够，车辆状况较差，已到报废期并办理延缓手续的车辆占总数的 44.6%，给交通运输带来不安全因素。为了保证物资运输安全，特别是化学危险品运输安全，公司组织对危险品运输车辆进行认真检查，对不符合要求的车辆改为普通货物运输或作报废处理，并投资对部分车辆进行更新。2003 年以来，公司共投资 1 000 余万元，更新客车 28 台，货车 56 台，使公司车辆状况得到根本好转，虽然增加了成本投入，但为保证交通运输安全提供了保障。

几年来，公司在安全管理工作中深刻认识到：车是“死”的，人是“活”的，要做好交通运输安全管理工作，关键在人，关键在于如何管理驾驶员，关键在于提高驾驶员的素质，提高驾驶员的安全意识。针对出现的新情况、新问题，要与时俱进，取长补短，在实践中不断创新，扎扎实实做好交通运输安全管理工作，为公司的稳定和发展提供有力的保障。

三、兰州炼化总厂运输公司做好管理确保运输安全新做法

兰州炼油化工总厂是一家大型化工生产企业，总厂下属有多家辅助性企业，其中总厂所属运输公司，主要承担为兰州石化公司东区各装置的生产、建设、检修提供化工原材料和各类物资的代理采购、仓储、供应服务，承担兰炼总厂的物资供应等任务。运输公司拥有各种库房 87 座，大型料场 2 个，仓储总面积 8 万 m^2；现有各种车辆（包括企业内机动车辆）455 台，其中货运车辆 135 台，有 3 个货运汽车运输队。

针对运输单位事故多的特点，企业在内机动车辆和其他运输车辆的管理上，运输公司严格交通安全管理，不断加大对危险品运输管理的力度，认真接受安全、质检、消防、检测等部门的监督检查，坚持“安全第一、预防为主”的安全方针，从思想上高度重视，方法上注重源头管理，近 10 年没有发生道路运输安全上报事故。

兰州炼化总厂运输公司做好管理确保运输安全新做法主要有：

1. 领导重视是实现安全目标的关键

道路货物运输具有危险性大、流动性强、技术含量高和突发性事件多等特点，故又称为流动的危险源。为此，公司在每一年年度安全工作安排中，都把货物运输整治工作放在重要位置。运输安全说到底是一种系统管理，在这一系统管理中领导是关键。近年来，企业内部管理发生了较大的变化，生产经营格局也发生了重大变化，但是不管怎么改、怎么变，各级领导坚持“安全第一”的管理原则没有变。

（1）坚持谁主管谁负责的原则，层层签订安全目标责任书，分解年度安全指标，并将安全指标同经济责任制挂钩，同党支部建设达标活动挂钩，同“创先争优”活动挂钩，充分体现安全一票否决的权威性。

（2）实行领导干部承包重点要害部位安全责任制。公司制定下发了《关于领导干部承包安全生产关键岗位和要害部位管理办法》及事故预案，明确了各级领导负责的安全要害定点部位，提高了各级领导重点防范意识。承包干部将危险品运输车辆作为防范的重点，对关键点的安全工作心中有数，事故预案切实可行，确保了关键设备和要害部位的安全生产。

（3）落实风险责任，强化生产过程的安全控制。公司按照总厂制定的《各级安全负责人安全风险押金管理办法》，实行安全风险责任抵押金管理，不仅造成一种声势，而且增强了可操作性，使责任人更清楚地认识抵押风险，明确责任，激发风险意识，更自觉地做好责任区的安全工作。

（4）坚持每月进行一次安全综合检查。由领导带队组织管理人员和技术人员，深入各

班组、现场，检查安全活动内容和制度落实情况，并重点对运输车辆逐台检查，发现问题及时整改，使安全工作较好地实现了“三个转变”，即从事后处理向事前预防转变，从传统管理模式向现代化管理模式转变，从“要我安全”向“我要安全”和“我会安全”转变。使全体职工的工作时时处在有形、无形的提醒、监督、关怀之下，事事引起高度警觉，避免各种事故发生。

（5）加大路查路检力度，查处违章货物运输行为。为了保证货物规范运输，以危险化学品运输安全为重点，查《道路危险货物运输管理规定》执行情况、危险品运输车辆设施及设备技术状况、人员持证上岗情况，纠正查处道路危险货物运输中的违规行为。2002 年以来，公司先后组织 6 次全厂危险货物运输检查活动，共查扣超速违章车辆 65 辆，查扣证件 5 车（次），发出事故隐患整改通知书 4 份。各单位在日常路查工作中也把危险货物运输检查作为一项重要内容，对危险货物运输安全起到了保障作用。

2. 制度健全是实现安全目标的保证

安全靠管理，管理靠制度。近年来公司遵照国家及各级政府部门要求，按照企业系统各级组织和领导指示，狠抓建章立制工作。

（1）根据各岗位、工种的工作范围、工作职责，制定了一岗一责制，使各岗位职工知道自己干什么、怎么干、负什么责任，确保了各岗位工作安全有序进行。

（2）制定了日常管理制度，做到工作按程序、考核有标准。

（3）货物运输单位结合各自工作特点，制定安全职责 14 项，特种车岗位责任制 4 项，液氨、液氯、二氧化碳 3 项运输规定；同时还制定了液氨、液氯、车用燃油、石油液化气等 9 项事故预案。

（4）建立了安全制度执行情况记录，重点是液氨、二氧化碳等危险化学品运输制度执行情况的记录。公司在规定驾驶员、押运员执行本单位规章制度及本岗位职责的同时，又把液氨、二氧化碳运输规定、事故预案、司机、押运员责任制、培训教材等，给司机和押运员人手一套，随车携带，认真阅读照章执行。在运行中做到“三检制”的同时，还专项建立了液氨、二氧化碳车制度落实、检查记录，做到跑一趟、查一次、问一遍；谁查、谁问、查谁、问谁都逐一记载。

3. 加强职工安全教育是实现安全目标的基础

运输安全管理说到底是对人的管理，制度要靠人去执行。道路危险化学品的运输，直接关系到人民生命财产安全和运输企业的效益。因此，搞好对职工的教育，是实现运输安全目标的基础。多年来的经验说明，基础不好，制度难以落实，管理工作也落不到实处。抓驾驶员安全工作的重点是抓驾驶员的遵章守纪教育。公司通常采用集中与分散相结合的方法，搞好驾驶员的教育，强化驾驶员的安全意识和法制观念。

（1）认真组织班组安全活动，把班组安全活动的“三落实”作为安全源头管理的重点来抓。运输单位根据各自工作的特点，并结合改革缩编后的经营形势，改变了学习读材料、讨论空对空、人员不落实的问题。在活动时间上不强求统一，各队根据生产实际，在保证内容和人员落实的前提下，确定本队的班组安全活动时间，使活动内容得到落实，参加学习率明显提高，避免了“一锅煮”的现象，效果较好。

（2）组织职工参加各种培训。新调进的职工，落实了厂里的“三级安全教育”制度；特殊工种岗位的职工，统一参加厂里组织的培训、取证。拉运危险品运输的驾驶员、押运员按要求参加消防、质量监督局、运输管理等部门的培训，取证人员达 79 人次，并且都考试合格，取得了所有证件。

（3）选派思想素质、技术素质较高的同志，担任危险品罐车的驾驶员、押运员。其条件是：①驾驶经历、押运经历都必须在 5 年以上；②技术熟练，工作态度好，责任心强，家庭状况较好，没有闹家庭矛盾；③年龄在 30～51 岁之间以保证车辆的行驶安全，杜绝重、特大事故的发生。

4. 设备日常维护是实现安全目标的重要环节

领导再重视、制度再健全、司机素质再过硬，车的状况不好也会出问题。因此，在设备维护保养上，特别注意做好以下三项工作：

（1）驾驶员坚持日检查。坚持每日维护经常清洗、保养、紧固部件、部位，适时清换机油、三滤和更换润滑油。

（2）车队坚持周检查。检查设备是否完好有效，查看记录本签字和记分本，并督促驾驶员搞好平稳操作，不超载、不超速、不猛烈加速、避免紧急制动。

（3）二级单位坚持月检查。拉运危险化学品车辆年检、罐体检测合格，标志灯牌、设施、设备齐全，持证驾驶的方可出车，凡有一项不合格则停驶。

总之，几年来通过建立健全安全管理制度，落实安全生产责任制，消除隐患，加强运输安全管理，杜绝了各类运输车辆和人员严重事故的发生。

四、新疆石油管理局提升车辆设备交通安全管理水平新做法

新疆石油管理局隶属于中国石油天然气集团公司，主要从事石油及天然气的钻井、录井、测井、试油、井下作业等钻采工程技术服务和低效油田开发、工程建设施工、机械制造、公路运输、发供电、给排水、通信等业务，是一个以石油工程技术服务为主的地区综合性服务企业。

新疆油田地处准噶尔盆地边缘，这里地域偏远，气候条件恶劣。油田的生产和人们生活的物资都要依靠道路运输解决，车辆设备的状况直接关系到油田生产的正常进行。全局拥有各类油田运输设备 4 700 余辆，其中石油专用车辆 700 台。近年来，新疆石油管理局在坚持依靠科技进步、促进生产发展的前提下，配备专职管理人员，完善设备更新、维护保养制度，及时协调解决设备管理中出现的问题，有效地保障了生产的正常进行。

新疆石油管理局提升车辆设备交通安全管理水平新做法主要有：

1. 完善规章制度，加强车辆管理

新疆石油管理局针对所属单位改制，车辆产权发生变化的新问题，及时出台了《新疆石油管理局机动车辆管理办法》，加强了车辆清理、整顿力度，对车辆户籍不清等情况进行了清理和变更登记，理清产权归属，划清了安全责任，避免了责任连带。对达到国家强制报废标准或技术状况不能满足安全运行要求，并且无恢复价值的车辆及时办理销户手续，消除了车辆本质性重大安全隐患。

在日常的车辆管理上，管理局实行了“分级管理、分类维护、全过程管理”的模式，认真执行出车前的车辆安全检查和出车后的回场检查的管理制度，实行车辆定期维护保养、三级检验制度，有效地保障了车辆运行的安全。管理局还及时修订了《机动车辆管理办法》和《车辆机械事故预防措施》等制度，局属各单位结合本单位生产实际，通过 ISO 9000、HSE 等管理体系建设，制定相应完善的设备管理制度等程序文件。在车辆、设备管理中推行规范化管理，实现从车辆、设备的规划、选型、购置、安装、使用、维修、改造、报废直至更新全过程的有效控制，建立设备变动与运行、故障、检验、保养、维修、润滑在内的设备技术档案，设备良性循环的运行机制得到了完善，设备综合管理工作步入规范、有序的良性发展轨道。

2. 做好培训工作，提高全员素质

随着生产的发展，各种大型、新型号车辆设备不断增加，车辆的技术含量增高，正确的操作和维护对延长设备使用寿命和提高经济效益至关重要。管理局通过各级职工培训学校，对干部、职工从管理、技能、安全、岗位责任等不同方面进行长期、统一的培训，同时在基层单位积极开展岗位技术练兵和技术教育工作，将职工的技能等级与工资挂钩，极大地激发了职工学知识、学技术的热情，干部职工在理论及技能水平上有了新的提高。

3. 开展专项活动，做好交通安全工作

管理局结合行业和地区特点，按照国家和集团公司的要求，在抓好车辆设备日常维护工作的基础上，突出交通设备的安全管理，并坚持开展专项整治活动。

（1）开展车辆设备整修活动，确保设备本质安全。及时消除车辆存在的事故隐患是预防机械事故、确保车辆安全行驶的关键，管理局坚持“车辆安全是人的安全和道路安全的基本保障”这一基本原则，始终将车辆设备的维修保养作为一项重要工作来抓，实行归口管理，除开展正常的维修保养外，管理局各单位利用冬季的生产淡季，集中进行车辆的大修保养。对有故障或存在安全隐患的车辆，实行强制性修理，对设备修保实行班组、修保厂、公司三级检验，层层把关，确保质量安全。

（2）开展了危险化学品运输安全专项整治活动，确保危险化学品运输安全。根据集团公司对危险化学品的有关规定，全面开展了危险化学品运输安全专项整治活动，对从事运输危险化学品的罐车喷涂警示标志和中石油标志；对承运人责任险不健全的，进行了完善；对不符合危险化学品运输的罐车，进行了更新和调整。

（3）开展冬季安全无事故竞赛活动，做好冬季安全运输工作。新疆冬季天冷路滑，冰雪路面多，容易发生道路事故。为保障冬季道路交通安全，管理局制定了冬季16时后严禁派发长途车辆的规定，实行了长途车辆安全交底和长途派车单的制度，并开展出车前的安全讲话制度，及时进行风险提示，教育驾驶人员降低行车速度，保持安全距离，确保了冬季道路交通安全。

（4）开展交通安全专项整治活动。重点进行反违章、降车速，确保道路交通安全等活动。与交警部门配合开展道路交通安全检查，抓车辆超速行驶、驾驶员疲劳驾车、路口争道抢行等违章操作的检查。通过开展活动，各类事故明显减少、经济损失大幅度降低，收到了比较好的效果。

4. 夯实基础管理，提升车辆设备管理水平

近几年，管理局在狠抓车辆设备重点工作的同时，不断加大基础管理力度，重点在管理实效上狠下功夫，取得了较好的成绩。

（1）设备验收制度进一步完善。为了加强设备管理，保证购置设备的质量、技术性能安全可靠，明确管理职责，成立了设备、物资检查验收管理机构，由质量、合同、安全等部门对设备按照合同进行验收，确保设备质量安全。

（2）风险识别和HSE/OSH体系管理得到加强。管理局始终坚持运用科学的管理体系指导和检查工作，在推行和实施HSE/OSH管理体系过程中，把重点放在风险管理和事前预防上，相继修订完善了《驾驶员作业指导书》《液化石油气槽车运输作业指导书》《煤炭拉运输作业计划书》和《客运作业计划书》；制定了《夜间行车作业计划书》。通过编制计划书，把人、机、环境相互影响、相互作用可能产生的危险因素，全部纳入了控制之中，基本上实现了“一品一书，一线一书”，把交通风险的事前预防、超前控制落到了实处。

（3）交通安全不断加强，管理更加科学规范。针对运输生产的特点，制定作业计划书和指导书，组织驾驶人员进行学习。对道路风险点源进行安全评价，制定有效防范措施，对专线运输路线，绘制道路及环境情况提示卡，标注不同路段、不同气候条件下的安全行车要求，人手一卡，有效地指导了驾驶人员安全行车。

（4）车辆设备动态管理不断加强。管理局现有500多辆车安装了行车记录仪，并及时制定了《行车记录仪管理办法》，把行车记录仪采集到的数据作为驾驶员安全教育、违章处罚的依据，充分发挥了行车记录仪电子警察的作用。同时，加强了生产现场的动态管理，严厉查处“三违”行为，在事故多发的重点路段，设立了人性化的安全警示标志，并与运输生产沿线交警密切配合，加大道路运输的管理控制力度。另外，通过采取“三查一改”（自检自查、定期检查、不定期抽查、整改）措施，保证特种车辆作业安全，有效地消除了作业过程中的安全隐患。

（5）交通安全奖惩得到落实。为了杜绝重特大交通事故，引导交通安全向好的方向发展，管理局在驾驶人员中开展了安全“百万公里”优秀驾驶员评选活动。对安全行驶100

万 km、130 万 km、160 万 km、200 万 km 的驾驶人员在全局的安全生产表彰会上进行奖励，给获得先进的驾驶人员颁发奖状和奖金，为获得百万公里及以上的优秀驾驶员制作安全行驶百万公里牌匾。此项措施的施行，极大地增强了广大驾驶人员安全驾驶的信念，在基层单位营造了遵章守纪，精心操作，安全行驶，向标兵看齐，争做百万公里优秀驾驶员的良好氛围。

几年来，石油管理局通过一系列奖惩措施，把安全工作绩效和个人的切身利益挂钩，严考核、硬兑现，促进了安全责任逐级落实。通过开展“强三基、反三违、严达标、除隐患”为主题的“安全环保基础年”活动，进一步完善了安全生产责任制，促进了企业所属车辆安全管理的良好发展，取得了较好的成绩。

第二节　道路运输企业安全文化建设与事故预防新做法

企业安全文化是企业安全管理的灵魂，是企业安全生产之本，只有抓好安全文化这个“本”，建立安全生产长效机制才有基础和保障。企业安全文化的表现形式，主要体现在员工的安全意识、安全知识、安全技能、安全应急能力、安全制度认知、安全思维方式等方面。因此，企业应将安全文化作为企业建设的重要组成部分，纳入工作日程，积极给予大力支持。

一、扬州汽车运输集团构建特色安全文化体系促安全新做法

江苏扬州汽车运输集团是国有大中型企业，主营道路旅客运输、城市公交、出租汽车，兼营汽车修理、旅游服务等多种产业，是扬州地区规模最大的公路客运龙头企业。集团下辖 17 个分公司，12 个子公司，现有职工 2 300 多人，资产总值 6 亿多元，拥有各类营运车辆 878 辆，客运班线 200 余条。

近年来，扬州汽车运输集团围绕《中国企业文化建设发展规划纲要》及交通部《交通文化建设实施纲要》，遵循以人为本的发展理念，以企业文化建设为抓手，确定了“满意创造价值”的核心价值观，提炼出“遵纪守法、关爱生命”为核心的安全文化理念，构建起特色化、系统化、独特性的扬汽文化体系，形成以安全文化、质量文化、班组文化等各具特色的文化支撑体系。近年来，先后被评为“企业文化建设百家重诚信单位”“交通运输文化建设示范单位”“全国企业文化建设示范基地”等荣誉称号。

扬州汽车运输集团构建特色安全文化体系促安全新做法主要有：

1. 精心策划，全面实施，构建严密完整的企业文化体系

扬州汽车运输集团在 2006 年成立了企业文化策划委员会，进行企业文化理念（MIS）、

行为（BIS）、视觉（VIS）三大系统的全面策划，提炼出企业 60 年的文化精髓，归纳出公司核心价值观——“满意创造价值”，构建起以内层（核心价值观）、中层（企业制度文化、行为文化）、表层（视觉识别系统）三个层面的企业文化体系。

（1）从精神文化层面，形成了以理念识别系统为核心的扬汽文化体系。企业理念识别系统是 CIS 整个系统中的核心与灵魂。公司精心设计了以“满意创造价值”的核心价值观为内核，以 18 个基础理念为核心的理念体系并扩展到分支文化，组成了完整的企业文化理念系统，使企业文化获得强大的生命力。

满意：以满足需求、以人为本为指导方向。要求做到：客户满意、员工满意、市民满意、政府满意。

创造：以实现满意服务为目标，不断超越自我、超越同行的创新活动过程。内容包括：服务创新、标准创新、管理创新和文化创新。

价值：实现满意服务前提下多种价值观共同实现的价值体系。包括客户价值、员工价值、公司价值和社会价值。

（2）从制度文化层面，编制了公司企业文化体系的主要载体——《扬汽文化大纲》。2006 年起，扬汽集团对 60 多年丰富文化资源进行全面梳理和归纳，形成了完整的企业文化载体——《扬汽文化大纲》，包括《理念篇》《行为篇》《视觉篇》和《管理篇》四册印刷读本。《理念篇》包括 18 个基础理念及释义；《行为篇》包括员工行为规范、行为礼仪、品牌策划等内容；《视觉篇》包括视觉识别系统的 370 个策划项目；《管理篇》包括 18 篇管理制度、1 篇质量管理培训教材、1 篇企业发展简史，精心选取 60 多年来成功的企业管理规章制度和方法。编写出精简版的《员工文化手册》，发至全体员工，作为操作实践中直接使用的作业指导书。

（3）从物质文化层面来看，形成了规范、统一的视觉形象。按照 CIS 企业识别系统，先后投资 1 200 多万元，对所有营运车辆全部更新为统一的企业文化标识，全面完成办公区域和工作场所视觉识别系统更新，制作了近千块企业文化展示牌，制成文化小卡片、设置桌卡、发放书签，为公司员工量身制作了统一的工作服，全面导入企业文化元素。

（4）从企业文化载体层面，丰富文化活动形式。近年来，公司不断创新形式，推进企业文化落地，开展“满意在交通、满意在扬汽”“文明礼仪伴我行”“放心消费”“走进扬汽、感受春运”和创建“工人先锋号”等各类主题活动，展示了企业风貌。编写出窗口岗位行为规范歌、《扬汽之歌》，职工会背会唱，策划实施十大品牌方案理念。通过举办扬汽文化演唱竞赛、企业文化现场会、理念系统知识竞赛、建司六十周年庆典等多种形式，使企业文化成为员工的共同取向、共同诉求和行为规范。

2. 理念导航，以人为本，构建特色化的安全文化分支体系

围绕“满意创造价值”的核心价值观，提炼出“遵纪守法、关爱生命”的安全文化核心理念。

“遵纪守法”即遵守有关安全管理、安全生产、安全作业的法律法规。要求所有具有管理职能的部门组织，主动全力支持安全管理部门的工作，安全管理的基础与重点在于经营服务一线涉及作业安全问题的员工，遵守相关法律与操作规程是企业安全作业的关键。

“关爱生命”即珍惜和保护生命的存在与延续，关爱生命的核心对象与内容是人的生命，具体为员工和客户的生命。关爱生命是核心价值观在看待生命价值标准时的延续，是对公司价值体系评判后所认定的最高价值，是公司长期坚持的价值标准和传统文化。

重视生命，是每位员工所应承担起来的责任，追求最高价值的体现。其重点之一是“关注健康”，即关心和爱护员工、客户的身体与精神健康。

3. 完善网络，建章立制，形成全方位的安全文化制度体系

（1）建立安全文化管理体系。在企业文化策划委员会的基础上，按照“统一领导、逐级负责、分块治理、全员参与”的原则，成立以总经理、党委书记、工会主席、各处室第一责任人为成员的安全生产委员会，实行“一把手负总责、其他领导各司其职、分管领导具体负责”的分工负责制，条包块管，各负其责。各二级单位设立安全生产领导小组，由行政第一责任人、支部书记、工会分会主席及相关行管人员组成，对本单位安全文化落地承担责任，形成全方位、多层次、覆盖所有岗位的安全监管网络。

（2）拓展安全文化制度体系。对照安全生产主体责任制，以制度的形式，明确和落实各层、各级和各岗位在安全文化建设中的责任。一是紧紧围绕“遵纪守法、关爱生命”的核心理念，制定安全管理职责 9 个，各级、各工种、各岗位安全管理职责制度体系 48 个。二是全面推进安全质量标准化。结合安全生产实际，制定并出台《安全生产标准化手册》，2009 年 5 月对该手册重新修订和完善，增加了“事故隐患排查治理 8 项管理制度”和“安全费用提取使用管理制度”等，从而使安全文化制度体系全面融入企业文化制度体系、执行体系，保障了安全管理规章制度更全面、质量管理更标准、责任更落实、考核更细化、奖惩更合理。

（3）建立风险与责任相结合的考评体系。为加强安全责任的落实，一方面，制定“安全生产事故责任追究制”，对安全生产事故必须查明原因，追究事故责任者、管理者、领导者的三方责任。另一方面，建立安全文化建设风险责任制，并扩大到党、政、工全体领导干部及安管人员。每年集团公司排出安全文化建设的“规定动作”和“自选动作”，对责任人实施全过程的动态考评、滚动考核，年终奖罚兑现，推动安全文化的落地。

4. 突出主题，拓展外延，形成特色化的安全文化活动载体

安全文化建设重点在基层、在一线，在于员工的行为导向。公司强化理念系统导入的同时，全面整合文化资源，通过搭建多形式、多途径、多渠道的安全文化载体，引导员工树立正确的安全价值观、安全使命、行为规范，使安全文化得到全体员工理解、认同、遵守和执行，增强了安全文化的感召力、渗透力、驱动力和影响力。

（1）主题活动重在抓特色。一是以四大活动为主线贯穿全年。精心组织策划每年的

“春节运输安全劳动竞赛”“安全生产月”“夏季安全生产百日赛”“安康杯”竞赛四大安全文化活动，通过举办安全知识竞赛、有奖问答、灯谜竞猜、播放光盘、编发教材、组织讲座等多种形式，使全体员工在潜移默化、寓教于乐中接受教育。二是以《事故隐患和职业危害监控法》为抓手严密监管。每年对危险环节、危险源点组织专人进行评估，报集团公司审核确定后，统一制作“危险源点监控标志牌”，在各危险环节醒目位置公布悬挂，明确危险源监控项目、监控责任人、监控级别、监控周期，接受员工监督。

（2）特色活动重在抓创新。近年来，针对驾驶员这个特殊群体，公司从关注员工身心健康、生活习惯入手，拓展安全文化外延，把“以人为本”“以情为怀”作为安全教育的重要形式，与驾驶员家属共筑安全防线。一是把驾驶人员作为关注焦点，坚持每年给一线驾驶员进行全面的健康体检，对驾驶员生理上、心理上、工作上给予人文关怀，凡是不适宜继续从事驾驶工作的都及时给予调整换岗。二是把安全文化延伸到 8 h 以外。采取电话查询或跟踪的办法，督促驾驶员合理安排自己的娱乐和休息。向每个驾驶员亲属发放“亲情联系卡”，定期开展家访活动，每年召开驾驶员家属座谈会，与驾驶员家属一起分析安全形势、介绍典型经验、剖析事故案例、通报安全状况，凡是驾驶员家庭有情况、有变故的，及时通过电话联系，妥善处置突发情况，保证了驾驶员能够宽心、安心、全身心地投入驾驶工作。三是把情感式交流作为安全文化的重要载体。连续 4 年组织开展驾驶员“十佳贤内助”评选活动，采取个人自荐、单位推荐、综合考评办法，每年举办“十佳贤内助”经验交流会、总结表彰会，让驾驶员家属叙家常、谈经验、说体会，让家庭、企业与驾驶员共同建起了“连心桥”，营造出亲情化、人本化的安全文化氛围。

（3）班组文化重在抓亮点。班组活动是安全文化的起点，以班组文化建设为单元，连点成线，以点带面，有效推进安全文化的全面发展。在集团所属企业中全部建成班组文化活动室，如快客分公司“四段式驾驶工作法”（出车前，要细心：检查车况美环境。迎客时，要热心：扶老携幼语文明。旅途中，要专心：按章行车眼耳灵。到达后，要尽心：答问指路多提醒），并在交通行业得到推广。又如以吉祥出租车分公司 1035 爱心车队为原型的影片《江北好人》作为十七大的献礼片在全国公映，引起了强烈的社会反响，迅速提升了企业知名度、美誉度，增强了企业文化的影响力、扩张力。

5. 加大投入，科技兴安，筑牢安全文化物质基础

几年来，公司以企业文化三大系统导入为抓手，以科技兴安、创建先进的安全文化为方向，坚定不移地实施“科技兴安”战略。

（1）加大硬件投入，提高技术水平。近 3 年累计投资 16 921 万元，更新车辆 391 辆，对所有的营运客车、出租车全部改制成统一的颜色和标识。紧紧围绕客运转型升级的需要，不断加大客运车辆技术升级力度，加速车辆更新，全面提升客运车辆等级、车辆技术状况，广泛运用新技术、新产品、新工艺，建立完整的车辆维护、修理等各项制度，强基固本，提高了车辆的舒适性、安全性、环保性，打牢安全文化的根基。

（2）加大科技投入，实现智能管理。公司先后投资 361.4 万元，在扬州汽车站建立"监控中心"，为营运客车及公交车全部安装行车记录仪、GPS 监控系统，购置大屏幕视屏，普及汽车行车记录仪和 GPS 卫星定位系统。GPS 监控中心实行 24 h 全天候监控，特别是在限制超速、超载、车辆越界运行、疲劳驾驶、车站区域治安管理、危险状态报警等方面，通过车辆定位、抓拍以及数据采集，实现了动态跟踪、全程监控，增强了道路交通安全管理的可视性和可控性。

二、乌鲁木齐市道路客货运输服务中心安全文化建设新做法

乌鲁木齐市道路客货运输服务中心是 1 家从事长途汽车客运站客货运输服务的窗口单位，目前中心下辖南郊客运站、北郊客运站、军供客运站等 8 个客运站及路运商贸中心共 11 个单位。中心在职职工 565 人，接待全新疆 82 家运输企业，辐射全新疆 129 条线路，平均日发班次 1 987 个，日均运送旅客达 3.5 万人次。

近年来，在乌鲁木齐市城市交通局党组的正确领导下，客货中心按照自治区交通厅以文化建设为引领的指导思想和市委市政府文化建设的要求，以塑造窗口形象、打造服务品牌为己任，为社会提供满意服务，走出了一条特色文化建设之路。客货中心先后获得了"自治区级文明单位""全国百强诚信客运站"的殊荣，所属客运站先后获得了部级文明汽车站、全国青年文明号、全国工人先锋号、全国巾帼文明示范岗的荣誉。

乌鲁木齐市道路客货运输服务中心安全文化建设新做法主要有：

1. 发挥党员先锋模范作用，构筑具有鲜明特色的党建文化

为了进一步发挥党员先锋模范作用，构筑具有鲜明特色的党建文化，客货中心开展了"给党员过政治生日"活动。将每位党员的入党时间作为他的政治生日，在这一天通过重温入党誓词、赠送贺卡、与党支部书记谈心等活动，进一步增强党员意识，激发工作热情。随着活动的开展，呈现了"重温入党志愿书""党团对话""送温馨提示、塑党员形象""党员政治生日感言""政治生日故事会"等形式多样的内容，使活动的内涵和外延不断增大，在强化党员教育、树立党员形象方面发挥了积极的作用。同时，中心开展的每季度党员奉献日、佩戴党员胸徽上岗、扶贫帮困基金、捐资助学等活动，强化了党员的身份意识和政治荣誉感。中心工团组织积极发挥作用，通过合理化建议月和职代会提高职工民主管理水平；通过环保登山、慰问养老和儿童福利院等活动加强团员思想教育。2009 年，由中心党总支牵头，整合各种创新资源，开展了"真情奉献在支部、客运一线看党员"主题活动，对促进中心全方位地科学发展起到了强有力的推动作用。此外，客货中心各党支部开展的"共架连心桥"班组谈心活动、"五必谈""五必访"活动、"后备干部体验周"活动、"每周进步一点点"活动、"今天我来当客户服务体验"活动、"服务明星评选"活动、"标兵成长计划"等创意和实践，都切切实实地让群众感到党就在身边，使党组织建设在改进中加强，在转变中适应，在发展中提高，形成了指向明确、动态引导、基调鲜明、开明开放的党建

工作特点，为党的先进性建设创造了新鲜经验。

2. 加强廉政文化建设，组成民族团结的大家庭

为加强廉政文化建设，客货中心在大力宣传勤政廉政典型事迹的同时，相继组织了“预防职务犯罪现身说法警示教育大会”、参观警示教育基地、剖析腐败案例、廉政承诺、廉政谈话等活动加强警示教育，同时通过“廉政文化格言警句每周一提示”、廉政板报等形式，营造浓厚的廉政文化氛围。南郊客运站党支部为每名班组长制定了“廉政勤政备忘录”，新年赠送廉政贺卡，时刻警醒他们做好勤政廉政工作。

客货中心是个民族团结的大家庭，少数民族职工比例将近50%。作为乌鲁木齐市民族团结进步模范集体，多年来，客货中心通过开展互学民族风俗礼仪、学跳民族舞、结对子学双语、民族知识小讲堂、演讲比赛、职工游艺会、民族团结进步模范颁奖仪式等丰富多彩的民族团结教育活动，强化了各民族职工间血浓于水的民族深情。各族干部职工团结奋斗，圆满完成了奥运安保、“抗风雪保交通”及“7·5”事件后的旅客运输任务。

客货中心十分重视职工文化建设，抽调有文艺爱好的职工成立礼仪队、模特队、篮球队、健美操队、舞蹈队，建设了一座设施齐全的健身房，各客运站建立读书角；同时开展文艺汇演、职工运动会以及演讲比赛、知识竞赛等活动丰富职工精神文化生活。

中心干部职工在工作中秉承“团结务实、廉洁高效、开拓创新、追求卓越”的企业精神，遵循“以人为本、安全第一”的服务宗旨，坚持“科学管理、诚信守约、公平公正、服务永恒”的质量方针，努力实现“五个一流”和“四化”目标，不断提高服务水平和安全保障能力，为交通文化建设发挥积极作用。

客货中心注重制度文化建设，全面导入ISO9001：2000国际质量体系，使服务和各项管理工作逐步向科学化、系统化、规范化的要求迈进。同时全方位、多层次、广角度地加强干部职工培训，开展岗位练兵活动，全面提高干部职工综合素质和业务技能。中心自觉实现制度管人的机制，实行的“三级日常考核制度”“星级员工评定及细化考核标准”等对优质服务工作进行量化考核，使管理的科学性、自主性得到了有效提高。

3. 努力凸显特色服务文化，积极打造客运服务品牌

多年来，客货中心努力凸现特色服务文化，积极打造客运服务品牌。在融合多年服务工作改进创新的基础上，客货中心于2007年6月26日正式推出了“丝路驿站、真情相伴”服务品牌，该品牌凝聚着客运服务工作者创新超越、真情永恒的精神。客货中心所属的南郊客运站“古丽巾帼班”、北郊客运站“太阳花巾帼班”、军供客运站“西域之情巾帼班”是中心“丝路驿站、真情相伴”服务品牌的子品牌，纷纷开展了各具特色的班组文化展示和服务创新活动。“古丽巾帼班”开展了“情感交流会”“我给旅客当导游”“四多服务”“爱心暖手瓶”“天使携手送爱心、巾帼服务传文明”等优质服务创新创效活动，内强素质，提升品牌效应。“太阳花巾帼班”开展了“五勤服务”“品爱入心”“镜显微笑”活动提升服务品质，并提供“流动服务车”“太阳花爱心伞”等航空式服务举措。“西域之情巾帼班”，开展了“三心六点服务”“流动服务岗”“真情爱心接力”和“三个一提升活动”。面对每年大量农民工在此分流和车站周边复杂的社情，军供客运站党支部开展了“争当农民工贴心人、为党旗添彩”宣誓活动，全力保障农民工的安全疏运，车站获得了全国“农民工平安返乡安全优质服务竞赛”先进集体荣誉称号。

此外，客货中心将安全管理与创建工作相结合，创造性地开展了“发车前一分钟安全宣传”活动，实行旅客代表监督制和“红黑榜”制度。

近年来，客货中心积极开展创建文明班线活动，先后参与创建了“乌市—石河子”快客、“乌市—吐鲁番”等六条文明班线，并主动牵头召开“全疆创建文明班线经验交流会”和“文明班线总结表彰大会”，使文明班线创建工作在不断改进创新中逐步完善。同时，中心认真开展文明机关创建活动，尤其是创造性地提出了由基层站点考评机关的设想，收到了很好的效果。2005 年年初，中心机关成为乌市城市交通系统首家文明机关挂牌单位。客货中心注重改善文化基础设施，通过对客运站各种指示标志、宣传牌、服务台、印刷品的外观形象进行逐步规范，营造一种展示交通文化的浓厚氛围。中心组织编写了《客货中心创建文明行业资料汇编》《丝路驿站、真情相伴故事集》《客货中心志》，并分别在《乌鲁木齐晚报》和《新疆日报》开设专栏，连载中心在品牌建设中的创新做法和经验，为全社会认识、理解和支持中心服务品牌建设做出了积极的努力。

三、盐阜公路运输集团凝练企业文化共建和谐企业新做法

江苏盐阜公路运输集团有限公司始建于 1958 年 7 月，经过数十年的发展，目前已经成为下辖 6 个分支机构，5 个全资法人企业，7 个控股子公司，从业员工 6 000 余名，拥有营运客货车辆 2 000 多辆，客运班次 2 858 对，长途直达 25 个省、市、自治区，货运整车网点密布，零担通达全国的大型运输企业集团。

近年来，集团公司精神文明与物质文明同步建设、同步发展，在企业文化建设中积累了深厚底蕴，逐步形成了“以催人奋进的企业精神鼓舞人，以丰富多彩的活动教育人，以良好的企业形象激励人，以整洁优美的环境陶冶人，以亲密和谐的人际关系感染人，以严格的纪律约束人”的文化建设方针，“团结、勤俭、奉献、创新”的企业精神和“盐汽，我们共同的家园”的文化核心在员工中不断得以渗透。

盐阜公路运输集团凝练企业文化共建和谐企业新做法主要有：

1. 积极做好教育文化——打造学习型“盐汽”

集团企业内部培训教育网络可归纳为三点，即“两级互动”“统分结合”和“三级多点”。“两级互动”即基层单位与机关形成两级互动；“统分结合”即日常学习、常规测试由基层单位组织，团队集训、技术比武由集团统一策划；“三级多点”即领导干部、党员、一线员工三个类型，干部的中心组学习，党员的“三会一课”，员工的“周三学习日”制度等均持之以恒。同时根据类型不同形成特色学习推进点，如办公室的学历教育、财务的会计

电算化培训、生产部的规范经营讲座、人力部的干部培训、工团的知识竞赛、演讲比赛、模范报告等，保证培训教育覆盖面。

为形成良好的人力资源优势，在突出内培的基础上，积极组织员工参加会计师、工程监理师、经济师、人力资源师、安全工程师等各类职称考试，目前集团机关干部具备中级以上职称的比例达到了50%以上，其中已有23名管理干部取得国家注册会计师、注册安全工程师执业资格。

2. 规范运作品牌文化——打造服务型“盐汽”

集团于2003年正式注册集团司徽，相继将“盐阜汽运”“神鹿”等商标进行注册，按《商标法》规范运作，保障品牌建设有序开展。近年来主要做好以下几方面：

(1) 重视视觉识别。公司对客货、出租车的外观、车辆座套、宣传牌、证件、服装等均进行统一设计，凡隶属集团的场地按建站标准规划建设，车辆、设施、用品、人员均使用统一的VI标识，进一步形成品牌印象。

(2) 理念识别。形成了“盐汽”品牌文化体系、18条价值观、多项品牌服务信条和服务规程，编制了《企业文化建设手册》《服务员工手册》《盐汽，我们共同的家园征文汇编》《十大感动盐汽人物事迹选编》，总结提炼了全国劳模郭立菊、省级劳模沙惠林RTS（公路运输服务）工作法，创作了“快乐大巴”歌曲舞蹈等文艺作品。

(3) 行为识别。制定员工行为准则，设立迎宾导乘、装卸行李、托运儿童、接送老人、老弱孕残绿色通道等特色服务项目和言谈“四要”、待客“五心”、服务“六看”、形象“七忌”等服务准则，打造“党员先锋车”“星级服务车”“阳光直通车”等特色线路，开辟了“农民工绿色通道”，车厢内为旅客配备便民用品，开展“温馨在旅途，平安一路行”“告别违章——万人签名”等主题服务活动。

通过品牌创建，一线人员把旅客视为亲人，想旅客所想、做旅客所盼的优质服务事迹层出不穷。伴随亲情服务的是旅客对“盐阜汽运”服务品牌的好评和信赖，企业知名度和美誉度进一步提升，“盐阜汽运”得到了社会各界的广泛认可。

3. 共同建设情感文化——打造友爱型“盐汽”

目前集团从业人员有6 000多人，这是一个小社会，更是一个大家庭，员工的衣食冷暖、人心向背不仅关系企业发展，也影响着一方安定。集团领导充分发挥党群组织的作用，把凝聚人心作为立足点，设身处地帮助员工解决实际问题，调动员工的工作热情。做到企业效益与员工收入的同步增长，同时关注内养人员，适当增加其生活费用。在集团，有完善的员工福利保障，每位员工统筹保险制度健全规范，职工婚丧嫁娶、生病住院，各级领导班子都要进行慰问；切实关心弱势群体，建立和完善特困员工帮扶机制，不断推进和谐企业建设向纵深发展。职工大病医疗互助工作在总结完善的基础上，在全司范围内全面推行。公司各级党组织建立了“党员扶贫致富链”，由党员集资为家庭困难的职工提供生活援助，帮助子女上学、购买生产工具或帮助他们寻找第二职业，提高经济收入，一方面为他们“输血”，同时增强他们的“造血”功能。为了专款专用，党支部建立了专门的“扶贫账户”，每年都要拿出一部分资金对困难职工进行紧急救助。

4. 有效实施制度文化——打造民主型“盐汽”

形成各司其职、和谐相处、团结稳定、积极向上的氛围，才能推进建立和谐企业的进程。集团公司坚持“新”“老”三会和谐运作，股东会、董事会、监事会是公司制企业的主体框架，在建立现代企业制度过程中发挥主体作用。党委会、职代会和工会是企业的传统优势，在新企业得到了延续。集团坚持每年召开一次职代会、两次股东会，充分尊重员工的民主权利，强化员工的知情权和参与权，办理员工代表提案，研究企业的发展战略和需要解决的具体问题。建立企务公开、民主议事等沟通、交流、服务、监督制度，畅通渠道，实现上下协调互动。各级班子和干部身先士卒，率先垂范，成为务实、廉洁、亲民、开拓的带头人。广大员工忠诚、敬业，与企业同呼吸、共命运，团结战斗的干部员工队伍，为促进集团事业发展提供了坚强的保证。

面对复杂多变的市场环境和市场需求，集团公司进一步完善激励和约束机制，建立选人、用人、育人、留人的工作机制。深化用人制度改革。在坚持德才兼备，凭实绩使用干部的大前提下，强化竞争机制，深化用工制度改革，积极推行“定岗定员、定责定薪、双向择岗、竞争上岗”的流动机制，进一步完善绩效考核体系及竞争淘汰制度。完善企业内部劳动争议调解制度，既使公司的用工渠道更畅，又使员工队伍保持相对稳定。

集团还制定了《服务岗位末位淘汰制度》《首问负责制》《服务星级评定制度》等，积极开展“微笑服务”“您好”工程，彻底规范了服务行为。并通过深入开展以“优质服务，规范经营”为主要内容的百日竞赛活动，对各类违章经营车辆实行停班整顿，对违章达三次的班车终止承包合同，违章率呈现逐年下降的良好态势，盐城至上海、盐城至南京等班线还被市行业管理部门推荐为省级文明班线，全市公安系统公布表彰的年度“金牌驾驶员”，几乎被集团在职驾驶员包揽，树立了良好的企业形象。

5. 积极参与公益文化——打造奉献型“盐汽”

企业是社会的一分子，回报社会是应尽的职责，多年来集团公司一直坚持“奉献社会，创造未来”的企业价值观，以“服务社会，用我的微笑连接社会微笑”为使命，积极参与社会公益活动，关爱社会弱势群体。组织员工向四川汶川、青海玉树等受震灾区捐款达200余万元，并组织运力投入灾区的运输物资的救灾队伍之中。北京奥运会期间，公司派遣10辆豪华大巴，组成奥运通勤保障车队，出色地完成了奥运通勤保障运输任务，获得了北京奥组委、北京林业大学以及众多奥运志愿者的一致好评。集团每年还承担着全市新兵运输的政治任务以及高考学生运输任务，均受到用车单位的肯定和赞扬。

集团公司还与所在社区结对子，扶贫济困，参与市、区组织的各种社会公益活动和大型演出活动，把社会责任与企业和谐发展紧紧地联系在了一起。盐汽的企业文化真正实现了新老企业的有机传承，实现了外显文化和内隐文化的有机结合，实现了提高服务水平和提高经营绩效的有效促进。近年来，企业文化建设对企业产生了积极的影响，集团经济指标得到了大幅提升，经营规模、经济效益、人均收入得到持续增长和扩大，利税费上缴额度也位居地方前列，为地方经济发展做出了重要的贡献。

四、南京长途汽车总站用先进企业文化打造竞争力新做法

南京长途汽车总站隶属于江苏南京长途汽车客运集团有限责任公司，是多功能公用型一级客运站，主要担负江苏省苏南、扬州、泰州地区和浙江、福建、广东、河北、江西、湖南等省的长途客运任务。为确保旅客乘车安全，车站还设有危险品检测仪，安装了覆盖全站的电子监控系统，实行24小时监控，营造安全舒适的乘车环境。

近年来，南京长途汽车总站积极打造“爱心始发站”品牌文化工程，将企业的优秀文化结晶与现代企业文化进行联结，将企业文化转化为企业的现实生产力。车站侧重从理念展开，即从个性、文化、价值的角度，寻找演绎和传播品牌的文化内涵和企业精神，找准企业文化上的切入点，增强企业品牌文化的人性化、亲和力、号召力和认同性，实现与员工、旅客长远的沟通；确定“文化深化文明、品牌彰显品位”的企业文化建设思路，形成了“创新超越自我，爱心赢得未来”的核心价值观，完成了企业文化品牌的行为以及视觉识别系统，在全体员工中真正确立了现代服务理念，为企业打造核心竞争力聚集文化元素、人力资源和可实施基础，提供了强大的精神动力。

南京长途汽车总站用先进企业文化打造竞争力新做法主要有：

1. 全员参与，各具特色，全面打造良好企业文化

企业文化是在一定的社会历史条件下，企业生产经营活动中所创造的具有本企业特色的精神财富和物质形态，包括文化观念、企业精神、行为准则、企业制度等。价值观是企业文化的核心。

（1）加强对企业文化创建活动的组织领导。企业文化建设是一个复杂的系统工程，涉及方方面面，为此，车站成立企业文化建设领导小组，制定企业文化建设目标，完善企业制度文化，加强制度考核，在员工中开展企业精神、企业宗旨、服务格言等征集活动，要求全站员工规范服务，提炼车站企业文化理念“爱心从这里始发，服务从这里延伸”。

（2）培育员工群体行为。企业员工群体行为的塑造是企业文化建设的主要组成部分。车站培育员工群体行为，除了组织员工进行每季度一次的政治思想学习、每月一次的企业规章制度学习、每周一次的业务技能培训外，还通过组建爱心乐团，开展唱响红歌等文化文艺活动，激发全体员工的智力、向心力和勇往直前的精神；把员工个人的工作同人生目标联系起来，激励全体员工的广泛热情和团队精神，奋发奉献，达到企业既定的两个文明建设目标。

（3）开展企业精神文明创建活动。开展具有本企业特色的企业文化，对车站全体员工而言，就是通过精神文明创建活动，指明员工奋斗目标，“创新超越自我，爱心赢得未来”，

规范员工行为，振奋员工精神，凝聚员工力量，使广大员工爱岗敬业，忠于职守，发挥更大的积极性、主动性和创造性，从而形成由企业价值观、道德信念、行为准则构成的文化氛围，进而将职工凝聚成一个坚强的整体。

（4）发挥企业模范人物的积极作用。企业模范人物是企业的中坚力量，他们的行为在整个企业行为中占有重要的地位。他们是企业员工学习的榜样，他们的行为常常被企业员工作为仿效的行为规范。车站的主要做法是挖掘李瑞精神的闪光点，组建李瑞班，弘扬李瑞的无私奉献精神，从而起到了由点到面，再到全车站的劳模精神的推广。

2. 与时俱进，不断创新，奠定企业文化基础

多年来，南京长途汽车总站始终以旅客为本，不断完善硬件设施，最大限度地满足旅客需求，奠定良好的企业文化基础。

（1）完善硬件设施，奠定文化基础。为使车站成为旅客的温馨港湾，在集团公司的支持下，车站按星级宾馆的标准进行了改造，安装了中央空调，增设了四台大功率自动电梯，使两层候车区连成一体；增加了四面近 100 m^2 的企业文化宣传显示屏，开放了全长300 m、人车隔离、方便旅客出站的“阳光”通道，确保旅客安全出站。

（2）以方便为宗旨，融入文化元素，对服务提档升级。车站通过几年的硬件改造投入，给旅客提供了一个实在的候车环境，但良好的硬件环境，并不是爱心服务的全部内涵。车站在加大硬件改造投入的同时，对服务软件又进行了以创新为基础的“升级换代”，对原有的“服务质量标准化、服务管理规范化、服务过程程序化”进行充实与提高：将公开承诺的内容由“5 个 24 小时”增加到“8 个 24 小时”；加强和充实重点旅客候车室的人员力量，充实有一定业务水平并懂外语的服务人员，做好重点旅客候车区的服务工作；在全省第一家推出双语标识、双语广播，真正做到“以旅客为中心，一切为旅客着想”。在倡导服务首问制的基础上，车站还推出“您好工程”，推广英语、哑语、普通话“三语”服务，真正做到“有问必答，有求必应，有难必帮”，使旅客感到“在家千般好，出门也不难”。

3. 立足发展，展现形象，打造卓越企业文化品牌

南京长途汽车站是一个有着优良传统和创新活力的企业，先后产生了王凤瑛和李瑞两位全国劳动模范，陆续熔炼出“微笑服务，承诺服务，爱心服务”等先进服务理念。以此为基础，车站成立企业文化建设领导小组，专门聘请专业文化创意公司从理念识别系统、行为识别系统以及形象再树三个方面打造车站的“爱心始发站”服务品牌。

（1）把握理念脉络，确保思想认同从个性、文化、价值的角度，寻找业内外一致认知的契合点，寻找演绎和传播品牌的文化内涵和企业精神，找准企业文化上的切入点，增强企业名牌的人性化、亲和力、号召力和认同性。具体地说，就是让企业 300 名员工明白“爱心始发站”是以现代化的创新手段，提供高效、安全、温馨、关爱服务的一流企业；“爱”是基于责任的无私奉献；“心”代表着拥有高尚品德的本心；“始发站”是这一品牌的核心，它注释了南京长途汽车站各岗位之间、与兄弟车站之间承转起合的功能，体现了车站“服务只有更好，没有最好”的企业文化理念，预示着“爱”“心”将伴随旅客由车站起步，走向四面八方，走向各行各业。

（2）制定服务标准，规范操作行为。车站通过制定服务标准，规范文明用语，规范服务操作等措施的实行，改善服务环境，提升外部形象，打造南京现代城市的文明名片，真正做到以人为本，亲情服务。车站还编制了《员工服务规范》，对员工的“仪容、仪表、着装规范”“站姿站位规范”“礼仪规范”等进行具体、可操作、可拷贝的界定；编制《文明用语 100 句》《服务禁忌用语 50 句》，对日常文明用语、称谓用语、接待用语、道歉用语、送别用语、工作用语等进行正反两方面的明确规范。

（3）打造视觉识别，突出爱心内涵。车站引入了 CIS 系统，对“爱心始发站”服务品牌涉及的理念、市场再造和形象设计等内容，进行 CIS 设计，使品牌形象设计更具鲜明个性和独特的视觉形象，更具有较强的视觉冲击力。

在打造“爱心始发站”文化服务品牌过程中，车站还积极实施“旅途愉快”工程，加速公营集约化经营，统一品牌标识，规范服务标准。进一步扩展文明运输线、文明班车的范围，切实把车站文明服务真正延伸到经营班线上来。车站在现有的 10 条文明班线的基础上，通过强化公示，强化考核，强化监督，做实文明班线的创建工作，力争将车站内公营客运班线全部建成文明班线。

在打造“爱心始发站”品牌过程中，车站还努力做好配套服务，一是健全考核机制；二是实行品牌注册，把“爱心始发站”品牌作为服务商标进行注册；三是发挥联动效应，与东航苏燕乘务组、沪宁高速女子收费班和铁路 66 次乘务组结成姐妹班，互相勉励提高；四是积极寻求上级主管部门的帮助，争取与各地一级站的服务台结成“爱心连线”，让始发站具有更深沉的意蕴，更好地帮助困难旅客返乡。在打造“爱心始发站”服务品牌过程中，车站还推行了“爱心账号”“爱心基金”、爱心连线、爱心平安旅途等特色服务。2010 年 9 月，交通运输部授予车站全国交通系统企业文化建设示范单位称号。

在今后的企业文化建设工作中，车站将对“爱心始发站”品牌进行进一步总结提炼，通过全面打造 100 位“爱心天使”、100 位“优秀驾乘人员”，使“爱心始发站”这一企业文化品牌连同集团公司目前的“白鹭”“雄狮”一品三牌通过进一步宣传和包装不断提升社会知名度，跨出市门，走出国门，为打造交通核心竞争力做出自己应有的努力和贡献。